重庆大学外国语学院缙湖学术文丛

重庆大学中央高校基本科研业务费（No. CQDXWL-2012-Z012）
重庆大学外国语学院学术专著出版基金
资助

仲裁员调解话语的人际意义研究

On Interpersonal Meanings in Arbitrators' Mediation Discourse

蒋 婷 著

科 学 出 版 社
北 京

内 容 简 介

本书以系统功能语言学为理论框架，结合多个学科，构建了仲裁员调解语境下的人际意义扩展框架。采用定性和定量相结合的研究方法，从两个层面、四个系统，描写和阐释了仲裁员调解话语的人际意义。本书以真实的语料和系统的描述，多维度地对仲裁调解功能实现的语言机制进行本体研究，其目的是为了规范司法调解语言，进而高效开展调解工作。本书可供从事应用语言学、法律语言学研究的高校教师、研究人员及相关专业的硕士和博士研究生阅读。

图书在版编目（CIP）数据

仲裁员调解话语的人际意义研究 / 蒋婷著. —北京：科学出版社，2015. 3

（重庆大学外国语学院缙湖学术文丛）

ISBN 978-7-03-043591-0

I. ①仲…　II. ①蒋…　III. ①功能（语言学）-研究　IV. ①H0

中国版本图书馆 CIP 数据核字（2015）第 044039 号

责任编辑：阎　莉　常春娥 / 责任校对：赵桂芬

责任印制：李　利 / 封面设计：铭轩堂

联系电话：010-6401 9007　电子邮箱：changchune@mail.sciencep.com

科学出版社 出版

北京东黄城根北街 16 号

邮政编码：100717

http://www.sciencep.com

中国科学院印刷厂 印刷

科学出版社发行　各地新华书店经销

*

2015 年 3 月第 一 版　开本：A5（890 × 1240）

2015 年 3 月第一次印刷　印张：8 3/4

字数：260 000

定价：78.00 元

（如有印装质量问题，我社负责调换）

序

乙未新春至，春暖花开时；重庆大学虎溪校区美丽宁静的缙湖换上了一层新绿，埋头耕耘在缙湖湖畔的外国语学院的学者们就如同这湖水一般平静、内敛，坚守着课堂，坚守着学问。斯时斯地，为这样一套凝聚着这群学者的思想和心血的缙湖学术文丛作序，让我深感荣幸和骄傲。

缙湖学术文丛收录了学院中青年学者在外国语言学、外国文学与文化和外语教育教学等领域的原创研究著作和专题文集。这些成果主要基于他们的博士论文课题、国家及省部级科研项目的研究成果，或者是课堂教学探索和研究的成果。缙湖学术文丛可谓内容丰富，精彩纷呈，将陆续由科学出版社出版。

近代著名学者王国维在《人间词话》中曾写道："古今成就大事业、大学问者，必经过三种境界：'昨夜西风凋碧树，独上高楼，望尽天涯路'，此第一境也。第一种境界说的是做学问成大事业者首先要有执著的追求，登高望远，洞察路径，明确方向。'衣带渐宽终不悔，为伊消得人憔悴'，此第二境也。第二种境界比喻做学问成大事业者，必须坚定不移，辛勤劳动，废寝忘食，孜孜以求，直至人瘦带宽也不后悔。'众里寻她千百度，蓦然回首，那人却在灯火阑珊处'，此第三境也。第三种境界比喻做学问成大事业者，必须有专注的精神，反复追寻，下足功夫，豁然贯通，有所发现，有所发明。这是为广大读书人所熟悉的治学三境界。

缙湖学术文丛诠释了学者们的执著、坚定和专注，是重大外语人的精神体现，浸润着学院各项事业的蓬勃发展。2015 年是重庆大学外国语学院建院的第二十个年头，以此为学院建院二十周年献礼应是最为恰当的。

希望读者能够从本文丛中感受到我们学院中青年学者在教育路上的坚守，在学术路上的追求。希望本文丛能让更多的读者了解外国语言学的新动向、新观点和新发现，让更多的读者感受外国文学和文化的魅力，让更多的读者思考外语教育的未来。

在缙湖学术文丛首部专著《仲裁员调解话语的人际意义研究》即将出版之际，谨向参与本文丛策划、组织、审稿和编辑的各位教师和同仁致以感谢。

是为序。

重庆大学外国语学院院长　李红

二零一五年二月

前　言

仲裁调解是仲裁程序中根据当事人的请求或者仲裁员在征得当事人的同意后，在仲裁庭主持下当事人平等协商解决纠纷的一种形式。作为一种复合式的ADR(alternative dispute resolution，替代性争端解决模式)，仲裁调解不仅在一定程度上有助于克服仲裁制度在管辖权方面的缺陷，还能维系乃至加深双方当事人之间的友好关系。总之，仲裁调解既得享仲裁裁决的可执行性，同时兼具调解的灵活与便捷，极大地降低了执行成本，有助于提高社会效率、强化纠纷解决功能。但是，能否开启“调解”的大门继而顺利展开并取得预期的功效，关涉的因素却十分复杂。从形式和意义的视角来观察，仲裁员唯有使用得体的语言，发挥恰当的功能，方才有利于营造和解的氛围，进而促使仲裁程序从充分反映当事人的利益冲突到深入触及其内心世界，最终实现事实认定清楚、程序合法、调解(裁判)结论公平的法律目标。同时，在社会效果上尽可能促使当事人心悦诚服，做到“化干戈为玉帛”。毫不夸张地讲，仲裁员的语言艺术直接影响着仲裁结果与裁判质量。因此，对仲裁调解进行语言学研究具有显著的实际意义与一定的理论价值。

研究仲裁调解最有效的方式之一就是研究调解话语。从国内外研究现状看，调解话语研究呈现类型双重失衡的状态，即学者们对司法(诉讼)调解话语的关注远远大于非司法的调解话语；有限的研究多集中于社会语言学和语用学，而借助系统功能语言学理论，分析仲裁调解中的主导者(仲裁员)话语的人际意义研究则尚属空白。司法实践中的庭审过程是一个涉及社会、文化、法律等诸多因素的动态过程。尽管语言学家们已经从修辞学、社会语言学、会话结构、语用学、系统功能语言学等角度，对各类庭审话语进行了较深入的研究，但是截止到目前，法庭庭审和占据主导地位的法官身份研究是他们关注的重点，至于仲裁调解中仲裁员发挥的人际意义及身份构建，则成为整个法律语言学研究的薄弱环节。

系统功能语言学是一种适用性和可操作性强的语篇分析理论，它的语篇和语境思想为本书提供了必要的经验模型。本书在系统功能语言学的人际意义框架基础上，细化了 Halliday 的人际意义的三个维度，借助 Martin 的评价理论和现代汉语的特征，最终搭建了适用于仲裁调解语境的人际意义扩展框架。由此，本书以仲裁员调解口语语料为研究对象，从两个维度、四个子系统来阐明人际意义实现的语法途径，即词汇语法层面的指称系统和评价系统，以及小句层面的情态系统和语气系统。本书对仲裁调解话语的整体特征、仲裁员的身份构建，以及实现的人际意义的途径进行一些尝试性探讨，进而验证系统功能语言学在司法语言学研究领域的可应用性和操作性。

本书是在系统功能语言学的理论框架下，借助翔实的社会调查和语料库的分析方法，对仲裁员调解话语实现的人际意义展开的系统研究。为了还原最真实语境下的仲裁庭审话语，对中国的仲裁调解现状进行全面的反映描写、解释和剖析，本书采用了基于语料库的定量分析研究和定性研究的方法。首先，采集了 52 场庭审语料，在此基础上筛选、转写有效语料 19 场，构建 15.78 万字的口语语料库。然后，选取 63 个语言现象，对上述口语语料进行多层赋码、标注、提取，进而展开深入的数据统计分析。

研究取得以下发现。

第一，从仲裁员调解话语的整体特征和仲裁员身份建构来看，作为一种介于机构话语和非机构话语之间的特殊话语，仲裁员调解话语具有显著的动态性、不平衡性和语境依赖性。①在调解的首尾、三方调解和背靠背调解三个不同阶段中，仲裁员的身份特征呈现多样性，并与权势地位高低在情景语境中呈反比。②在调解的首尾阶段，仲裁员话语的机构性色彩十分浓厚，仲裁员起着控制庭审秩序、掌握话语主动权、询问调解意向的作用。因此，仲裁员是拥有权势的主导方，具有强烈的机构主体身份特征。③进入三方调解阶段，仲裁员角色变得复杂多样。他逐渐从权势高的一方向权势低的一方靠拢，在当事人双方之间扮演着调解员、干预者、协商者的身份，起着提出调解方案、促进双方协商的作用。

④而在背靠背调解阶段，仲裁员扮演着专家、朋友或者独立第三方的角色。在与当事人单独沟通时，仲裁员尽量保持与对话方的平等关系，从客观、中立的角度，替当事人分析情况、讲解法律规定、划分纠纷权责、说理劝说，力图让当事人做出妥协让步，推动调解方案达成。所以，仲裁员在调解中的身份特征具有主导性、权威性和中立性。而他在整个仲裁调解中扮演了仲裁庭审组织者、法律专家、独立而非当然“公正”的调解人等身份。

第二，在仲裁员调解话语的人际意义框架下，指称、评价、情态和语气各系统都有实现其人际意义的词汇语法手段和语篇手段，且主要集中在词汇语法层面，其类型和使用频数远远高于语篇层面。在调解活动中，仲裁员充分调动不同的语言资源，既传递信息又实现人际意义，使自己参与到调解语境中，在表达其态度的同时试图影响当事人的态度和行为。在仲裁员调解话语中实现的人际意义可锐化或柔化仲裁员的机构身份特征：①从锐化的角度上看，仲裁员调解话语实现了以下人际意义：维护仲裁庭审秩序，确立机构主体身份，确认法律事实，询问调解意愿，说明仲裁意义、程序、法律法规，发出命令，提出要求，表明观点。②仲裁员的调解话语也实现诸多柔化其机构主体身份的人际意义，即表达对被调解方的尊敬，激发对话方的“被认同感”，拉近距离，消除敌对情绪，缓和气氛，增强人际接纳效果，摆事实，讲道理，实现说理和劝解的功能，修正听话者的意见，反驳对方观点。尽管每种语法手段对强化或弱化仲裁员机构身份都起着重要的作用，但从总体分布来看，弱化仲裁员机构身份特征、降低其权势身份的语法手段类型略高于强化型语法手段。

第三，仲裁员调解话语中实现人际意义的语法手段主要体现在两个层面、四个系统里。首先从词汇语法的层面上看，①在调解的各个阶段，仲裁员会采用不同的指称形式，以及它们的语码转换形式，以此为策略来调整他们和当事人之间的人际关系。较强权势语义的人称指示语，如主体指称语和机构称呼语、全姓名称呼语，可锐化仲裁员的机构身份特征。而不同类型弱化型的指示语和称呼语具有尊敬化、亲近化、老成化、准亲近化和适切转化的显著特征。②评价资源集中在实质性调解阶段。仲裁员会调用各类态度、级差资源来摆事实、讲道理，突显他的主观态度和立场，拉近与被调解方的距离。其中在态度子系统中，仲裁员借用鉴赏和判断资源，直接或间接地表达自己的立场或观点。积极、正面的情感资源，所占比例虽然不多，但放低了仲裁员的机构身份，拉近了与被调解方的距离。让步资源是仲裁员使用的一种有效的说服手段。它能提升语义，并制造反预期的效果，有效地监控调解的进行。级差资源覆盖面最广。仲裁员借助它对介入和态度资源分级，从锐化和柔化两个方向调节仲裁员对命题的投入程度。语篇层面上的评价资源包括话语标记和幽默。各类词汇和语篇层面的评价资源相互交织在一起，如韵律一般，在调解话语中流动，使之成为一个有起伏和动感的整体，由此实现说理、劝诫的功能。其次，从小句层面看，①仲裁员在调解中采用的情态资源形式多样，覆盖面广。不同语气中使用不同类别、量值和取向的情态资源，在调解各阶段能传递各样的人际意义。调解首尾阶段中，疑问句里趋向于使用高值意图型情态资源。调解实质阶段中，仲裁员倾向于在陈述句、祈使句中使用高量值的责任型、概率型的情态资源和高量值的责任型情态的否定结构，实现了角色的转变。而在背靠背调解中，仲裁员倾向于使用低值的责任型情态词和低值的概率型情态词，能以商榷性的语气展开协商，确保调解气氛相对融洽。超越词汇层面的非一致式情态表达也是仲裁员插入个人态度和立场的主要手段。②从语气系统看，有标记的、无标记的语气类型交叉使用，实现了仲裁员不同的交际意图。首先，大量的无标记完整的陈述句的使用，实现确认、建议、解释、说理、劝说的功能，表明仲裁员独立的第三方身份。其次，与高量值的情态词共现的无标记祈使句，充分体现了仲裁员在调解过程中的主导地位和机构主体身份特征。然后，疑问句的完整性、功能偏离与否、有无语气词决定了仲裁员的疑问度强弱、语气的正式程度、隐性或显性地表达自己的态度。再次，感叹句使用频率虽然最少，却是仲裁员表达情感最强烈的语气形式。最后，作为汉语中特有的语气调节器，通用和地域性语气词在调解话语中改变了语气或强烈程度，起到了润滑交际的作用。

本书关注了仲裁员调解话语中实现的人际意义及其手段。从研究的结果可以看出，仲裁调解活动不仅是一个协商社会身份和社会关系的过程，也是一个共同建构社会现实的过程。在调解阶段，仲裁员选择的语言形式恰当与否，直接关系到其权势地位、与当事人的亲疏关系和调解的成败。因此，要想充分发挥仲裁员在调解中的积极作用，实现仲裁定纷止争的作用，就必然要求其具备较高的文明素养和高超的交际技巧。一位综合素养良好的仲裁员，不仅能够有效地控制仲裁庭审秩序，也能根据情景语境的变化，灵活使用多种语法资源，以此弱化仲裁机构身份特征，缓和紧张气氛，拉近双方距离，推动调解的顺利进行，最终充分发挥仲裁定纷止争的作用。

目　　录

图　目　录

表　目　录

第一章

导　论

第一节　仲裁调解语境下的研究问题

仲裁(arbitration)又称公断，是指双方当事人根据争议发生前或发生后达成的仲裁协议，自愿将争议提交给第三方，由第三方按照一定的程序进行审查并做出裁决，该裁决是对当事人产生法律效力的一种解决争议的方式。与诉讼相比，仲裁具有保密性、灵活性、快捷性、经济性等特点，因而成为解决财产权益纠纷的重要方式。调解是仲裁庭审中非常重要的环节，它不但可以在一定程度上克服仲裁制度在管辖权方面的缺陷，而且可以维系乃至加深双方当事人之间的友好关系，促进社会的和谐、稳定与发展(林义全和唐太飞，2003)。

但是，如何才能顺利打开“调解”的大门并有效展开，其中关涉的因素相当复杂。从语言的视角来观察，恰当、得体的调解语言是推动仲裁调解的关键因素。所谓“调解语言”，是指参与调解活动的人员之间使用的交际语言，即他们相互之间的对话，它包括了调解员和被调解人双方的话语。整个仲裁调解本身就是一种用语言来进行的法律活动，是借助语言进行、推动和完成的。作为仲裁调解中的组织者、协调者，仲裁员唯有使用恰当、得体的语言，方有利于营造良好的调解氛围，促使仲裁程序真正深入当事人双方内心的利益世界，进而真正做到事实清楚、程序合法、裁决公平、合法合理，从而尽可能将当事人的损失降到最低的程度，并使当事人心悦诚服，真正“化干戈为玉帛”。毫不夸张地讲，仲裁员调解语言的恰当与否直接影响着仲裁的结果与裁决质量。恰当的调解话语，不仅能够促进仲裁调解的展开，而且有利于充分发挥仲裁定纷止争的作用。

尽管仲裁在国外已经受到法学家及语言学家们的关注，但国内关于仲裁的研究却不多，涉及仲裁的语言学研究更是屈指可数。一方面是因为我国的仲裁发展相对较晚，另一方面则是由于仲裁自身的私密性，给研究者获取第一手语料带来一定的障碍。因此，本书聚焦于仲裁中具有特殊身份的主体——仲裁员，并选择仲裁庭审中的关键阶段——调解，从系统功能语言学中人际意义的角度，对仲裁员调解话语进行系统的功能语篇分析。

在系统功能语言学的理论框架下，仲裁调解语言是一种特殊语境下的语言变体，在这个动态过程中，特定的语境和参与者的身份、社会关系决定了调解中语言系统的选择，由此也影响到最后调解的成功与失败。功能语篇分析的目标之一就是描写社会交际和现实事件获得成功的系统组织主体间性。因此，本书从系统功能语言学的人际意义出发，关注仲裁员的调解话语除了传达信息以外，还实现了哪些人际意义，如何通过看似单纯的语法资源使用来确立其身份地位、表达态度、展现动机等功能，并以此影响被调解方的态度和行为。具体来讲，本书拟回答以下三个问题。

仲裁员调解话语的总体特征是什么？仲裁员在调解中的身份特征是什么？

研究仲裁庭审话语的语篇特征和交际模式的切入点很多，如互动模式、语用特征、会话结构分析等。本书将选取仲裁庭审中最具独特性的情景语境——调解阶段，并把话语主体集中于调解中起主导作用的仲裁员。在系统功能语言学的理论框架下，结合现代汉语的特点及机构话语分析的范式，对仲裁员调解话语中实现的人际意义进行系统的描述和解释，并归纳仲裁员调解话语的总体特征。整个仲裁调解还分为五个阶段，所以我们有必要分阶段讨论其特点，以及其中体现的仲裁员和被调解方之间权利和角色的关系。

要考察话语的人际意义，就离不开话语主体的身份构建。在仲裁调解话语中，仲裁员的身份、地位、态度、动机和对事物的判断等构成了其不同的社会角色。话语选择和话语角色是相互影响的。当它们产生冲突时，就需要仲裁员转换角色，调节话语的表达形式，这将直接影响调解话语的最终表达效果和实践结果。所以，我们将考察在调解话语中，仲裁员是如何动态地选择并转换话语角色、实现何种人际意义，并为实现调解服务的。

仲裁员的调解话语实现了哪些人际意义？

Halliday 提出了语言的三大元功能中，最独到的是人际意义思想，它把貌似简单、单纯的语法现象，结合情景语境和文化语境，探讨语境的符号化系统表征。因此，我们将通过定性和定量研究，探讨在仲裁调解话语中，仲裁员话语实现了何种人际意义，何以确立他的身份、表达其态度和动机、确立与被调解方协商关系等，同时，又是如何用语言媒介影响被调解方的态度和行为，以推进调解的进行的。

仲裁员调解话语的人际意义是通过哪些语法手段实现的？它们之间具有什么联系？

系统功能语言学理论的出发点和归宿都是研究意义和形式之间的关系，把语言看作一种社会符号，把形式看作意义的实现手段，意义由形式来体现。该理论认为成功的交际既要注重意义，也要注重形式。适当和得体的形式更有利于意义的表达，所以意义和形式相辅相成，是一个统一体。因此，对仲裁员调解话语中形式的分析的目的应在于揭示仲裁员是如何表达人际意义，进而实现调解的。本书拟从系统功能语言学理论框架中的人际意义出发，结合汉语口语的特征，扩展人际意义理论框架，分析仲裁员调解话语在词汇语法和小句层面，即在指称、评价、情态和语气四个子系统中的词汇–语法手段，以及它们的动态分布特征。

系统功能语言学坚持对语言的全面描述既考虑意义，又考虑形式，同时还要兼顾它们之间及各自内在的关系。基于前两个问题的讨论，我们将总结归纳在仲裁调解的语境下，仲裁员话语实现的人际意义和语法手段之间是什么关系。同时，从系统功能语言学的分级和连续的思想出发，探讨仲裁员调解话语中人际意义之间及各语法途径之间的内在联系。

第二节　仲裁员调解话语研究的径路

如前所述，目前国内外对仲裁的语言学研究相对滞后的一重要原因是其具有保密性。但本书克服了这一瓶颈问题，得到所在地仲裁委员会的大力支持。笔者深入当地仲裁委员会，历经两个月，旁听仲裁庭审，共计 52 场，剔除无调解案件和未能进入调解阶段的案件，有研究价值的调解共计 19 场，录音资料长达 32 个小时，力求在最真实的语境下还原仲裁庭审话语，对中国的仲裁庭审现状进行描写、解释和思考。

录音收集完成后，语料加工分为以下两个阶段。

第一阶段，录音生语料初加工。

(1)根据调解阶段的开始时间线，用音频切分软件，将完整的庭审录音切分成庭审阶段和调解阶段两部分音频，分离出调解话语部分。

(2)用音频转换软件将调解阶段音频转换为软件可识别的音频格式。

(3)用 Cool Edit Pro 软件听写口语语料，将调解阶段口语语料人工转写成书面语料，形成了共计 15.78 万字的仲裁庭审调解语料，并以文本文档的形式保存，形成了生语料库。

第二阶段，调解语料深加工。

(1)对初次转写好的口语语料进行二次清理。再次校对调解口语生语料，将遗漏的文字、符号及其他语言现象补充完整。

(2)基于调解阶段的语步框架，将庭审调解话语切分为五个小部分，然后各自合并为五个独立文本书档，以便后期分语步讨论其语言特征。

(3)利用语料库分词软件对清理好的语料进行分词，并将每场语料的基本信息以头信息进行标注，并保存。

(4)选取各语步文档中的三场语料，利用 UAM Corpus Tool 进行试赋码。根据仲裁庭审调解中仲裁员话语的各类语言现象，对话语基调理论框架进行验证和修正，形成完整的修正模式，制定一套完整的赋码体系。

(5) 基于修正的仲裁庭审调解语境下的仲裁员身份构建的理论框架，使用 UAM Corpus Tool 对 19 场调解生语料进行全面标注，并另存为熟语料库。尽管 UAM Corpus Tool 是基于系统功能语言学的思想开发的软件，但目前它无法实现汉语语料的分析和统计。因此，我们将使用其他软件进行索引和统计分析。

(6) 利用 AntConc 软件提取赋码，对各级、各项语言特征进行归类、整理。对比较复杂的语言特征，如评价资源，提取后，保存为次语料库，以便做更进一步的归类、分析。

(7) 利用 AntConc 软件的索引功能，提取次语料库中各类语言手段的频率特征，并用 SPSS 进行统计分析，生成各类更直观的图表。

由于不同语步形成的子语料库库容不同，我们所提取的各语法单位的原始频数无法进行水平比较。因此，为了更科学地比较这些语法特征在各子语料库中的使用情况，在对比分析数据前，我们必须对它们进行标准化，即把所有子语料库出现的原始频率归到一个共同基数 1000 上，公式如下：

$$\text{标准化频数（每千词）} = \frac{\text{观察频数}}{\text{总体频数}} \times 1000$$

本书将采取定量研究和定性研究相结合的方法，同时也强调“求实”和“开放”的原则。一方面，在定量研究上，力求达到“求实”，重视“田野调查”。本书深入到当地仲裁委员会收集庭审语料，听取 52 场庭审并现场录音，筛选出有效语料 19 场，并如实转写成文本语料，以保证所有语料的时效性和真实性。另一方面，就定性分析本着“开放”的原则，在广泛收集文献、力求准确把握法律语言学的实践动态和理论前沿的基础上，将研究视野向多学科开放，重视利用法学、语言学、社会学、语料库语言学等多学科的分析方法。

语料库语言学方法是本书定量分析方法的基础。黄国文和辛志英（2010：64）提出，系统功能语言学既要注重跨学科的研究，也要关注研究方法和研究问题途径的多元化。除了一般的“内省法”和“探问法”，应该多采用“观察法”，而基于语料库的分析方法是最有效的观察法。

随着语料库语言学的迅猛发展，越来越多的系统功能语言学家们认识到，基于语料库的研究方法是对基于规则的研究方法的一个重要补充。但是，系统功能语言学是一种“重理论”的语言学（Thompston & Hunston，2006）。它对语法的描写非常复杂，采用三个“阶”对句子进行分析，以此建立系统的网络。相比而言，语料库语言学是一种“轻理论”的语言学。几乎所有的语言学理论都可以用到语料库中。尽管它们之间存在着显著的差异，但也有很多共性：首先，它们都注重语言事实，力求描写“自然出现的语言”，并严格区分语法和话语，以及语义和语用。其次，它们都关注上下文。功能语言学把语言的上下文看作一个系统，与其他社会符号系统相互作用。社会和语言是双向的。因此，社会环境也是作为一种上下文而被研究的。语料库语言学主要研究语言单位出现的直接环境，如索引行、词表和搭配表等，受到功能语言学的影响，语料库语言学也逐渐开始关注语料与社会环境的关系，关注语言所使用的社会环境。最后，功能语言学和语料库语言学都关心频度。系统功能语言学提出了“盖然率”的思想，把频度作为一个重要的特征来研究。而语料库语言学认为频度的统计会为我们提供客观的、具有说服力的语言规律，用更可靠、更有说服力的研究数据来证明语言使用的分布规律。

目前，越来越多的语料库语言学家把注意力转向了系统功能语言学(Stubbs，2006；Hunston，2006；Hoey，2006)，他们试图用系统功能语言学的思想来建立理论模型，并把二者结合起来。而系统功能语言学家也开始尝试着利用语料库的经验研究来充实系统功能语言学理论(Thompson & Hunston，2006；Tucker，2006; Matthiessen，2006；Neale，2006)，他们在词汇语法、短语、语篇分析等方面取长补短、相得益彰。

本书还采用了文献研究法和交叉研究法。首先，本书通过梳理、归纳国内外有关人际意义的文献资料，结合仲裁庭审作为机构话语的特殊性，以及汉语语料的独特性，重新搭建仲裁员调解话语中的人际意义理论框架，为本书奠定了理论基础。同时，通过对法律语言学、庭审话语的国内外研究进行回顾、综述，总结出目前研究的成就及不足，明确本书的方向。并在语料分析中，归纳发现数据中的基本规律，挖掘数据背后的深层次原因。

本书在现有系统功能语言学人际意义理论框架内，从理论上充实并完善特定语境下的人际意义理论，旨在以实证和定性分析相结合的方式，为系统功能语言学理论下的人际意义研究提供依据和进一步研究的范式。同时，本书将以系统功能语言学为基础，结合语料库语言学，现代汉语研究、法学、社会学等相关理论，多维度地对仲裁调解功能实现的语言机制进行本体研究，以构建仲裁调解语境下的人际意义框架，拓展系统功能语言学的研究深度和广度。

本书拟在构建仲裁调解口语语料库的基础上展开定量研究，为准司法语言研究提供实证性的理据，是对国内准司法语言学研究的必要补充，从而有效地扩展法律语言学的研究领域，同时亦能促进汉语的本体研究。

法律语言研究的三大任务是描述法律、解释法律和规范法律语言。本书旨在描述的基础上，从系统功能语言学的人际意义角度，对仲裁员调解话语功能实现的语言路径做出令人信服的解释，其目的是为了规范司法调解语言，进而高效地开展调解工作。

本书的基本径路是以真实语料来分析仲裁员调解话语中人际意义实现的模式，以实证研究为仲裁语言和相关法律语言的应用提供分析技术、数据支撑和检验标准。

最后，在广泛的调查和系统描述的基础上，本书将分析仲裁调解中出现的各种问题，提出相应的语言规范，制定适宜的改进对策，以促进调解工作高质、高效地开展。从而有可能进一步加强调解过程自身的规范性、严谨性、合理性和裁决结果的准确性，进而有效保障我国社会纠纷和冲突的有效化解。同时这也将有助于提高调解员的专业素质，完善司法程序，促进法治事业的进步与和谐社会的构建。仲裁调解语言研究无疑会加深社会对司法调解的认识，改善和推动我国司法调解实践，同时，也有利于我国调解传统的发扬，对促进社会和谐具有重大意义。

第三节　本书的篇章结构

本书可分为三大部分，共八章。具体内容如下。

第一部分包括第一至第三章。第一章引言从研究背景出发，介绍了本书的选题缘由，引出研究目的。在此基础之上，提出了研究问题，为本书确立了基本目标。研究设计详细介绍了数据收集的几个阶段，强调了本书在方法论上的特色。第二章是文献综述，追溯了调解和仲裁的历史及特征，通过对庭审话语研究和调解话语研究的回顾，归纳了目前国内外研究的成绩和不足。第三章是理论基础，回顾了系统功能语言学的确立和发展，考察了本书所涉及的系统功能语言学中的基本思想，重点讨论了人际意义、功能语篇和功能语境。结合调解、仲裁和仲裁中的调解，提出了适用于本书的理论框架。

第二部分是本书的核心部分，包括第四至第七章。我们从词汇语法和小句两个层面出发，以所扩展的人际意义理论框架的四个子系统为切入点，对仲裁员调解话语中的人际意义分别进行讨论。第四章关注的是仲裁员调解话语中的指称系统，并从人称和呼语两个子系统入手，对仲裁员调解话语语料进行分析归纳，寻找规律性特征，从锐化和柔化两个维度对这一语言特征进行描述和解释。第五章考察了仲裁员在调解话语中采用哪些词汇手段作为其评价手段，以及这些手段是如何显性或隐性地传达他的观点和态度的。我们不仅对仲裁员调解话语中三个评价子系统：态度、介入和级差进行了分类讨论，同时也从超越小句的层级上，即从句内、句际间及语篇层面，自下而上地对调解话语中的评价手段进行分析描述，并探讨其背后的深层次意义。第六章从系统功能语言学中情态理论出发，结合汉语中情态的特点，从四个维度归纳出仲裁员调解话语中情态系统使用特征，并探讨仲裁员对话语命题真实性投入的不同主观态度，以及实现的不同人际意义。第七章结合汉语语气系统的特点和系统功能语言学的人际意义，重点考察在调解的不同阶段，仲裁员如何根据语境的变化，使用不同的语气类型来认可、否定、反驳、坚持、调和等，以此实现语境和交际各方的互动，并达到调解目的。

第三部分，即第八章，在第四至七章结论的基础上，针对第一章提出的研究问题，进行归纳总结，归纳出仲裁员在调解话语中的总体特征、身份特征、所实现的人际意义及实现的各类语法途径，并提出了有益于今后仲裁调解实践的现实启示。同时也指出了本书存在的一些不足，为后续研究提出了改进方向。

第二章

庭审话语与仲裁话语研究概述

仲裁活动属于司法活动中的一类：准司法活动，而法律语言包含立法语言和司法语言。因此，对仲裁活动中的话语分析也隶属于法律语言学下的司法语言研究。作为一种特殊的ADR，仲裁调解是仲裁庭审中的特殊环节。因此，本章分别从庭审话语和调解话语两个角度进行文献回顾。在此之前，我们需要阐明法律和语言的紧密关系，并从司法语言中的庭审语言研究及调解语言研究出发，回顾国内外研究的现状与不足，并指明本书的研究方向。

第一节　法律与语言

要讨论庭审调解与语言的关系，我们首先要厘清法律与语言互为依存的关系。对此，国内外学者早已进行了精辟的归纳。法律是通过语言而产生的。在*Legal Language*中Tiersma和Solan(2012)曾指出“法律是言语的法律”，“法律是通过语言产生的”，“没有多少职业像法律那样离不开语言”。著名的法律语言学家William M. O'Barr曾在*Just Words*(O'Barr，2005)中说，“从日常和现实的意义上说，无论是在书面上的还是口头上的，法律就是语言”。所以，法律和语言关系十分密切，并且是相辅相成的，主要体现在以下几个方面。首先，法律由语言来编码，一切法律都是以语言为载体，语言是法律构建的基础。法典、法律的制定需要通过语言来实现，没有语言的载体，法律无法准确地制定和传递。其次，构建法律的概念也只能通过语言来理解。同时，法律规范着语言的使用。有些法律或法规明确规定了语言使用的场合、使用者的身份等。最后，“法律程序主要通过语言而发生”（Gibbons，2003：1）。在司法过程中，庭审调查、案件审查，法官询问、律师答辩等法律事务必须通过语言来实现。所以，法律从立法、解释，到执法和司法的各个过程，主要是通过语言来实现的。语言是法律的各个阶段中的媒介、过程和产物，在这些阶段中，产生书面或口头的法律文本，旨在规制社会行为（Gibbons，1994：3）。英国哲学家大卫·休谟（David Humes）曾这样描述：“法与法律制度是一种纯粹的语言形式，法的世界肇始于语言，法律是通过词语订立和公布的。法律行为与概念的运用，法律文本与息息相关的描述与注释，立法者与司法者基于法律文书的相互沟通，法律语境的判断等离不开语言的分析。”在法律语言实践中，律师是执行话语的执行者，著名律师 David Mellinkoff 在讲到当代美国的法律执业者使用语言情况时，把律师描述为“一种关于语词的职业”（Mellinkoff，2004：vi）。所以，“语言是法律发生作用的媒介。这种媒介的性质对法律目标的实现和实现程度有着重要的关系”（布赖恩·比克斯，2007：1）。法律与语言之间具有天然的相似性，即他们都是具有规范性的社会现象。同时，两者在学科的形成时间、地点、理论背景、研究对象等方面具有很多相似性。

法律没有自己独立的语言，它是人们在法律活动或实践中，长期使用一些日常语言，在词汇、句法、语篇或文体风格上形式了稳定、显著的特征，同时也发展出大量的专业性语言。我们把这种具有稳定性、独特性、高度规范化和专业化的语言称为“法律语言”。法律语言是“不同于一般语言的具有权威性和约束力的法律载体”（杜金榜，2004：1），它既可被看作一种语域，也可被看作一种机构话语（institutional discourse）。从 20 世纪末开始，法学研究进一步向纵深发展，法律语言逐渐成为一个备受关注的研究内容。因此，随着法学研究与语言学研究的相互渗透，法律语言学（forensic linguistics）应运而生。尽管经历了近二十年的发展，但对于法律语言学的学科归属，学术界却始终未有定论。根据法律语言学的应用范围，可分为广义和狭义。广义上的法律语言学，包括一切跟法律和语言交叉领域有关的本体和法律语言的应用性研究，涵盖立法、司法、执法和法学研究多个环节。而狭义上的法律语言学，主要指具体的法务应用，即在案件中，针对语言文字证据，运用语言学分析方法来辅助调查。根据法律语言的表现形式和使用场所，法律语言研究又分为书面语和口头语，包含立法语言、司法语言和执法语言研究，调解语言属于司法语言中的一个分支。

法律语言即是在法律活动中使用的语言，具有它的独特性和稳定性。法律语言学则结合了语言学、社会语言学、心理语言学、话语分析、社会学、人类学等多个学科。公元前 3 世纪的亚里士多德被称为第一位较系统地描述法律语言学的学者。他在《修辞学》中归纳了简洁、质朴的风格是诉讼语言的基础，精确与完美是更高的追求。自 20 世纪 70 年代才开始了真正意义上的现代法律语言学。它的发展历程经历了同语言学的整体历程一样的三个阶段，即从法律语言作为客体的静态研究（法律语言学本体研究），法律语言作为过程的动态研究（法律语言的应用研究）与法律语言作为工具的评判研究（法律语言研究成果）（杜金榜，2004：18）。作为一门新兴的交叉学科，法律语言学在国内外受到越来越多研究者的关注，研究深度和广度不断拓展，与之相关的理论研究与实践成果层出不穷（吉本斯，2007：11）。同时，关注法律语言研究的机构和团体也越来越多，很多大学开设了“法律语言学”课程，很多语言学家也把注意力转向了法律语言研究。因此，很多研究者把它作为一种特殊的语域，尤其是在话语分析中，被当作一种机构话语进行研究分析。

董晓波（2006）在《语言与法律——谈西方法律语言研究方法的嬗变》一文中，从方法论的角度概述了西方法律语言研究经历的三个嬗变，即传统方法、社会学方法和批评性方法，各种方法给法律语言研究增添了多维度的思维进路，并指出建立多元、综合、整体化的研究方法是法律语言研究的历史发展趋势。由于法制体质和司法理念不同，以及制度的开放程度不同，国外的法律语言学发展水平处于领先水平，而我国的法律语言学，主要集中在法律语言的表层层面，从整体上还处在第二阶段初期，与国外研究相比，处于相对滞后的状态，尤其是将法律语言作为工具的研究更为如此。另外，也有少数的研究者对“从语言角度研究法律和法律实践”这一方面进行探讨（廖美珍，2004b）。因此，我国法律语言学应该更重视田野调查和现场录音语料，重视过程研究和实证研究，重视多视角、跨学科的研究，重视语言学家介入的法律证据和法律翻译等法律语言的应用研究(廖美珍，2004b)。

第二节　调解和仲裁

从古到今，只要有人的地方，就会出现矛盾和纠纷。从社会学的角度看，纠纷是社会互动的一种基本形式，只要有互动，就可能产生纠纷。因此，社会矛盾和纠纷并不可怕，它是一种常态，关键是如何化解，并从冲突及其化解中实现更加有效的社会整合、更加紧密的社会团结。所以，化解冲突，归于和谐，是一个亘古恒新的话题，也是人们普遍追求的理想(克雷比尔等，2011：1)。

一、调解的概念和渊源

随着社会经济活动的繁荣和人际交往的紧密，现代社会中各种纠纷也越来越多。解决纠纷的方式，既可以是诉讼，也可以采取非诉讼纠纷解决机制(如 ADR)。在众多方式中，人们往往基于社会传统和个人偏好，根据纠纷的类型、性质等来选择。长期以来，无论在诉讼内还是诉讼外，调解都是诸如中国、日本等东方国家和地区惯用的一种方式。

调解是指在第三人主持之下，双方当事人自愿妥协，合意解决纠纷的活动(刘敏，2001)，它是促进纠纷当事人以自决协议，来处理纠纷的一种有效方式(努尼，2006：7)。作为一种解决纠纷的机制，我国的调解自古有之。作为一种社会历史现象，调解也有其产生和发展的历史，它在不同的发展阶段有不同的历史形态，也具有各自的特点和作用。

调解作为一种纷争解决方式，是中国传统儒家法律文化的代表。这既源于中国封建社会长期缺乏成文的民事法律，也深受“以和为贵、以让为贤”的传统文化与道德的影响。同时，它也体现着现代法治的基本原则。今天，源自传统文化和现实需求的调解，已然成为非诉讼纠纷解决机制的首选方式，被国内外司法界广泛认同。

调解发端于原始社会，当时的调解是作为一种生活习惯和社会习俗而出现的(常怡，2013：2)。它依照氏族习惯和共同生活准则，解决氏族和部落内部或之间的纠纷，主持人一般是氏族中有举足轻重地位的首领。当时的调解是一种自发的行为，不带有丝毫的政治和阶级色彩。

进入奴隶社会和封建社会，调解已经被深深地打上了政治色彩烙印。儒家思想的核心——封建的纲常名教是它的基本思想，其目的是维护剥削阶级的利益，维护宗法制度和等级观念。当时的主持人要么是封建官吏，要么是财多势重的乡长、族长等，他们很难秉公办事，不能保护双方当事人的利益。而且当时的调解只是诉讼的一个补充，它贯穿在整个诉讼过程中。

到了“中华民国”和新民主主义革命时期，调解进入了一个新阶段，发展成人民调解和法院调解两种形式。此时的人民调解具有强烈的行政色彩，因为当时的调解委员会由政府领导或主持。新中国成立后，调解制度进入了一个新的历史时期，经过几十年反反复复的推崇和冷遇，经历了纠纷解决方式的演变、衰落、复兴几个阶段，从以前的两种调解发展为三种：人民调解、行政调解和法院调解(李祖军，2011：1)。各类调解的组织形式更灵活，原则更明确，调解范围更广泛，手段更灵活。从20世纪70年代末起，随着改革开放政策的推进和市场经济发展，我国的调解发生了更大的变化。“大调解”工作体系将调解制度推向了巅峰(常怡，2013：50)。

目前在中国，现代的调解制度已形成了一个完整的体系。它的表现形式多种多样。按照其功能，调解可以分为判断型、交涉型、教化型和治疗型等。进入司法程序后进行的调解是诉讼调解，又称司法调解、法院调解或法庭调解。诉讼调解是在法院主持下，由当事人申请或法院依照职权主动开始，以协商解决纠纷、结束诉讼的调解方式，用于民事案件和经济纠纷案件的审理。例如，婚姻案件的审理中，诉讼内调解是必经的程序。其他在诉讼程序外进行的调解，则称为非诉讼调解。这主要有三类：①人民调解。即民间调解，是人民调解委员会对民间纠纷的调解，如居委会对居民间纠纷的调解。②行政调解。包括基层人民政府，如乡(镇)人民政府对一般民间纠纷的调解；以及国家行政机关依法对某些特定民事纠纷、经济纠纷或劳动纠纷进行的调解。③仲裁调解。指仲裁机构对受理的案件进行调解，如调解不成，则进行裁决，同样具有法律效力。现代调解必须满足以下原则：自愿原则、合法原则、查明事实、分清是非(张锐，2010)。

在现代社会中，调解具有程序快捷、成本低廉、利于维护当事人之间的关系、从对抗到合作等优势。程朝阳(2006)将调解的优点总结如下：①程序设计平等且人性化，灵活便利、气氛亲和；②在过程上重参与、重协商，以相互妥协、达成共识为导向；③在结果的达成上以自愿为原则，注重关系的维持和问题的实质解决，可接受性强；④成本低廉、效率高、相对保密。因此，调解言语行为的研究，有助于更充分地发挥司法调解化解矛盾纠纷的作用。

二、仲裁理论基础

作为 ADR 的首选方式，仲裁是当事双方根据事前订立的仲裁协议，自愿将争议事项提交非官方的仲裁机构进行裁决，并履行裁决的一种制度。而仲裁制度则是指民商事争议的双方当事人达成协议，自愿将争议提交选定的第三者，根据一定程序规则和公正原则作出裁决，并有义务履行裁决的一种法律制度。仲裁制度是与诉讼、调解并行的准司法制度，是中国司法制度体系的重要组成部分。作为仲裁机构的仲裁委员会是一个公益性民间组织，其主要工作为解决仲裁纠纷、提供仲裁服务。

仲裁制度与调解、诉讼等共同构成解决民商事争议的法律服务体系，具有灵活性、快捷性、独立性、经济性、保密性和国际性等特点，被广泛应用于民商事领域的纠纷解决，是 ADR 中采用最多的方式。在各种争议解决机制中，仲裁以其对现代市场经济显著的适应性及法律所赋予的强制效力，在分流法院案件、适应市场主体需求等方面发挥了重要的作用。可以说，仲裁制度不仅是衡量市场经济成熟和社会文明进步的重要标志，也是构建和谐社会、优化经济环境不可或缺的重要制度(刘武俊，2007)。随着我国市场经济的日益繁荣，对外贸易的快速增加，以及社会人际交往活动的极大丰富，仲裁制度无疑将在解决民商事争议中发挥更大的作用，这既有利于社会主义市场经济的繁荣，也有助于健全和完善社会主义法制建设，对维护社会公平、建构社会和谐有着深远的现实意义。

(一)仲裁的起源和发展

作为一种与诉讼并行的民商事纠纷解决机制，仲裁具有悠久的历史。它的产生早于诉讼，古希腊神话里能找到它的起源。早在公元前5世纪，著名的《十二铜表法》就对仲裁有所记载。当地中海商人间出现纠纷时，他们就会委托共同信赖、德高望重、秉公办事的第三人对纠纷进行居中裁判。这种简单快捷的纠纷解决方法逐渐形成了纠纷双方共同约请第三方居中裁决的惯例。11世纪开始，随着生产力和商品经济的发展，欧洲的仲裁制度较为盛行，主要用于领土争议和经济纠纷。14世纪末，仲裁在瑞典地方法中被赋予了法律地位。英国是第一个颁布仲裁法案的国家，并在1889年制定了第一部仲裁法。瑞典、德国、法国等欧洲国家相继认可了仲裁员并制定了仲裁制度。到了近代，随着各国之间的经济联系加强，跨国纠纷日益增多，仲裁从范围和执行方式上都发生了深刻的变化。各国加快修订仲裁法的同时，也相继设立了仲裁机构，以维护国际贸易的正常秩序。第二次世界大战后，国际贸易的蓬勃发展促进了仲裁在世界范围的兴起。1958 年在联合国主持下订立的《纽约公约》标志着缔约国之间相互承认和执行国外仲裁裁决。1986年中国加入该公约，次年开始生效。

我国的居中裁决的最早记载可以追溯到汉代，当出现纠纷时，乡里就会推选出最德高望重的老人来处理，这就是所谓的“三老”制度。它的形式和内容都比较简单，主要用来解决乡邻间的民事纠纷。我国现代意义上的仲裁开始于1912年北洋政府颁布的《商事公断处章程》和《商事公断处办事细则》。国民政府期间成立的商事公断处(1913年)，只相当于一个调解机构，因为必须经当事人同意后，它的裁决才具有法律效力。否则，当事人有权上诉至法院。其后的国民党政府于1930年起也先后颁布了一系列的仲裁规定。

新中国成立后，我国分别建立了涉外和国内两套仲裁制度。涉外仲裁一直遵循着国际惯例：民间仲裁、自愿仲裁和一裁终局。而国内仲裁的发展过程则曲折许多。主要经历了几个阶段：①1955~1966 年“只裁不审”和“两裁终审”阶段；②“文化大革命”终止阶段；③1978年改革开放到1982年《经济合同法》颁布前，仲裁制度恢复阶段。但这期间，仲裁处于体制混乱、多头管理、机构分散的状态，并带有浓厚的行政色彩。随着我国改革开放的推进和加入世界贸易组织的需要，制定符合社会主义市场经济和与国际仲裁制度接轨的新仲裁制度迫在眉睫。1994 年颁布了《中华人民共和国仲裁法》，它是我国第一部单行的仲裁法规，被认为是与市场经济最为接轨的一部法律。它的制定和颁布是我国仲裁发展史上的里程碑，也是优化经济环境、建立和谐社会的重要法律制度。随着它的订立，国内的仲裁工作开始全面推进，各级政府设立或重组仲裁机构，仲裁员队伍不断壮大，受理案件日益增多，办案质量提高。仲裁制度逐渐成为解决国内外民商事纠纷的重要手段，是维护市场经济秩序的有力保障。

(二)仲裁的优势和特色

回顾 1994 年《仲裁法》颁布以来我国仲裁的发展历程，不难发现仲裁有以下主要特点：①自主性。仲裁以当事人自愿为前提，由当事双方协商，自主选择仲裁机构、仲裁人员、开庭形式和审理程序等，最大限度地尊重当事人的意愿。因此，仲裁是最能充分体现当事人意思自治原则的纠纷解决方式。②专业性。民商事纠纷常常涉及不同的专业领域，会遇到各种法律、经贸和相关技术问题。因此，遵照我国仲裁法之规定，仲裁员均是由具有一定专业水平和能力的行业专家所担任的。具体来讲，仲裁员的遴选要求是具有八年及以上从事仲裁或律师或任审判员的工作经历，或者要求是具备高级职称的法律研究或教学人员。③灵活性。仲裁充分体现当事人意志，仲裁机构、仲裁员等都可由当事双方自主选择，并据此设定更加灵活、更有弹性的审理程序。④快捷性。由于仲裁实行一裁终局制，在时间上能够节省审理时间，一旦裁定，也能够迅速开始执行。⑤独立性。仲裁机构独立于行政机构，不受任何机关、团体或个人的干涉，同时，仲裁庭作为临时组建的组织，很大程度上避免了内外部复杂人际关系的干扰，因而具有相当的独立性。⑥可靠性。仲裁员权威的专家身份和高超的专业素养，使得仲裁庭公信力大增。同时，仲裁中显示出来的国家司法强制力，既为仲裁树立起很高的威信，也能使社会感到结果有可信度、执行有保障。⑦保密性。仲裁采取不公开的审理方式，且对仲裁人员有保密规定，从而较好地保护了当事人的商业秘密和个人隐私。⑧经济性。仲裁无多级收费，时间上的快捷性也带来费用的相对减少。另外，其保密性也使得当事人日后的经济行为不受影响。

上述特点也体现了仲裁的制度性优势，基于此，仲裁才能以低成本、高产出的显著优势，成为人们解决民商事纠纷的重要途径。

(三)仲裁中的调解

仲裁中调解制度是我国仲裁机构借鉴调解优势而形成的解决民商事纠纷的复合型方式(邱星美和王秋兰，2008：178)，它是仲裁和调解两种程序的有机结合。它指当事人为解决争议，先启动仲裁程序，在程序进行过程中，仲裁员对案件进行调解，调解失败后再恢复仲裁程序。在仲裁实践中，调解程序分为两类：①仲裁庭调解。在仲裁审理过程中，仲裁员根据当事人的请求或者意见，对双方进行调解。②单独调解。案件审理中或庭审后，双方当事人可以自行和解或者申请由仲裁员依据《调解规则》单独进行调解。不管采取何种调解方式，都是基于当事人自愿和案件事实进行的。协议达成后，当事人可以撤回仲裁申请，也可请求仲裁庭根据调解协议内容制作调解书或裁决书。本书中收集的仲裁调解案例涵盖了以上两种类型。

我国的仲裁调解始于20世纪50年代中国国际经济贸易委员会的实践。1995 年 9 月 1 日起施行的《仲裁法》第五十一条明确规定：“仲裁庭在作出裁决前，可以先行调解。当事人自愿调解的，仲裁庭应当调解。调解不成的，应当及时作出裁决。调解达成协议的，仲裁庭应当制作调解书或者根据协议的结果制作裁决书。调解书与裁决书具有同等法律效力。”

从本质上讲，仲裁调解仍然是调解的一种，是调解在仲裁程序中的有效运用(邱星美和王秋兰，2008：78)，被喻为在仲裁程序中凿开的“调解之窗”或上演的“调解小插曲”(王秀军，2010)。它具有如下显著特征。

(1)当事人拥有解决争议的主动权。高度的当事人意思自治是仲裁的核心和基础，它在仲裁调解中也起到了决定性的作用，赋予了当事人解决争议的主动权，具体表现为当事人既享有程序参与权，又拥有掌握争议结果的主动权。当事人在仲裁调解中不仅可以畅所欲言，而且有自己作终局决定的机会，享有真正意义上的参与和自治。所以仲裁中调解的核心在于实现和维护当事人享有高度意思自治的权利，让他们充分参与程序，实现仲裁利益，恢复商业关系。

(2) 当事人仲裁调解中，调解员根据实际情况，自由选择和组织调解，方式灵活、简便。仲裁调解是仲裁与调解相结合的一种复合式的解决争议方法。在实践中，它已演变成多种形式，如先调解后仲裁、影子调解、仲裁中调解、调解失败各方当事人提供一个最终仲裁方案、调解仲裁共存和仲裁后调解（岳力，2008）。我们常说的仲裁调解是特指第三种形式，也是本书关注的焦点，是指当事人为解决争议，先启动仲裁程序，在仲裁庭审中，由仲裁员进行调解，若调解不成，再恢复仲裁程序。先调解后仲裁的制度是平等的，调解员不是行使司法职权的裁判者，当事人的处分权和合意较之诉讼更具有决定性的意义。由于仲裁调解既吸纳了仲裁的可执行性，又介入了调解的灵活便捷，其解决纠纷的功能大大增强（秦兰英，2008）。

（四）仲裁中调解的原则和程序

在调解过程中，为了保护当事人的合法权益，保证仲裁调解程序的顺利进行，仲裁机构、调解员和当事人必须遵守以下原则：

(1) 自愿的原则。仲裁调解具有契约性和自治性，充分体现了仲裁尊重当事人的意思自治。所以，自愿原则是仲裁调解的首要原则（常怡，2013：250）。这一原则体现在：首先，是否启动仲裁调解取决于当事人的一致同意，任何一方表示不接受调解，调解员应当终止调解，恢复仲裁程序；其次，当事人自愿协商确定仲裁调解所涉及的范围、遵循的程序，仲裁调解员的构成等。

(2) 合法的原则。根据《仲裁法》规定，仲裁应当以事实为依据，以法律为准绳，公平合理地解决纠纷；调解协议的内容不得与法律规定和公共利益相悖。同时，它的程序启动，协议形式等程序性事项必须符合《仲裁法》的规定。

(3) 公平合理原则。这一原则首先体现在仲裁调解过程中，仲裁员应当公平、公正地对待双方当事人，保障双方行使合法的权利，为其提供相同的机会。同时，仲裁调解协议也应该充分体现当事人对等的权利义务关系。

(4)独立公正原则。仲裁机构是依法独立行使法律所赋予的调解权利的民间机构，它是不受任何组织和个人的非法干涉的。

作为一种民间调解机构，仲裁机构有着非常严格的庭审程序。仲裁调解一般由仲裁员一名、书记员一名和双方当事人组成。仲裁庭审分为三大部分：仲裁庭审调查阶段、调解阶段和闭庭阶段。笔者将其归纳为以下流程(图 2-1)。前两个阶段是关键阶段，而且都有其子阶段。本书收集的语料均来自含有调解阶段的仲裁庭审，所以重点筛选出语料中的调解阶段，并根据其交际归纳，将之分为五个子阶段或五个语步，并在语料中分阶段标注。该五阶段分别为：询问调解意愿(语步 1)、初次三方调解(语步 2)、背靠背调解(语步 3)、最后三方调解(语步 4)和宣布庭审结束(语步 5)。在各阶段中，调解的进行和调解结果的达成严格遵循自愿原则，并且主要集中于双方当事人对矛盾进行协商和在协商的基础上相互妥协，最终就矛盾和纠纷的解决达成一致。

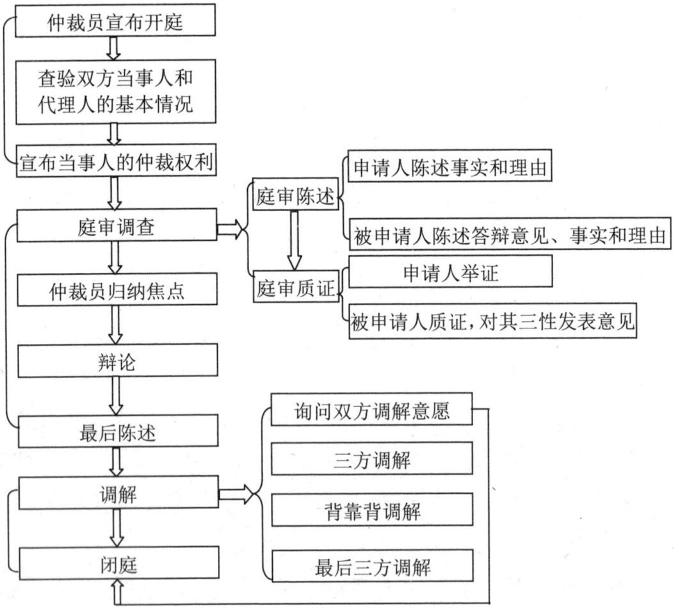

图 2-1　仲裁庭审流程

解决纠纷的地点也是影响解决纠纷成败的关键因素。把地点和后勤问题仅仅视为次要的、无关大局的事，这种观点是错误的(努尼，2006：72)。在解决纠纷或冲突时，最好选择一个完全独立的地点，因此仲裁庭审都是选择在仲裁委员会指定的会议室里进行，如此，争议双方都没有任何异议。另外，仲裁庭审环境和布局也是很有讲究的，它完全区别于法庭的布局。图 2-2 展示了目前仲裁庭会议室的坐席布置。双方当事人及其代表坐在面对面的桌子两侧，仲裁员和仲裁庭秘书各坐一端。仲裁庭审的开始阶段，即庭审准备阶段和庭审调查阶段，主要是以仲裁员为中心展开的。当进入到调解阶段，主要是双方当事人及其代表之间的互动，仲裁员让位于当事人，从主导角色转为次要角色，因此这种布局更利于实现仲裁员和当事人互动关系的转换。除了仲裁庭会议室，仲裁委员会也为当事人提供了小巧舒适的休息室。当仲裁员和一方当事人进行单独交流时，另外一方当事人可以在休息室小憩。除此之外，仲裁委员会还提供电话、传真、复印等服务，这些人性化的设置为解决纠纷起到了积极的作用。

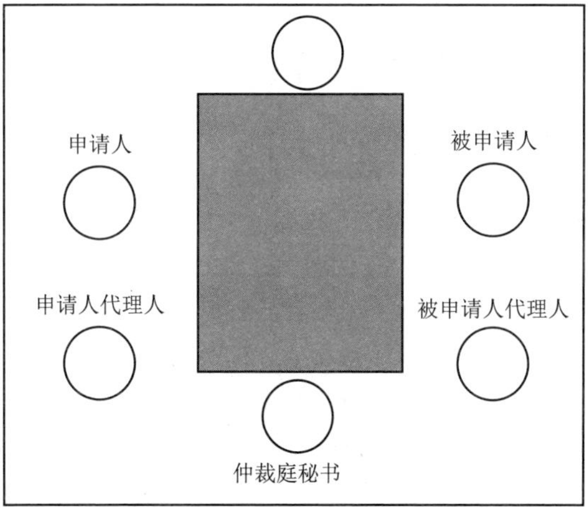

图 2-2　仲裁庭坐席安排

第三节　庭审语言研究

所谓“庭审话语”，是指在特定的地点，按照特定的程序和规则，由具有不同目的的参与者主动或被动参加，各自为达到一个符合自己目的和利益的结盟，以相互说服为方式而进行的活动(Fairclough，2013：134)。它也是一个涉及社会、文化、心理、认知、法律传统等诸多复杂因素的动态过程(廖美珍，2003)。作为一种机构话语，庭审话语是一种不同于日常生活用语、具有强烈机构性的言语活动，它有自己的特性。首先，受到机构组织形式的限制，庭审话语在结构上具有明显的特征。其次，庭审中发生的话语必须遵守特定的规则。在庭审中，谁说什么、什么时候说、说什么都有严格的规定。另外，在庭审会话中，交际各方会采取一些特定的策略，以保证庭审的正常进行，如会话时常会被打断，会话某方也会采取一些回避等策略，不作正面回应。目前在语言学领域内对庭审会话的研究主要集中在法庭庭审的会话研究上。近二十几年来，法庭会话作为一种特殊的机构会话，引起了语言学家们的广泛关注，并已取得了较丰硕的成果。为了便于讨论，我们将从语用学、修辞学、社会语言学、会话结构等方面进行归纳和分析。

一、法庭庭审话语的修辞学研究

修辞即语言中有关提高语言文字的表达效果的规律规则的总和(王希杰，2000：4)。亚里士多德把修辞作为一种技能来进行研究，它是能应用于任何领域的语言技巧和劝说技能。修辞研究是语言使用艺术的研究，即研究如何巧妙运用语言以达到特定的交际目的。

目前，国内的法庭庭审话语研究主要集中在刑事案件的询问策略方面。王洁(1999)将庭审讯问的方式分为以下几类：①初审时的探索式发问；②查清疑点时的定向式发问；③无定向探索式发问转定向具体发问；④暗示性发问。基于发问方式的分类，她进一步分析了讯问的语言功能，分别是说服性功能、解释性功能、感化功能和激发功能。

以上研究从修辞学角度，对法庭庭审话语的技巧、策略和功能进行了研究，但我们可以看出，这些研究多集中在刑事案件审理上，研究焦点都是以发话者为中心，而且研究缺乏统一的标准，略显主观(胡海娟，2004)。

二、法庭庭审话语的社会语言学研究

法庭庭审会话作为一种人际间的社会活动，同样受制于各种社会规范。社会语言学家们在研究法庭庭审话语的时候，把社会因素，如权势关系、性别差异、文化差异等作为重要的影响因素进行研究，试图从这些方面解释法庭庭审话语区别性特征。

权力和法律是息息相关的。在司法程序的进行过程中，语言的使用贯穿始终。通过分析庭审中的各种话语，研究各方在行使权力或维护利益时的语言运用，能够很大程度上对庭审各方的权势关系作出判断。在国外，西方学者关注的庭审话语主要集中在刑事案件和强奸案上，Matoesian(1993)、Conley 和 O'Barr(2005)等学者转写了大量的强奸案例，从批评性话语分析的角度对法庭交叉质询的结构、策略和权力运用的互动细节进行了探讨，证明了受害者在庭审中受到的“二次伤害”，语言是对受害女性实施“再强暴”的机制。一些学者也关注了谋杀案庭审中的弱势群体。他们的研究发现证人在法庭上很少或者几乎没有权力。女性或者社会经济地位低的证人说话具有一种“无力量”风格，而社会地位较高或受过良好教育的人则用“有力量”的风格说话。证人的话语越有力量，可信度就越高，越有说服力。Wagner 和 Cheng (2011)汇集了最新国外庭审研究，从跨文化、证人话语、控制庭审秩序话语、庭审等多维度考察了庭审各阶段或话语主体的语言风格。Bromwich(2013)考察了劳动纠纷庭审的话语风格。在微观语言研究上，Szczyrbak (2013)选取了法庭庭审中法官如何使用句型“I think my own view is that...”，以表达适度的确信。

在国内，对法庭庭审话语权势关系做了比较系统梳理的学者是吕万英。她在《法庭话语权力研究》(吕万英，2011)一书中，以话语分析和批评话语分析为理论框架，结合语用学中的言语行为理论和元语用理论，较全面地分析了法庭庭审话语中的权力控制和支配现象。通过对法官、公诉人、律师、当事人、证人各方的话语分析，她的研究发现：权力控制是通过话语控制实现的，所以话语是权力关系产生和再现的场所；权力体现在庭审交际的话轮转换和控制之中；会话者通过完成某些行动的话语资源来实现权力，这些资源的功能和效果是交际语境的结果；话语选择度的范围与权力的大小成正比。权力大的人就有更大的话语选择度。话语表达越受限制，说话人权力就越低（吕万英，2011：33-34）。赵洪芳（2009）建构适合于分析中国语境下的法庭话语（权力话语）的理论框架和分析模式，通过分析微观的法庭话语的语言细节来揭示庭审中的权势关系现状，尤其是弱势群体的话语表现，以及庭审中话语各方维护权势关系所运用的话语策略，并提出相应的司法改革建议。这一视角的研究必将有助于促进其他话语领域中有关权势关系的研究。Shi（2011）从批判性话语分析入手，分析了国内法庭庭审中话语主体间的权势关系。他认为国内法庭庭审中，主体间的权势关系具有等级性、不平衡性，并受到机构特性影响，并反映在语言的选择上。

在庭审中，法官是整个审判的核心，因此对法官的话语实践、角色扮演和身份构建的研究，对于理解法庭互动话语中的相互关系乃至整个庭审结果至关重要（江玲，2012）。要透彻地分析法官在庭审中的身份构建及其表现的语言特征，就必须结合社会学和语言学理论进行综合探讨，因此国内外对法官话语研究的趋势呈现非常鲜明的交叉性。Philips（1998）主要从法庭庭审中法官话语研究来透析话语所蕴含的意识形态，并对比分析了法律书面语篇和法律口头语篇之间的互文性关系。江玲的博士论文基于社会学的身份构建论，借鉴系统功能语言学、会话分析，以及语用学的理论，选取普通法院民事、刑事及行政案件为语料，从语法、语篇和语用三个维度来研究庭审话语中的法官身份。而张清（2009）结合了话语分析理论、言语行为理论及语用学的目的原则，以25场法庭庭审为语料，对法官的庭审话语做了定量研究。他从言语行为理论出发，描绘了法官话语在整个审判活动中的地位及特征，发现问答结构不仅是整个庭审的主要话语结构，也是由法官启动的话轮的主要结构。法官在整个庭审话语活动中仍然掌握着最大的话语权。从语用学的目的原则来看，法官的审判话语是一个有结构、有层次的目的系统。法官的话语都是在目的指引下的话语活动，法官为了实现其话语目的，进而实现整个审判目的，通常会使用带有目的性很强的话语策略，其中与权力密切相关的话语策略手段是打断策略。

三、庭审话语的会话结构分析

尽管庭审话语是一种特殊的机构话语，但一般的会话原则在庭审中仍然起着重要的作用。Levi 和 Walker（1990）认为会话分析是“特别适合运用于法律语篇的研究”。目前，国内外的庭审会话结构分析大部分集中在话轮转换、问答毗邻对、庭审互动等方向。

廖美珍教授是国内关注庭审会话结构和互动模式的专家。他撰写的《法庭问答及其互动研究》（廖美珍，2003）一书，是国内第一部采用国外语言学理论，系统研究法庭话语的专著。该书转写了 23 场庭审录音，从定量研究出发，将问和答结合起来研究，并将问答策略与问答形式联系起来，揭示了我国法庭庭审中问答机制的策略和特色，也反映了我国目前庭审的模式和现状。之后他又继续结合修辞学、语用学等理论，在庭审互动研究方面展开深入而广泛的研究，发表了一系列相关成果（廖美珍，2003；2004a；2004b；2004c；2006a；2006b；2006c；2008a；2008b；2008c；2012）。

在法庭问话当中，话题控制是一种常见的现象。在法庭会话中，问话人控制话题，并且通过对话题的控制，获取他们所需要的信息。葛云峰和杜金榜（2005）对中国法庭审判中法官、公诉人或律师在问话中如何控制被告或证人的话题进行研究。他们采用语篇分析的方法，揭示了在问话人获取所需信息过程中话题控制发挥的作用。研究发现，在控制话题时，问话人会采取各种策略，如重复提问、暗示、转换话题等，达到控制话题和获取信息的目的。

四、庭审话语的语用学研究

从语用学的角度研究庭审话语，象征着庭审话语研究从静态向动态和功能的方向转换。Woodbury（1984）主要通过法庭问话来研究说话人的意图和策略之间的关系。不同阶段的话语规则和目的、审判制度、说话人的语用特点决定了庭审问答的特点，同时，选择的问句类型也是为了影响非说话人——陪审团的判决。Drew（1990）重点考察了庭审中证人和律师的语用策略。Ehrlich（1999）选取的是提问者常用的连词“and”，分析它的语用功能，它除了连接上下文以外，还暗含了提问者引导被提问者作出肯定回答的倾向。Illie（1994）对庭审互动中的修辞文件进行了语用分析，结果表明此类文件不仅被有权力的一方作为控制手段，也在对抗式审判中被权力弱小的一方作为反控制的武器。

五、庭审话语的系统功能语言学研究

在系统功能语言学界，利用系统功能语言学的理论框架对庭审话语进行的研究屈指可数，而 Martin 在这方面的研究成绩斐然。2012 年上海交通大学出版社出版的 *Forensic Linguistics* 是 Martin 在系统功能语言学和法律话语相结合研究上集大成的一本论文集。该论文集的研究案例主要取自澳大利亚新南威尔士州的青少年犯罪司法调解协商会的准法庭语篇。Martin 从实现化、实例化和个体化这三大层级着手，讨论了少年犯在司法调解协会中轻描淡写的承认及其修辞效果（Martin，2012：40-57）、犯罪的青少年在解释性语篇中的身份构建（Martin，2012：75-101）、通过磋商看青少年犯罪司法调解协商会中故事结构和身份构建（Martin，2012：12-159）以及故事结构里的评价资源（Martin，2012：160-191）。

在国内，有些学者开始尝试运用系统功能语言学的理论框架分析法庭话语。李诗芳（2009）以系统功能语言学中人际意义的研究为出发点，结合了伯明翰学派和系统功能语法的理论方法，选取交际回合和语步这两个焦点，在话语层面从两个视角考察人际意义：个人性介入和互动性介入，提出了解释人际意义的结构—功能模式。同时也运用语料库的方法对中国法庭话语人际意义及其实现方式进行了考察。她从语气、介入、情态和指称四个视角来描述刑事庭审话语的人际意义实现方式。张丽萍（2007）检验评价理论在司法领域的应用并探讨其使用规律，分析了律师如何在强调客观性的法庭辩论中体现自己作为法律阐释者与辩护人的双重主观立场。研究结果表明，在解决法律纠纷的过程中，律师综合运用大量的态度系统与级差系统，使用多种语言手段，尤其是句法、篇章结构等非一致性表达方式，在庭审辩论中表现自己的主体意识与情态。

王振华(2004)拓展了系统功能语言学情态系统，选取的语料是美国辛普森杀妻一案中的法庭交叉质询，从语言学的角度观察法庭交叉质询所揭示的人际关系。研究结果发现：在辩论中，客观、肯定的言语让说话者拥有优势；主观、含混的言语让说话者处于劣势。江玲(2012)也是从系统功能语言学的情态视角出发，以转写的12场中国法庭审判的真实案例为语料，探讨中国法庭审判中法官的身份构建过程。具体的分析范畴包括情态表达类型、情态主客观取向及情态量值三个方面。研究表明，法官话语在情态选择上呈现以下特点：①多数选用道义型情态表达；②多数选用客观的情态表达；③多数选用中低量值的情态表达。法官话语中情态表达的选择特点构建了法官客观中立、公平公正的“裁判者”身份。

六、庭审话语研究的成就和不足

1. 成就

纵观国内外近二三十年的研究，我们可以看出庭审话语研究已取得了显著的成绩，简要归纳如下。

(1)研究者关注的焦点不再局限于静态的法律语言，已扩展到动态的司法话语，即法律话语的动态互动特征与模式，并从把语言当作过程的研究转向为把语言作为工具的研究。

(2)研究理论具有鲜明的广泛性和交叉性。目前，大量的研究成功地结合了话语分析、社会语言学、心理语言学及法学等学科中的相关理论，描述和分析了各类庭审话语特征，如法官对陪审员的指示、证人或被告的话语风格、法庭问答互动现象，以及被用作刑事审判中的证据——录音对话等。同时，很多学者开始把视角投向社会领域和意识形态，把语言看作一种实现权力的工具，关注它在法律实践中的应用，旨在揭示权力在法庭这一独特的机构场景中得以实施或被抵制的状况。在法庭话语中所显示的权力与控制研究中，学者们主要探讨了法官和律师对证人或被告的控制，表现在问话形式、其他话语策略如打断、话轮控制、重复、停顿、语法及其他的语篇策略方面。在探讨法庭话语中的权力非对称性方面，这些研究向我们揭示了庭审中权力非对称性的表现、原因及弱势者对权力的抵制等。

(3)研究方法的多样性和语料真实性。越来越多的学者开始重视用真实的语料来反映庭审话语特征。他们亲临庭审现场，收集真实语料，为研究结论提供有力的数据支撑。

2. 不足

尽管如此，现存的庭审话语研究也存在一些不足。

(1)对法律体系的研究失衡：目前来看，国外大部分的庭审话语分析主要集中在对英美法律体系的研究，而且有关法律语言的研究已经远远超越了第一阶段，正处于第二阶段向第三阶段过渡的时期。而我国的庭审话语研究还处于起步阶段，对国内法律体系的庭审话语研究明显不足。

(2)对庭审会话者的关注失衡：大部分的研究都集中在法官或者律师的话语特征上，而对弱势群体，如对证人的话语特征研究很少。

(3)庭审会话研究分布不对称：庭审话语包括法庭庭审话语和准法庭庭审话语(如仲裁庭审、协商会庭审)，当前的研究基本上都集中在法庭庭审上，而且很多关注焦点都放在刑事庭审上，对民事案件庭审等关注较少。而对准法庭庭审的研究更是少之又少。

(4)研究方法分配不均：从语言学角度来分析的庭审话语多集中在语用学和社会语言学，而运用更系统、全面的语言学框架来分析庭审话语的研究不多。然而，现实需要我们应用不同的语言学理论，从更多的角度来考察这一独特的机构话语。

(5)尽管越来越多的研究者开始关注庭审话语的动态特征，但他们研究所采用的语料大部分是庭审书记员记录的文字，并非根据录音转写的真实语料。语料的真实性直接影响了研究结果的可信度。

(6)对庭审话语特征的研究面比较狭窄。大部分集中在会话结构或者词汇语法层，而从下至上，系统地描述语言特征的研究乏善可陈。

第四节　调解话语研究

一、调解与语言的关系

调解，作为一种纠纷解决方式，在中国已经被实践了四千多年。在这期间，我国调解经历了许多阶段性的变化，并被打上了时代的烙印。（常怡，2013：45）最初是封建制度下带有民间自治性质，为避免打官司的烦琐和不公，或者遵从儒家思想中孔子提倡的“听讼，吾犹人也，必也使无讼乎”的观点，由当地地主阶层或者德高望重人士充当调解人的调解；到新中国成立初期发展为在以解决人民内部矛盾为主的毛泽东思想指导下的新时期人民调解；到后来提倡以法治代替人治的邓小平时期的人民调解；再到当前在中国经济飞速发展，以全球化为背景的中国社会转型期的社区调解及其他各种类型的调解。

受到调解所承载的传统文化及其肩负的社会功能的影响，时至今日，每当人们对调解这种社会调整活动进行解读时，得到的结论总是各不相同。但是，无论过去还是现在，多元性始终是调解的一大特征。根据调解主体的不同，可分为人民调解、法院调解、行政调解、仲裁调解及律师调解等。这些调解的性质、方式、作用、适用范围、法律效力等各有不同，但它们都旨在通过自愿协商、教育疏导，来促成各方达成协议、解决纠纷。调解与司法审判构成了一个紧密衔接的整体，共同为社会和谐发挥着巨大的作用。目前，国内外对调解的各类研究从法理和程序的角度，可主要归纳为社会功能分析、文化解释和权力技术分析三类。

调解作为一种纷争解决方式，在中国是有悠久传统的。这既由于中国封建社会长期缺乏成文的民事法律，也深受“以和为贵、以让为贤”的传统文化与道德的影响。此外，调解成为当今非诉讼纠纷解决机制的首选方式也是有现实需求的。它具有促进社会控制机制转换和促进社会型救济发展的社会学意义，以及实现社会公平的伦理学意义。而在全球化背景下，仲裁作为一种专业化、高效、易操作执行的纠纷解决机制，迅速为各国所接受，成为解决国内乃至国际民商事纠纷的一种常态化途径。

在整个仲裁庭审过程中，调解是其中一个重要的环节和步骤。就调解本身而言，也是一种借助语言进行、推动和完成的法律活动。而仲裁调解语言，就是指参与调解活动的人员之间使用的交际语言，即他们相互之间的对话，包括了调解员和调解对象双方的话语。在仲裁中，语言运用对于调解的结果起着决定性的影响。因此可以说，调解是语言的调解，研究仲裁调解语言，就是对仲裁调解实践最直接、最有效的研究。

二、调解话语研究回顾

调解活动在本质上就是语言的调解，调解话语贯穿调解的始终。语言运用对于调解的结果有着决定性的作用。研究调解语言就是对调解实践的最直接有效的研究。总体而言，“目前的调解还有不少问题，很多问题都体现在语言方面”，但“目前系统深入地调查和研究调解语言的人还不多”（廖美珍，2008a）。在实践中，根据调解主体的不同，调解可分为法庭调解和非司法调解，而非司法调解又可分为民间调解和仲裁调解。如今，越来越多的社会语言学家、话语分析研究者和其他学者开始关注这类特殊的话语活动。

（一）法庭调解语言研究

法庭调解又称诉讼中调解，指在人民法院审判人员的主持下，对当事双方就争议的实体权利，进行协商、达成协议，从而解决纠纷的活动。在法庭调解中，调解语言包括审判人员的话语，也包括调解对象双方的语言。由于我国法院在民事审判时，主要采用调解主导型的方式来处理纠纷，所以对我国的法庭调解语言展开研究，既有丰富、翔实的庭审语言材料作为研究基础，也有反馈、指导调解工作本身的应用价值。廖美珍（2008a）从研究法庭调解语言的意义、内容和方法等方面进行了概述。目前，国内外对调解过程中的语言研究为数不多，而且都集中在社会语言学和语用学方面。我们将目前的研究可分为以下四类。

（1）大部分的研究集中在法庭调解过程的会话结构分析。Heisterkamp（2006）和 Heritage（2004）从法庭调解会话结构中概括出调解员中立角色的语用特征。

(2)话语策略。Maley(1995)考察了澳大利亚法庭和离婚调解中的调解人角色，从修辞学的角度分析了第三方如何通过语言，干预和控制调解的过程。Jacobs(2002)认为调解员话语多为复杂和间接的。本书通过对调解会话分析进行分析，归纳总结了在调解中调解员的三大语用策略：间接支持、表达支持、模糊支持。这些策略替代了平常对话中简单直接的交流方式，如命令、纠正、辩论、表示不同意等，调解员借此在推进了调解纠纷的同时，又保持了中立。

在国内，凌锐(2011)以法学为基础，结合语言学、心理学等学科，以三个典型调解案例为分析对象，通过考察调解语言所涉及的具体内容、方式和技巧，选择语言的文化背景，以及非语言的其他交际手段等，研究语言运用与调解活动间的相关性，探讨通过有效语言运用提高调解成功率的办法。他指出，应该从三个方面综合考量调解实践，即“法”“理”“情”，并要根据纠纷的具体情况，遵循一定的原则性和策略性来运用调解语言。同时，调解活动作为一种交际活动，语言之外的其他交际行为也是调解过程中很重要的影响因子。因此，他进一步研究了体态语、副语言和时空控制等非语言交际手段在调解实践中特殊而微妙的作用，提出在调解活动中，必须将上述手段与语言交际手段结合运用，才能快速高效地解决争议，结束诉讼。

调解作为当事人之间共识达成的一种模式，需要受到合法性要素的考量。商谈共识论基础上的合法性获得，要求调解本身要面对真实、真诚和正确三大有效性诉求。真诚性诉求是连接真实与正确两大诉求之间的桥梁，从更大程度上可以说，真诚性诉求的满足是合法性获得的核心因素，并最终落实在审判人员——法官的主观真诚意图之上。郑东升(2011a，2011b)结合了法学理论和语言学理论，对法庭庭审中法官调解语言的真实性和真诚性语言策略展开研究。法官作为法庭调解制度的行为主体，通过客观真实、主观真诚及社会规范中正确的语言运用，以法庭调解参与者的身份，帮助当事人在法庭调解制度三大原则的基础上实现和解，并获得法庭调解语言的合法性，为法庭调解立法提供了实践的基础。

吕万英(2005)以会话结构理论为理论分析框架，对司法调解中出现频率很高的冲突性打断进行研究，从打断的互动特点、打断的类型和语用功能、打断人的权力关系，以及打断对调解结果的影响等方面进行了综合分析，结果表明打断是调解中重要的话语策略之一，调解各方可利用语境因素，适时打断，引导调解朝自己所期望的方向发展。

(3)调解过程中的权势特征和身份构建。一些学者则从社会语言学和批评性话语分析出发，分析仲裁和调解中的权势、身份构建等(Cohen, Darter & Luxenburg，1999；Anesa，2012； Mayer，2008；程朝阳，2007，2009a，2009b；柯贤兵和廖美珍，2011；徐优平，2006；王建，2012)。

就法庭调解话语中法官角色问题，Heisterkamp(2006)搜集真实调解过程中的录像和对话，考察在法庭调解过程中，调解员用语是否保持中立性。他的研究发现，无论调解员与被调解者是什么关系，调解员都能在谈话中保持中立。程朝阳(2008)专门讨论了法庭调解话语中角色的双重性，即法庭语境下的话语角色与社会角色。他认为在法庭调解中，参与各方既肩负一定的社会角色，也具有话语角色。首先，他们要扮演法庭主体角色，受法庭结构、规范和情景的制约，旨在完成其角色的任务，同时也要扮演担负其他社会功能的角色，并力图按照社会对这些功能的要求和期望行事；其次，在扮演以上社会角色时，也会遵从相应的规则，根据法庭当下的语境进行话语表达。

柯贤兵拓宽了法庭调解语言的研究视角。他的焦点主要放在程序性调解话语中调解人的身份认同建构(柯贤兵，2011a)、话语空间建构(柯贤兵，2012)和以博弈为基点的互动策略(柯贤兵，2011b)上。他认为，调解中的程序性调解话语，话语表达对于营造友好的调解氛围、拉近与被调解方的距离，以及作为第三方中立调解人的身份认同至关重要。调解人通过程序性调解阶段的话语表达，组织和推进调解的进行，起到宣传法庭调解政策、交代调解程序和在具体环节中充当发问者角色的作用；同时，有技巧地处理好调解人机构身份认同的冲突，建构一种为被调解人所接受的身份认同的友好人际关系，可以促进后续调解朝着理想的目标发展。

(4)法庭调解的语用学视角。语用学是研究通过语境来理解和使用语言的学问。在语用学理论中，如言语行为理论、礼貌原则、合作原则、目的原则、哈贝马斯的普遍语用学理论(尤其是交往行为理论)，都特别适合调解语言的研究(廖美珍，2008a)。在国内，已有一批学者关注调解语言的本体研究，并结合真实的案例，展开了广泛的讨论，其中程朝阳博士在调解语言研究方面颇有建树。他运用语用学理论对法庭调解语言展开研究。其博士学位论文《法庭调解语言的语用研究》运用语用学理论，首先从静态角度探讨了调解话语本体，然后从动态上分析调解话语在法庭特定语境下的功能，以及话语与各种语境因素(包括目的、角色、权力、修辞)之间的互动关系。他认为作为一种典型的机构话语，法庭调解话语主要由以下几大要素构成和决定：法庭话语中的角色、话语目的、话语策略、话语中的权力使用等。法庭调解话语通过这些要素与话语之间的互动展现出来。基于真实的语料，作者分别从社会学和语言学的角度考察了调解话语中的角色、权力与目的，以及它们与调解话语使用之间的互动关系，认为法庭调解话语行为属于目的性、社会性行为，且调解是一门言辞说服的艺术，说服效果是调解话语的重要目的。在法庭调解中的话语实践上巧妙地运用说服技巧，有助于促进被说服者的态度朝说服方向改变，以尽快达成调解目的。

法庭调解是对双方当事人就争议的实体权利和义务自愿协商、达成协议、解决纠纷的活动。其本质上是一种话语行为的博弈交际。柯贤兵和廖美珍（2011）认为在法庭调解话语互动中，参与者的调解意向通过调解话语目的表达，并动态顺应对方可接受的三个话语空间——主观话语空间、客观话语空间和社交话语空间，并结合真实法庭调解语料进行可调解空间的话语分析，拓宽了法庭调解话语分析视角，更好地把握调解话语运作机制和调解策略。他们的研究基于真实的调解话语语料，以交际博弈论为分析框架，主要探讨作为调解人的法官对法庭调解话语互动的交际博弈特点，旨在阐明法官是如何有效运用法庭调解话语互动策略，通过调解话语来沟通、协调当事人的行为，进而完成作为第三方调解参与者的话语角色任务。该研究为促进纠纷化解、构建和谐社会提供了有益的启示。

然而，法院对调解高结案率的过分强调会导致法官追求政绩，并在实体层面强制被调解方接受调解。但为了规避承担职业风险，法官通常采取较为含蓄但又传达出强制意图的暗示性法院调解用语，而非明确的强制性语言。这也是研究者关注的一个侧面。肖建国(2011)认为法院应当倡导正当的、规谏型、暗示性调解用语，而其他类型的暗示性调解用语则应该通过调解行为标准加以正面规范，也要通过调审分离原则、固定法院调解过程等方式加以规范，促进其制度化。

(二)民间调解语言研究

民间调解是在人民调解委员会，如国内的居委会等机构，主持下的一种群众性司法活动，具有成本低廉、简捷、及时、易操作等特点。目前对此研究的学者屈指可数。通过文献检索，关注中国民间调解语言研究的学者只有(邓一恒 Deng Yiheng)。她的博士论文 *Neutrality and Power Distribution in Chinese Mediation: Discourse Analysis on Some Contemporary Chinese Mediation Strategies Based on Real Mediation Sessions* 从跨文化交际的角度对中美民间调解做了对比分析。她走访了三个城市的若干社区、街道调解委员会和法庭，获取了16份国内民间调解录音。通过对比分析发现中美民间调解区别很大。美国式调解中的调解员的权力来自其中立的地位，即调解员往往是与当事人无利益或亲属关系的中立第三方。而在中国式调解中，调解员往往是非中立的，并受很多文化元素的影响而采取不同的语言策略。同时，在中国式调解中，调解员会利用自己的地位、权威性、面子、关系等权力去批评、指责、挑战、警告、指导和建议当事人。但是，在整个社会由熟人社会向陌生人社会转变、价值观世界观趋向多元化的今天，传统中国式调解的成功率并不是很高。面对这种尴尬局面，作者指出可借鉴西方调解的特点和方式可能为解决这一问题找到新的出路。之后，她从话语策略的角度(Deng，2012；Deng & Xu，2013)，继续深化对国内民间调解的语言研究。

(三)仲裁调解语言研究

随着仲裁在国内外解决民商事纠纷中的作用日渐凸显，独具特点的仲裁语言也渐入学者的研究视野。语类研究专家 Bhatia(Bhatia，2002；

Bhatia, Garzone & Chiara, 2008; Bhatia, Candlin & Gotti, 2010; Bhatia, Garzone & Chiara，2012；Bhatia，Candlin & Gotti，2012a，2012b，2012c)已对仲裁书面语的体裁特征做了一些理论性探讨，但这些研究主要是基于国外的商事仲裁法律及实践。近些年来，司法程序对仲裁的影响越来越明显。Gotti(2011，2012)选取意大利涉外商事仲裁静态文本，研究仲裁语篇的公正性，指出司法程序已经渗透仲裁程序，并试图找出这种语篇特征背后的动机。他的研究对象是商业调解语言，主要分析中立和客观在仲裁中是在何种程度上得以保证的，进而指出诉讼过程的一些不公正性及其动机。另外，Gotti 还研究了仲裁员的专业性及其用语的特征。虽然研究的目标语是意大利语，但是对于其他语言也有很大的启示作用。其他国家的学者也开始逐渐关注仲裁实践中的话语研究，如日本的 Sato(2008)、伊朗的 Malanczuk(2008)、印度的 Dhanania(2008)，分别从修辞、文化、语篇分析等方面，对各自国家的国际商事仲裁话语进行了研究。Jemielniak(2011)关注了一种特殊的仲裁话语形式，即网络国际商事仲裁。Hafner (2011)分析了仲裁书中的推理过程和法律文化。

而国内对仲裁的研究主要集中在仲裁文书方面。李冰(2009)对仲裁文书的总体特征进行了定性描述。韩征瑞(Han Zhengrui)和李笑予(Li Xiaoyu) (Han, 2011; Han & Li, 2011; Han, 2013)从体裁分析的角度，基于小型语料库对中国大陆商事仲裁文书进行了语步分析。然而，结合成熟的语言学理论框架，对国内仲裁调解话语进行的相关研究还无人涉足。

总体上看，国内外关于仲裁的语言学研究文献屈指可数，这与目前仲裁机构的普遍设立及仲裁活动的广泛推行形成了强烈反差。仲裁语言之所以成为法律语言研究中的薄弱环节，其因素有三点：其一，仲裁术语专业性强，句法结构相对复杂、冗长；其二，仲裁语言研究涉及语言学、仲裁法、诉讼法、民商法、国际商事法等多个学科，需要一定的交叉学科知识背景；其三，仲裁审理是非公开的法律程序，这就造成了采集仲裁庭审语料和文本语料的困难。

(四)调解语言研究的贡献和不足

从以上文献回顾，我们可以看到目前国内外的调解语言研究已取得了诸多建树。

(1)学界对调解话语的关注已经从法学理论、社会功能等层面拓展到语言学层面的研究中。尤其在语用学、社会语言学、批判性话语分析等领域已取得了较为显著的成果。

(2)调解话语研究的覆盖面已不断扩大。研究者们不再只关注司法调解中的法院调解，逐渐把目光转向准司法和非司法调解话语研究。在广度上扩展了研究范围。

(3)定量研究方法逐步取代定性研究方法。尽管在目前的调解话语研究中，仍然缺乏基于语料库的大型定量研究，但研究者们已开始自建小型的语料库，来取代以往经验性或内省法的描述，这是迈向语料库语言学和其他语言学理论相结合的可喜的一步。

尽管调解话语研究取得了较瞩目的成绩，但也存在明显不足，这主要体现在以下几方面。

(1)目前的研究范围分布不平衡，主要集中在司法调解中的法庭调解话语研究，对非司法调解的话语研究相对薄弱。而且，在各类调解话语研究中，学者们关注了调解员身份构建，但都是对调解员的中立身份及被调解人对调解员身份认同的研究，并未从更宽泛、更包容的角度去审视调解人的话语中实现的人际意义。

(2)从方法论上看，应用理论有限，缺乏数据支撑。目前的研究主要从语用学和社会学的角度研究调解语言，理论研究仍受到一定的局限。从系统功能语言学的角度来分析仲裁庭审的调解话语的相关研究无人涉足。同时，大部分研究都属于定性研究或对少量数据进行定量研究，而基于海量语料，对调解话语进行客观、真实、动态的描述和解释严重落后。

(3)国内外对仲裁庭审语言的研究尚显不足，且大部分只针对仲裁调解中的静态语篇，而对仲裁庭审中的调解话语分析更是鲜有涉足。同时，碍于采集语料的难度，很多研究只能停留在对个别语篇的定性分析，运用语料库对仲裁调解中的仲裁员话语进行的定量研究则严重滞后。

由此，我们可以看出在司法或准司法实践中，语言占据着举足轻重的位置，它不仅规制着实践行为，是各类法律活动中的媒介和产物，而且它具有独有的特征和稳定性。因此，研究法律实践中的语言活动有助于更好地开展法律活动。多视角、跨学科，重视证据的应用研究是法律语言学的发展方向之一。

司法实践中的庭审过程被看作是一个涉及社会、文化、法律等诸多因素的动态过程，因此语言学家们从修辞学、社会语言学、会话结构、语用学、系统功能语言学等角度，对各类庭审话语进行了较深入的研究，从研究理论上看具有广泛性和交叉性，研究方法呈现多样性和真实性。并选择不同的主体，如强势群体、弱势群体、律师或女性证人，从权势或话语策略的角度进行对比研究。其中，庭审活动中占据主导地位的法官身份研究是语言学家们关注的重点。作为一种特殊的机构话语，仲裁庭审话语隶属于准司法语言研究。

而调解在我国具有悠久的历史，是 ADR 中的首选方式，并且作为一种"东方模式"，迅速在国际范围内推广。研究调解最有效的方式之一就是研究调解话语。从目前国内外研究看，调解话语研究在类型上呈现失衡状态，学者们对司法调解话语的关注远远大于对非司法调解话语的关注。而且在有限的文献里，研究多集中于社会语言学和语言学，而利用系统功能语言学理论，分析仲裁调解中的主导者——仲裁员话语中的人际意义的研究明显失衡。

第三章

系统功能语言学：仲裁员调解话语的理论基础

世界上任何事物都是形式和意义的统一，语言也不例外。形式是意义的实现手段，意义由形式来体现。意义和形式之间是相辅相成的，也是一个统一体，适当和得体的形式更有利于意义的表达。因此，对形式的分析的目的应在于揭示意义的表达。语言学也是社会符号学的一个分支，其目的是研究语言的意义。系统功能语言学把语言看作是一种社会符号，认为对语言的全面描述，不仅要分别考虑意义和形式，而且还要考虑他们的关系。所以，意义和形式之间的关系不仅是系统功能语法的出发点，也是它的归宿，始终贯穿于系统功能语言学。系统功能语言学家们关注的重点是语言的社会属性，即语言的社会功能。他们认为透过语言，我们可以了解到人们的角色关系、他们所处的社会地位，以及各种各样的人际关系。因此，我们在关注仲裁调解话语时，不仅可以获取专业信息，还可以了解到这类特殊话语社团的言语规则、恰当言行及其体现的人际意义。

第一节　功能语言学概述

一、功能语言学的确立与发展

M. A. K. Halliday 创立的系统功能语言学理论是以人类学为基本的语言学理论，它是“20 世纪后半叶国际上最有影响的语言学理论之一”（黄国文，2000）。系统功能语言学理论的发展自创建以来，在五十多年里经历了四个重要的阶段，下面将简要介绍它的发展历程和理论来源。

(一)阶和范畴语法

Halliday继承了以英国语言学家J.R. Firth为代表的伦敦学派的一些思想。而Firth吸收了人类学家Malinovski的观点，他不仅认为语言的功能是组织人类活动，而且还指出对语言的理解要结合“语境”，语言是一个多层次的系统，涉及语音、词汇语法和语义，并区分了系统和结构。Halliday继承和发展了Firth的学术思想，并在1961年发表了 *Categories of the Theory of Grammar* 一文，在文中正式提出阶和范畴语法理论框架。在这个框架里，他也融入了弗斯(Firth)关于结构和系统的观点。

(二)系统语法

Halliday 意识到阶和范畴语法只能描述语言结构的表层，因而继续完善其理论，试图通过更抽象的机制——深层纵聚合关系的“系统”来描述语言。他借鉴了丹麦学派的 Hjelmselv 关于“系统才是结构的底层关系”的观点，以及组合关系和聚合关系。1966年他在发表的 *Some Notes on Deep Grammar* 中修正了Firth的“系统”概念，他把它看作语言中深层的纵聚合关系，并提出了系统语法，取代了阶和范畴，重新诠释了语言结构的“表层面”和“深层面”之间的区别，并提出了一个新的阶的概念——精密阶，它表示的是范畴的区别或详细程度，它不仅能使语义区别越来越精确，而且可以表示一种依赖关系。

(三)系统功能语法

布拉格学派对 Halliday 的功能思想影响很大。心理学家 Buhler 提出的表达功能、表情功能、意欲功能和所指功能在功能语法中被概括为概念功能、人际意义和语篇功能。Halliday(1967)的论文 *Notes in Transitivity and Themes in English* 第一次提出经验、逻辑、话语、人际是系统语法四大功能。1985年，他的 *An Introduction to Functional Grammar* 问世，它标志着系统功能语法进入了成熟阶段。

（四）社会符号学

第四阶段开始于 20 世纪 70 年代中后期。1978 年 Halliday 出版了 *Language as Social Semiotic: The Social Interpretation of Language and Meaning*。在该书中，Halliday 将语言和语言研究置于社会和文化的大框架之内，标志着系统功能语言学向社会符号学的转变。

综上所述，系统功能语言学博采众长，以更广阔、更全面的视角，拓宽人们对语言的认识，在语言学研究中发挥着巨大的作用。自 20 世纪 80 年代创立以来，通过 Halliday 和其他系统功能学者多年的努力，系统功能语言学已发展成广为人们所接受的语言学理论。系统功能语言学蓬勃发展，在深度和广度上得到了大幅推进。比如，更新了语域概念，提出了更多、更新的观点；搭建了新的词汇-语法评价系统；语篇的多义性、多层次性是语篇衔接概念发展的新方向；在语言与社会的关系研究的基础上发展了批评语言学和批评话语分析；语言研究由纯粹的社会角度向认知角度转向，还有结合计算语言学、研究语篇的分析和生成等研究。总之，系统功能语言学不论在提升基本理论，还是在跨学科研究和应用研究方面，都在不断发展和深入。

二、系统功能语言学的理论框架

Halliday 等系统功能语言学家接受了以 Firth 为代表的伦敦语言学派的思想，也借鉴了社会学家 Berstein、人类学家 Malinowski 的语言与社会、社会与文化关系的思想、Lamb 的层次语法，Fillmore 的格语法及 Pike 的法位学等多个语言学思想。从 20 世纪 60~70 年代逐步发展至今，现在系统功能语言学已成为一门成熟的适用性的语言学理论。它是从社会的角度诠释语言与意义，把语言看作一个多层次的符号系统（常晨光和陈瑜敏，2011：1）。系统功能语言学理论框架主要由两大部分组成：系统语法和功能语法。系统语法认为语言是由若干意义相连的子系统构成的，这些子系统是可选择的，又称为“意义潜势”系统。功能语法指在语言的每个子系统里，每个选项都要表达特定的意义，而且该意义取决于同一系统其他选项的意义。人们选择系统的过程不是任意的，它要受到讲话者想要表达的概念意义、语境和语言系统本身的制约(朱永生和严世清，2001：3-7)。功能语法重点揭示了语言是社会交际工具，语言系统的形成是人们在交际中为了实现各种不同的语义功能而决定的(席晓青，2011：11)。总的来说，Halliday 创建的系统功能语言学的核心思想可以归纳为六个方面。

(1)元功能的思想。系统功能语言学将语言与其产生的外部环境联系起来，对语言的内部关系进行解释，并认为所谓语言的功能，就是语言的外部使用者对于语言的内在要求。在这些变化万千、浩如烟海的功能里，有些抽象的功能是语言本身所固有的，称为“元功能”(meta-function)。Halliday 将语言的语义分为三大元功能：概念元功能、人际元功能和语篇元功能。

(2)系统的思想。Halliday 认为语言不仅仅是合乎语法的句子的集合，而且应该用意义潜势来解释语言。语言不仅仅是一套符号的集合，而且是一个存在于所有语言层次的系统，也是一种可以进行语义选择的网络，每个层次的系统都是各自的意义潜势。

(3)层次的思想。Halliday 认为语言是包括语义层、词汇语法层和音系层的多层次的系统结构，每个层次之间是“实现”关系，即通过形式的选择来实现意义(语义层)的选择，通过实体(音系层)的选择来实现“形式”的选择。

(4)功能的思想。系统功能语言学的功能思想属于语义的范畴，所谓的功能是形式化的意义潜势的离散部分，这种语义成分对构成语义系统起到了具体的作用。

(5)语境的思想。系统功能语言学把语言看作一个整体，同时也要依靠外部环境来确定语义系统的标准。社会语境或者情景语境都是语义的一部分。

(6)近似或盖然率的思想。Halliday 从信息论里借鉴了盖然率的思想，他认为盖然率是语言固有的特征之一，尤其体现在词汇的选择上。语言的概率性证明了它们在词汇语法上的概率不同导致了不同语域之间的差别。

功能语言学把语言看作一个系统的语义系统网络，这一网络通过概念功能、人际意义和语篇功能提供意义潜势。存在于意义潜势中的各种意义只有通过现实的语篇才变得有意义。系统功能语言学尝试全面、客观地描写语言系统的组成和运作机制，研究人们用语言交换意义的模式。

三、功能语篇和功能语境

（一）系统功能语言学视角下的语篇分析

1952年结构主义者Harris提出了语篇分析，在此后的六十多年中不少学者在语篇分析方面作出了不懈的努力，尝试着用不同的理论和方法进行语篇分析，其理论涵盖了人类学、社会学、语言学、心理学、符号学、信息科学等学科，并提出了很多新的观点和新的研究思路，大大地推动了语言理论和语言教学的研究。语篇分析从而逐渐演变为一门综合性的专门研究交际语言使用的学问。

在诸多的语篇分析理论中，系统功能语法理论成为语篇分析重要的理论资源之一，这与系统功能语法自身的理论追求是分不开的（李战子，2002：8）。系统功能语法不仅是语言系统的语法，而且也是分析语篇的语法。基于系统功能语法理论框架进行的功能语篇分析，为语篇提供了一个系统的分析模型。它把各语法系统和三大元功能之间的关系也看作是实现与被实现的关系，在语言的三个功能的组织和语域的三个构成因素之间建立实现关系，在文化语境和语篇的图式结构之间建立实现关系（Eggins & Slade，1997：309）。Halliday 在 *An Introduction to Functional Grammar*（2000：xv）中也指出，系统功能语法是一个可用于语篇分析的语法框架。它完全可以与其他语篇方法媲美。经过长期的语篇分析实践证明，系统功能语法理论操作性强，是一种比其他理论更适合于语篇分析的实用性理论（黄国文，2001：3）。所以当我们分析语篇时，就完全可以用这一理论系统、全面地描述语篇。功能语篇分析是一种解释性活动，其目的是对语篇进行评估，即解释某一特定的语篇是如何表达某些特定意义的。Halliday 和 Hasan（1976：327）明确指出，语篇不仅应该被看作一个成品，它其实也是一个过程。对一个语篇进行语言分析的目的不是说明，而是解释。对一个语篇进行说明，旨在了解该语篇表示什么意义，而对一个语篇进行解释，则是为了理解该语篇是如何表示意义的。在对语篇进行解释前，应该首先了解该语篇的意义，所以我们可以认为解释活动涵盖了说明活动，它比说明活动层次更高。文化语境、情景语境和语言是用功能语篇分析来考察语篇的三个方面。

系统功能语言学不仅把语篇看作一种语言单位，而且也把它看作一种交际活动，并与交际的环境相适应。系统功能语言学认为，语篇作为一个语义单位，是由小句来体现它的意义的，它与小句、词组、词等语法单位之间的关系是体现关系，即语篇由小句来体现，或小句体现语篇的意义。语篇与小句之间不存在高低、大小的关系，因为语篇与小句等语法单位不属于同一个类型的单位。由于语篇是使用中的语言，所以我们在进行语篇分析时不能只分析语言本身，而是要看语言是怎样在特定的语境中起作用的，是怎样体现特定的意义和功能的。

语篇既是一个语言使用单位，也是一个语义单位（Halliday，2000：xvii）。它可能是书面形式的，也可能是口头形式的，且长短、大小皆不同。目前，书面语篇已得到了研究者们广泛的关注，但口语语篇长期被忽视，可它又是我们生活中至关重要的部分，因为无论是个体还是群体，口语总是先于书面语。从深层次层面看，口语能更丰富地、鲜明地表现语言系统的潜势。而功能语篇分析能提供一个全面的、系统的语言分析框架，从不同的层次和细节描写口语语篇。同时它把语言和社会生活之间的关系理论化，可以从社会生活的角度来观察会话（Eggins & Slade，1997：47）。席晓青（2011：95）将运用功能语言学分析会话的优势归纳为以下四个方面。

（1）功能语篇分析会话是对会话语步的详细分析着手的，这种描写方法使得在辨别语步的过程中，对各种精密阶进行描述成为可能。

（2）功能语篇的描写方法把语步类型和语法类别结合起来，在语步和特定的语气类别之间建立了特定的联系，如此可在辨别语步类型时，建立一些适切的标准。

（3）功能语篇结合语境模型，对话语结构进行了系统描写，这为语步选择结合会话中的人际语境提供了一种方法。在语域的话语基调变量中，话语互动模式可以和语境变量联系起来，这种符号学的角度能避免其他语言分析方法的机械性。

(4)Halliday 提出的功能语篇描写方法，经过其他功能语言学家的发展，为会话模式中语步意义提供了一套丰富的描写方法。

总之，功能语篇分析可以从不同的语言形式来分析口语是如何构建社会身份和人际关系的(Eggins & Slade，1997：179)。

(二)系统功能视角下的语境观

语境是一个伴随语言使用不断扩大的因素集合(詹姆斯·保罗·吉，2011：8)，它不仅包含了外部环境、交际方、特定情景产生的前后语言，还包括说话人的社会关系、种族、性别、身份，以及文化、历史和体制等因素。

语境的思想可追溯到 20 世纪初的人类学家 Malinowski。他对南太平洋岛特罗布兰德群岛上的土著居民的语言进行了实地考察，并提出了两个概念：情景语境和文化语境。他认为要用语篇描述我们周围的事物，不仅需要考虑语篇的上下文，而且也要考虑其发生的所有环境。情景语境是语篇发生的小环境，而文化语境就是大环境，它们对理解语篇都至关重要。Malinowski 强调语言与社会、文化之间的关系，不仅关注语言的形式，也关注它的功能和意义，强调必须联系语境才能理解语言，他的思想对言语民俗学及民俗学方法论产生了深远的影响(常晨光和陈瑜敏，2011：7)。

后来伦敦学派的 Firth 发展了情景语境。他在普通语言学理论中融入了情景语境的概念，并增加了社会语境的概念，建立了一个可以用来描述情景语境的框架，并提出适合语篇分析的情景语境框架应包括(Halliday & Hasan，1989：8)：

(1)情景中的参与者，如哪些人、其个性和特征。这相当于社会学家概念中的参与者身份；

(2)参与者的行为，即言语行为和非言语行为；

(3)情景中其他相关的事物和事件；

(4)语言行为的效果。

尽管 Firth 反对唯实论的情景语境观，但他也未能真正地把情景因素抽象为语境理论模型，而且也没有对交际中真实、具体的语篇进行语境分析(胡壮麟等，2005：18，26)。

目前语境已成为哲学、语用学、逻辑学、修辞学、话语分析、社会语言学等多个学科的关注焦点。语言学界对语境的分类做了广泛的探讨，有的从构成角度分类，有的从功能角度，有的从层次分类。席晓青(2011：98)归纳了几位著名学者的研究(表 3-1)。

表 3-1　语境研究分类

研究者	语境分类		
Firth	相关事物	参与者，行为效果	
Cook	说话目的	说话者，受话者	
Halliday	话语范围	话语基调	话语方式
Hymes	场合，行为序列	参与者，目的基调	工具，体裁，规范
Jakobson	环境	说话者，受话者	接触，代码，信息
王建华	言伴语境	言内语境	言外语境

语言源于社会实践，也应用于此。因而，唯有将语篇放在具体的实践活动或具体的情景语境中，才能得到解释。语境有很多功能，其中最突出的功能就是语境预测和激活话语生成。在交际中，我们会根据听到的或者看到的语篇进行一种猜测，在大多数情况下，结果和我们的预期比较接近，这就是语篇的预测功能，它是话语范围、话语方式和话语基调相互协调的结果。信息进入到语言系统中，就转化成意义系统。这个意义系统激活了与语篇相关的情景类型，从而完成了对情景语境的预测。所谓的“预测”指的是语境图式中被激活的过程，读者完成了输入信息驱动的“从下而上”的预测，也随之完成了输入信息渠道的“从下而上”处理。同时，当我们的情景图式被激活后，我们根据已有的语境，从情景各因素中对语篇下面的内容进行“从上而下”的预测，并在语篇中对自己的预测结果进行检验。当预测与结果一致时，就获得了满意的理解，交际就成功了。否则交际失败，会话者要么修正预测，要么修改语言输入信息，以促成预测与结果一致。所以，如果没有语境，就不能在听话

者和真实世界之间建立联系；如果没有语境，会话各方就无法达成共识。如果他们不是在同一语境下，如果他们说的不是同一所指，他们就不是在交流(Bintliff，2006)。因此，语言和语境是互动的、相互影响的，语篇的生成和解读离不开语境(席晓青，2011：87)。

系统功能语言学吸收了 Malinowski 的人类学理论、Bernstein 的社会学理论、布拉格学派和伦敦学派 Firth 的语境理论。1964 年 Halliday 在 *The Linguistic Science and Language Teaching* 一书中提出的“语境”(context)是用来描述语言形式和外部情景特征之间的一个界面。他认为，语言在情景中产生，并得到解释和理解。情景语境的变化会带来语言的变异。他同时指出影响语域变异的三个变量：话语范围、话语方式和话语风格。1978 年 Halliday 修正了该模型，用话语基调替换了话语风格，并将语言系统分为语音层、词汇语法层和语义层三个层次，各个层次之间是由下到上的激发和解释的关系。在 20 世纪 70 年代他提出了语境理论，这个理论对语言学界产生了深远的影响。Halliday 从人们的交流为什么成功着手，挖掘情景语境的本质特征。通过分析，他发现交际之所以成功，是因为交际发生的情景语境和文化语境给参与者提供了丰富的信息，所以说话者能够根据语境进行预测，达到完成交际的目的。

(1) 文化语境：是指语篇在特定的社会、文化中所能表达的所有意义(包括交际目的、交际步骤、交际形式、交际内容等)。语言是反映社会活动的社会现象。每个言语社团都有自己的文化、历史、习俗、道德观和价值观。文化语境则由这些反映特定言语社团特点的方式和因素构成。每一个语篇都是在特定的文化语境中产生并发挥作用的，其意义在于使用目的与社会功能。在不同的文化、 社会背景下，同一个语篇会有不同的社会意义和交际效果，因此也就衍生出不同的解释。简单而言，文化语境由语篇体裁来反映。由于语篇体裁是一个动态的、不断变化和发展的社会过程，所以通常认为它是由交际目的决定的。从文化语境角度看，每个语篇都可看作是特定的语篇体裁。语篇体裁通过两种方式来体现：纲要式结构与实现样式。纲要式结构指的是有阶段的、有步骤的结构。

(2)情景语境：系统功能语言学的情景语境是指在特定的社会、文化背景中，人们可以在特定的时间、地点，就特定的话题，根据交际双方的关系，通过语篇进行交流。换言之，与语篇传递交际意义有关的时间、地点、谈话内容、谈话双方的关系等因素构成了语篇的情景语境。情景语境决定了语篇的合适性与连贯性，它包括话语范围、话语基调、话语方式。这三个变量构成了语域；任何变量的改变都会引起语域的变异，并产生词汇和语法上的不同选择。具体来说，话语范围激发了语义系统中的经验意义，话语基调激发了人际意义，而话语方式激发了语篇意义。因此，语境与语言的纯理功能之间存在一种关联性，即语境和纯理功能的耦合。

从以上可以看出，文化语境代表的是人们在日常社会活动中的一种抽象化形式，是抽象的、概括性的概念，它决定了整个语言系统。而情景语境却是直接的、具体的，说话人在具体语境中的实际表达由情景所决定。可见，较之情景语境，文化语境更为抽象，层次更高，它由无数具体情景语境所组成。

系统功能语言学把语境看作是以社会为基础的、动态的经验模型，它既是社会的变体，又是一种文化变体(朱永生，2011：77)，它所提出的语域理论关注的是话语的得体性。虽然系统功能语言学在语境研究上取得了瞩目的成就，但也存在一些问题。van Dijk(2008：53)等著名学者对系统功能语言学的语境理论的开放程度、概念不清，以及对具体语域的描述可行性不对等提出了批评。这也引起了系统功能语言学家们的反思和新的尝试。Hasan 与 Macquarie 的大学语境研究小组合作，正尝试用系统网络标识情景语境的特征(Hasan，2009：179-180)。

四、系统功能语言学的人际意义框架

人际意义是系统功能语言学中的三大组成部分之一，因此有必要概述下人际意义的主要内容。所谓人际意义，是指语言除了传递信息之外还具有表达说话者的身份、地位、态度、动机等功能(Halliday，2000：49；李战子，2002：10)。系统功能语言学认为，语言除了具有表达讲话者的亲身经历和内心活动功能外，还具有表达讲话者的态度、地位、动机和他对事物所作的推断等功能，这些就是语言的“人际意义”。人际意义关注人与人之间的互动与协商关系，即说话人运用语言来建立和维护人际关系，表达观点与态度，影响他人态度或行为。人际意义主要靠语气和情态来实现。讲话者在实现过程中，通过参与具体情景来表达态度，并在语境中以此影响他人的行为和态度。人际意义还能够表示在具体交际情境中的角色关系，即对话双方为实现交际目的所扮演的角色关系，如提问者和回答者、告知者与怀疑者之间的关系。人际元功能是指在话语情境中说话人和受话人之间的互动关系，以及说话人对其所说内容的态度。它带有很重的语义负荷，它的词汇语法资源有语气、情态，以及其他评价资源，它们在语篇中韵律性地实现语言的人际意义(Halliday，2000)。

(一)语气系统

在系统功能语言学理论框架中，语气是实现语言人际元功能的重要语法手段。在具体语篇中，通过对语气类型和数量的分析，能够将对话者之间的人际关系展示出来。具体包括：对话者间的礼仪状况、权势关系、亲疏程度、情感和态度等(李战子，2002)。系统功能语言学认为，语气是实现人际意义的一种重要的语法范畴。英语中的语气主要通过主语和限定成分之间的位置关系得以实现，包括陈述、疑问和祈使三种类型。通过分析交际过程中说话者的语气选择，可以揭示说话者是如何通过语法系统中的语气选择建构彼此之间的社会关系的。Eggins 和 Slade(1997)在 *Analyzing Casual Conversations* 中，也通过对小句的多少、主语和语气类型的选择等的分析来探讨在身份建构中与语气相关的语法具体起到了哪些作用。Eggins 和 Slade 认为，说话者在社会文化语境中所扮演的角色很大程度上会影响语气系统的选择。但 Martin(2006)在其话语基调框架中，只划分了完整句和非完整句，而且也未对这两个范畴作进一步划分。

(二)指称系统

在语言交际过程中，指称是个敏感、开放的词汇系统。指称系统的变化常常能反映出交际双方的角色身份、社会地位和亲疏程度的差异(李诗芳，2007：23)。说话人通过指称系统，不仅可以表达对受话人的态度，还可确认受话人的地位及身份，而受话人则可以根据对方指称方式的选择，来了解受话人的真实意图。可以说指称系统是体现人际意义中交际者间的社会地位、角色身份、亲疏程度，反映和影响交际者关系的主要因素，同时它还是话语正式度的体现，表征人际意义。在特定的机构话语中，由于相应规则的存在，指称的使用受制于机构规范。仅仅是称谓语这一看似微小的选择，即可在交际中标记人与人的社会关系。

系统功能语言学的指称系统包括两个子系统：人称系统和呼语系统。人称系统是对编码于言语活动中的参与者或相关角色的符号指称。在各指示语汇中占据主体和核心地位。人称系统具有自足封闭性，也具有所指人或实体的开放性。所谓的“你”“我”“他”这些非规约性指称意义，其符号指代性是在特定情景下同所指人或实体相配的，即从语义内涵到指示符号的语法化编码的体现过程。该过程对于人称指示符号的选择表达，是由社会文化语境变项，即语旨或语言的人际意义所确定的。尽管选择表达的具体形式不一定确定，但其可接受性却与精密阶有关，从而直接向语境负责，因此它具有较强的语境依赖性。

在构建人际关系的诸多语言元素中，称呼语是一个重要组成部分。我们在日常交际中常常会用到呼语，其核心功能是通过称呼语唤起注意、表示对对方的礼貌或表达某种情感。作为一种交际单位，称呼语是人们用于指代称呼对象、识别身份，以及在交际中定位人际关系的符号系统。称呼语不仅反映了人们之间社会地位和角色关系，也反映了人们之间的情感关系。称呼语的恰当使用对于成功交际具有重要作用。所以，正确、恰当地使用称呼语，不仅体现了说话者的身份地位，也折射了他的文明素质和交际艺术。在国内外对称谓语的研究大多局限在社会语言学范畴，大部分都是静态的描写，而称呼语的实际应用是动态变化的，并具有显著的地域特征和较强的集团性。系统功能语言学中功能语境的思想为称谓语研究注入了新的能量，拓宽了研究者的视野。

（三）情态系统

情态是介于是和否之间的意义区域。说话人在是和否之间，把自己想要表达的命题表达得具有不同的可能性和合意性。系统功能语言学把每个人看作“社会人”，人们的日常交际都是“情景化的”。在交际过程中，说话人使用不同程度的情态，来表达断言、建议、态度和判断，对成功交际起着重要作用。因此，系统功能语言学把情态纳入人际意义框架下，把它看作人际意义的主要语义载体，并赋予了它超越逻辑和传统语法的重要地位。

系统功能语言学中的情态系统可以从三个维度进行区分。首先从类别上看，分为情态和意态。情态指说话人对命题可能性的判断，包括可能性阶和经常性阶；意态可分为责任阶和倾向性阶。同时，这些情态类别和子类别还被赋予了高、中、低三类值。最后，从情态的取向来看，情态又有客观和主观，以及显性和隐性之分。情态可以被隐性地编码在一个显性的主观句中，突出说话人的主观态度。相反，说话人也可借助显性的客观形式，来淡化自己的立场，为一个命题的判断增添客观确定性。

五、评价系统

系统功能语言学为话语分析提供了一个多维模式，它的基本思想是把语言看作一种资源，每个交际活动都汇集了概念意义、人际意义和语篇意义。这三种意义由词汇语法来体现，并通过话语范围、话语基调、话语方式等来强化。系统功能语言学关注语言的三大元功能，即概念功能、人际意义和语篇功能。也就是说语言具有通过及物、语气和主位三个系统，来揭示说话者对世界的理解、参与者扮演的角色及相互关系，以及语篇的信息结构和衔接机制等功能。评价系统就是关于话语展开过程中意义和言语事件参与者之间互动的理论。

Halliday（1978/2001：21，122）把语言看成是将“行为潜势”编码为“意义潜势”的一种手段。意义潜势是一个由语义、词汇语法、语音构成的系统。意义是说话者根据语境从意义潜势作出选择的结果。

从系统功能语言学的角度看，评价理论并非仅仅具有人际意义，而是以概念功能为中心，同时可能具有人际和语篇功能。从更广的视域看，在言语活动中，评价具有引导、判断、选择、预测、激励五种主要的功能。

Halliday(2000)根据语言的人际意义，建立了语言的人际意义系统。他认为(Halliday，2000：355)，说话人的评价和判断主要通过情态系统来实现。情态属于词汇语法范畴，主要通过小句中的词汇语法来体现。所谓情态，就是介于是与否之间的那部分意义(Halliday，2000：356)，如果小句涉及的是提供信息，情态系统由两个子系统构成，即概率和频率，并分别由情态动词和副词体现；如果小句涉及的是提供商品或服务，则情态可分为表示义务或倾向的意态。情态的一致式由情态动词和动词词组的延伸部分体现，而非一致式由情态语法隐喻来体现。在这四个情态子系统里，还可以继续区分各种不同量值的情态操作语。他认为(Halliday，2000：354-356)诸如“I think”“there is no doubt that”属于人际意义的隐喻式。在这种语法中，从社会符号到词汇语法的每个层次上都有形式完好、系统性强的范畴，并且不同层次之间的范畴也有系统的关系。Halliday(2000：360)根据情态类别、主客观取向、高中低量值和归一度建立了一个庞大的情态系统，将其分为 144 小类，并对此做了详细的描述。

而我们常说的评价理论或者评价系统，是以 Martin 为代表的新系统功能语言学派发展起来的新词汇-语法框架。在对人际意义的研究中，它进一步发展了 Halliday 的评价系统，关注了语篇中协商人际关系的各种态度。自 20 世纪 80 年代以来，Martin 及其团队在澳大利亚的新南威尔士州开展了一项研究落后学校的项目(Disadvantaged School Program)，评价理论就是其子课题“写得得体”(Write it Right)的研究成果(Martin & White, 2005：3)。他们建立了一整套评价资源体系，并将这些资源运用于语篇分析，挖掘叙事语篇和文学评论中的评价，媒体、科技和历史文本的客观性，艺术的价值观和行政话语中的责任根源(徐来娟，2013：86)。经过十年的努力，该项研究逐渐发展为评价系统。2000 年，Martin 公开发表的论文 *Beyond Exchange: Appraisal Systems in Eng-*

lish 标志了评价系统理论的正式形成，并成就了“20 世纪 90 年代中后期系统功能语法的新发展”（李基安，2008）。而评价理论的基本成熟，则是以 Martin 和 White 合著的 *The Language of Evaluation: Appraisal in English* 的出版为标志。他们以词汇作为体现的主要形式特征，将评价定义为：与价值的评判有关，在语篇中协商态度，包括情感强度、价值源泉和读者分类等方式（Martin & Rose，2003）。

Martin 和 White（2005：23）将评价理论定义为：评价理论是关于评价的，即语篇中所协商的各种态度、所涉及的情感的强度，以及表明价值和联盟读者的各种方式。Martin 的评价理论是构建在话语语义层面上，与说话人主观态度有关的，即反映了说话人赞同或批评，喜欢或憎恨，以及如何影响受话人，并使其也具有相同的情感。Martin 指出，评价理论是研究如何用语篇来构建言语社团所共有的情感和价值的；是如何用语言机制来构建共同的口味、情感和规范的评价的（Martin & White，2005：1）。同时，意义是语言体现社会文化的主要层面，社会符号范畴化的进程会带来意义范畴化。所以，评价理论中的意义范畴化是用于体现社会交往特征的（Martin & White，2005：9）。

第二节　仲裁员调解话语中人际意义框架的扩展

尽管系统功能语言学的理论框架是纯西方的语言学理论，但它早已被广泛地运用在各种语言的研究中。由于本书的语料是汉语口语，且是具有鲜明特征的机构话语，所以具有独特的话语特征。基于此，本书的理论框架结合系统功能语言学的人际意义和汉语特点，并随机选取五场仲裁庭审口语语料进行预研究，将各类语言特征进行标注、归类和分析，剔除不适合该语境的语言特征，增加在该情景语境下出现的独特的人际意义及语言现象，最终形成了仲裁庭审调解话语的人际意义框架（图3-1）。下面我们将对各子系统中的增补部分一一进行说明。

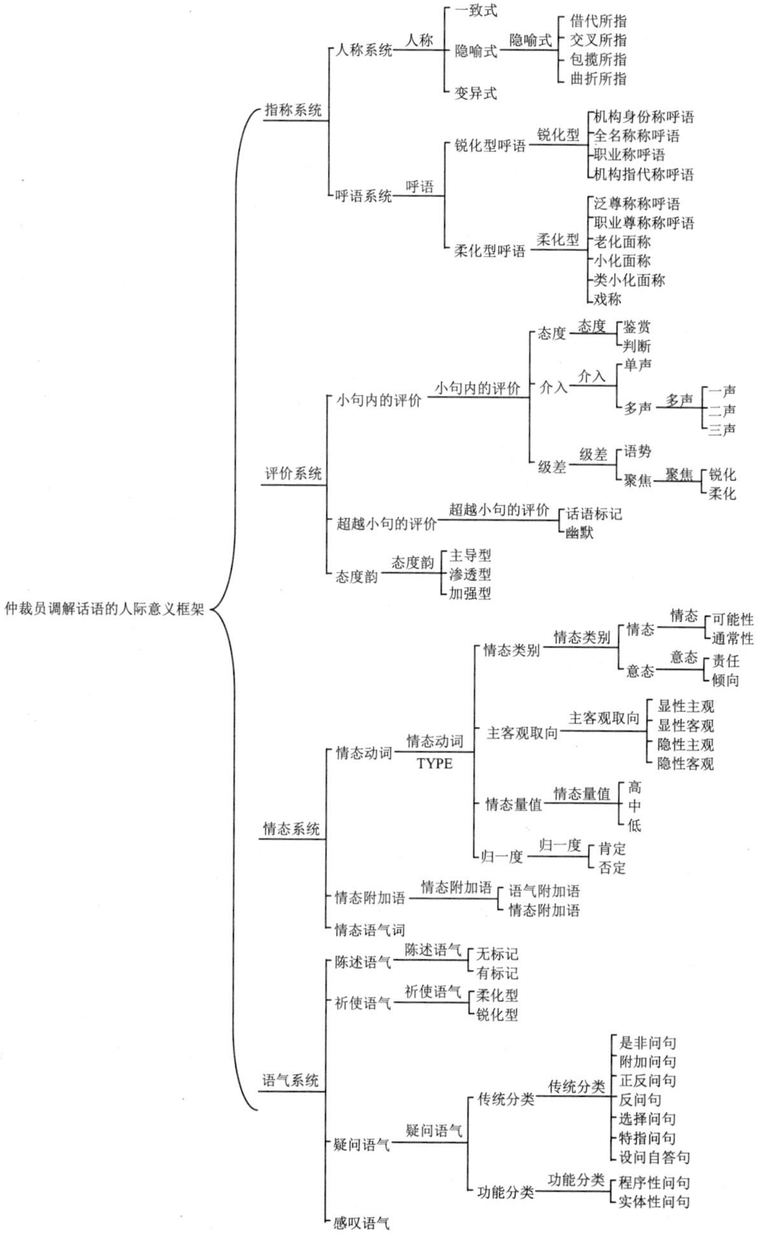

图 3-1　仲裁员调解话语的人际意义框架

一、指称系统的扩展

一直以来系统功能语言学对指称系统的描写尚显不足，Halliday 在其论著中只是简要提及，并没有做细化和详细阐述。而 Martin(2006) 在描述身份构建的框架中，只提及了 Poynton(1990) 研究中的部分成果，即在不对等关系中，身份高的人更倾向于用第一人称代词和比较随便的呼语。但在实际会话分析中，人称系统是一个很复杂的系统，交际方的身份和权势不对等表现在第一、第二、第三人称代词单复数和呼语使用上，因此笔者认为有必要深化汉语人称系统的精密阶，并在动态的语境中加以考察和验证。

Halliday 认为言语活动的参与者或相关角色的人际语义特征，在句法层面体现为语式，这就是小句的人际意义。陈治安和彭宣维(1994) 把小句中体现人际意义的人称指示符号划分为三种体现形式：一致式、隐喻式和变异式。

(1) 一致式，也可称为直接体现形式(陈治安和彭宣维，1994)，表示在选择终止时人称指示语在性、数上的体现形式同言语活动中的现实角色保持一致。当指别对象是单人时，就用单数指示语；当指别对象是多人时，就用复数指示语。汉语在第二人称单数语义特征的直接体现终端，已体现出人际间的权势或亲疏关系，而复数则不然。

(2) 隐喻式，也被称为隐喻体现形式，是人称指示语符号性之外的又一功能特征，它是在直接体现人称指示功能的基础上，隐喻性地对人称指示的语义特征进行编码的结果。其体现形式与人称语义本体之间在量、质准则上的错位动因，就是人际意义在话语平面的充分体现。隐喻体现形式主要表现为所指和称谓两种形式。就其特征来看，它跟直接体现形式一样，在人称语义的语法化体现平面上表现出其选择表达的确定性，即通过语境中的确定的人际关系(权势、亲疏) 可以预测人称指示的选择表达形式。

因此，隐喻式是人称语义潜势在选择表达的终端体现为人称指示符号同所指人或实体在量、质的一致性或其表达上所体现的曲折性。它下分为借代所指、交叉互指、包揽所指和曲折所指。

借代所指表示在言语活动的主体即说话者具有直接、现实的权势情景下，说话者自我指称时采用“我们”而不是“我”，其目的是企图从权势或主体性地位向平等关系方向下移，向亲密、谦逊方向归度，以增加双方共同点的假象，从而缩短双方的心理距离，使听话者一方在情感上产生“同类感”而接受说话者的主体性地位。

交叉互指，和借代所指具有相似的动因。这种用法常给人亲切感，在正式场合中多出自长者或领导之口。

包揽所指表示由某一言语活动确立的所指三角关系中各个角上的人或实体中的两者或全部。

曲折所指指的是话语平面上选择表达的曲折性。它是指在特定语境下一定的称谓语、专有名词、职业、社会角色等行使人称指示语的职能。

(3)变异式是一种非确定性的、违反既定指称习惯的选择体现。这种说话者的言语故意临时改变了交际双方的相互关系，或者达到了某种交际效果，如赞誉、拔高、幽默、羞辱、自贬等。

从直接体现形式到隐喻体现形式的使用是社会等级结构中不平等的人际关系的现实体现，直接形式是基础，隐喻形式是在此基础上发展起来的。变异形式是隐喻形式所指向的现实人际秩序的直接违反，以建立新的人际结构或表达对现实秩序的不满。三种形式之间是一种自上而下的依赖关系。因此，我们将参照这一分类，在仲裁调解语境中动态地考察人称指示语使用的类型和变化。

在现代汉语中，称呼语种类繁多，即使在同一种场合，面对同一说话对象，人们也会使用不同的称呼语，这就涉及语码转换。语码是指人们用于交际的任何符号系统，可以是一种语言，也可以是一种方言、语体或语域。语码转换作为语言接触的结果之一，是说话人通过调整自身的语言或语体，使之与听话者的语言或语体趋于一致，从而取悦听话者的一种现象，也称为语言靠拢。反之，说话人调整自己的语言或语体，有意突出与对方的语言差别，即语域偏离。即使面对同一个交际对象，处于不同的交际目的称呼语也会不同。成功的称呼语语码转换，必须要符合“人际接纳”原则。即在交际中，交际各方能接受对方的态度和意义，容纳对方的功能和思想，并产生个人价值观和自尊感，这样的交际最能被对方接纳。从成因看，语码转换可分为两大类：①由于改变话题、参与者等情境因素而引起的情境型语码转换；②为改变说话的语气、重点或角色关系而发生的隐喻型语码转换。说话者采用“情景式”的语码转换，标志着对目前情景的重新定义：正式场合变为非正式场合，官方交涉变为私人交谈。而采用“隐喻式”语码转换是为了将严肃的语气变成诙谐的口吻，将礼貌、恭敬的谈话变成随意亲密的交谈。从标记模式来看，语码转换也分为无标记语码选择和有标记语码选择两大类。前者是指在特定情境中使用符合规范的语码，表示说话人愿意维持现有的身份，与交谈对方保持所预期的、现有的权利和义务关系；后者是指说话人试图偏离和改变交谈双方所预期的、现有的权利和义务关系。在调解中，仲裁员为了实现不同的交际目的，在呼语系统中也采用了不同的语码转换。因此，我们将结合仲裁员使用的呼语类型，从语码转换和人际接纳的角度进行分类探讨。

二、评价系统

评价是指说话人对待自己所言及的实体或者命题的态度。Thompson 和 Hunston(2006)将广义的评价定义为，凡是和个人的态度或者立场相关的都属于评价范畴。杨信彰(2003：11)将评价看成是“对事物进行主观的比较，包含着评价者的世界观、人生观和价值观，要么遵循常规，要么偏离常规”。

目前语言学各理论运用各类方法，从不同的角度对评价进行描写和解释，而其中影响最大的是 Martin 等人在系统功能语言学框架下建立起来的评价理论。评价系统由于其可操作性高、系统性强的特点，目前已被广泛用于各种语类的评价特征的分析。它是在系统功能语言学理论框架下衍生出来的一套表达语篇语义层的人际意义的系统，可用来“情态化、增强、表达情感、进行道德判断及审美评价的资源”(Martin & White，2005：28)。通过词汇手段来表达评价理论的主要有三大系统，分别为态度、介入和级差，它们在语篇语义层面也表达人际意义。

三、语气系统的扩展

本书涉及的是汉语本体研究，因此，在修正的庭审调解话语的人际意义框架中，我们将语气系统作为实现人际意义、确立社会身份的一个重要语法范畴，整合系统功能语言学和汉语语气系统的特点，结合仲裁庭审这个特定语境，进行分类和讨论。汉语语气包括四种语气类型：陈述语气、祈使语气、疑问语气和感叹语气。在仲裁调解话语中，仲裁员主要使用前三类语气。陈述句是仲裁员陈述事实、表达断言等功能的主要手段。祈使句是体现仲裁员权势地位的主要表征。不同的祈使句可以用于表达仲裁员不同的建议、命令等。同时在祈使句中加入不同的情态成分，可以达到加强或缓和语气的效果。仲裁庭审话语作为一种机构会话，它最突出的特征就是明显的序列特征，即问答序列。在这个特殊的话语中，问句作为实施权势的手段十分突出。在仲裁庭审中，主导方和顺从方的权势和身份的不同主要体现在问句使用频数不对等、问句类型不同和轮次不对称。

除了我们常说的语气类型以外，语气词也是汉语表达语气的重要手段之一。杨才英(2009)结合系统功能语言学和汉语语气词的研究做了有益的尝试。她首先简要分析了系统功能语言学的人际意义，然后梳理并分析了汉语学界对语气概念和语气词范畴的理解和解释。以人际意义为切入点，分析了六个典型的汉语句末用词的人际意义，验证了系统功能语言学能为汉语研究提供有效的理论支撑的设想。在仲裁调解话语中的不同语气类型中，语气词对改变语气程度起着关键性的作用，它将是我们关注的重点。

依据以上理论框架，在仲裁调解语境下，我们结合系统功能语言学人际意义各子系统和汉语特点，筛选出两个层面(词汇语法和小句层面)，四个子系统(指称、评价、情态和语气)，共63个语法特征，形成了仲裁员调解话语的人际意义框架(图3-1)。其中，指称子系统和评价子系统属于词汇语法层面，而情态子系统和语气子系统属于小句层面。

本章中，我们回顾了系统功能语言学的发展历程和基本理论框架。经过五十多年的历程，系统功能语言学经历了四个阶段的发展，在广度和深度上得到了纵深发展，并以更开放的姿态，吸纳了其他语言学流派的精髓，使其更具有理论性、交叉性和应用性。

本书以仲裁庭审中仲裁员调解口语语料为研究对象，旨在对其调解话语中实现的人际意义进行一些尝试性探讨，进而验证系统功能语言学在司法语言学研究领域的可应用型和操作性，是结合系统功能语言学和司法语言学的应用型研究。因此，我们回顾了在系统功能语言学中人际意义理论框架下，从词汇语法和小句层面的指称、情态和语气三个子系统来阐明实现人际意义的语法途径。同时，系统功能语言学也是一种适用性和可操作性较强的语篇分析理论，它的语篇和语境思想可为本书提供必要的经验模型。

仲裁调解是调解的一种特殊分类。因此，我们从大调解出发，回顾了调解的定义和渊源，然后切入仲裁及仲裁调解，详细解释了它们的概念、原则和程序，为后续分析中的语境分析提供了依据。

最后，本书基于系统功能语言学人际意义框架，从人际意义的三个维度出发，引入 Martin 的评价理论，并充分考虑汉语基本特征，提出了适用于仲裁调解这一特定语境的人际意义扩展框架，以此作为本书的理论基础。

第四章

仲裁员调解话语中指称系统的人际意义

在系统功能语言学理论框架中，作为语言的三大元功能之一的人际意义，体现了说话人和听话人在话语情境中的互动和关系，以及说话人对听话人及所说内容的态度。它的实现手段不仅有语式、语调、情态，也包括指称系统。指称系统既是一种词汇现象，也是一种语法现象。在指称系统下，还可分为人称指示代词和称呼语两个子系统。但对于人称表达在人际意义的功能中的地位和作用，功能语法缺乏系统的描写。Halliday 和 Martin 只是简要提及，并没有做细化和详细阐述。

本章我们将从人称指示代词和称呼语两个子系统展开，结合现代汉语指称系统的特征，细化人称和称呼语的分类。以调解中人际意义的实现为中心展开讨论，从动态的角度讨论在调解不同阶段，人称和称呼语系统是如何帮助仲裁员实现人际意义、确立身份及转换角色的。

第一节 指称系统概述

指称源自语言哲学和语义学，表示词和所指物之间的关系。我们研究语言中的指称使用，其实就是关注符号和实体之间的关系。它包括人称代词和名词指称。人称作为语法范畴，表示一个情境中参加者的数量和性质，通常用动词或相关的人称代词表示人称的区别(李战子，2002：137)。这个语法现象涉及交际各方社会关系的协商、个人情感的表达。所以，Halliday 认为指称系统是人际意义的一部分。在仲裁调解中，仲裁员在不同阶段对指称的实际运用并不总是和第一、第二、第三人称在数和性上保持一致。

人称指示代词，即人称代词，是“在言语交际中代替交际双方和相关联的第三方的名称的一类词”（陈翠珠，2009：5）。它是代替人和事物名称的一类代词，以语言的经济原则为出发点，使交际语言更加简洁。人称指示语的体系由第一、第二和第三人称三个人称指称构成。人称一词来源于希腊语中“戏剧角色”一词的译名，拉丁语中作 persona。戏剧中的主角为第一人称，次于主角的角色为第二人称，其余角色为第三人称。后来它们都分别被引用来指说话人自己，及说话人和听话人以外的人。人称代词在汉语中是一个重要而又相对封闭的系统（陈翠珠，2009：7）。《现代汉语八百词》（吕叔湘，1999）中把指代词分为人称代词、定指指代词、不定指指代词、其他指别词四个小类，并认为人称代词，如“你”“我”“自己”“大家”等，只有称代作用，没有指别作用。

一直以来，许多学者尝试讨论人称和称呼之间的关系，但很难把它们分割开来。所谓称呼，就是人们由于亲属和其他方面的相互关系，以及身份、职业等而得来的名称，如父亲、师傅、首长等（《现代汉语词典》，2012 年第 6 版）。它是基于社会关系，用来称呼社会网络中的各类关系人的名词系统，带有浓厚社会属性。称谓词包括指称性用法和称呼性用法，所以不但具有名词的功能，也有一定的指代功能，而人称代词除了称代功能外，也有称谓功能。两者相互借用、交叉的部分，正是称谓词向人称词动态发展的一种体现。我国学者从社会、文化、历史等方面对汉语的称谓语系统做了较多的探讨，语言学家们也从认知语言学、语用学和语言哲学等角度进行了分类研究，而在系统功能语言学框架下，目前还没有学者动态地研究机构会话中的人称系统。为了便于讨论，我们将基于使用功能和语境，分别讨论仲裁员在调解话语中的人称系统和称呼语系统的使用特征。

第二节　仲裁员调解话语中人称系统的人际意义

在交际中，人们所选用的人称形式是“规定社会距离、表达权力和团结的手段之一”（李诗芳，2007：123）。因此，在调解的各个阶段，仲裁员会有意识或无意识地采用一些指称形式，并以此为策略来调整他们和(被)申请人之间的人际关系。而这些指称形式能够反映出他们的身份、地位、态度、动机等信息。通过这一功能，还体现了与调解情景有关的角色关系和转换。仲裁员调解话语中人称指示语的使用情况呈现以下特征(表 4-1)。

表 4-1 仲裁庭审中人称指示语的动态分布特征

人称指示语类别	语步 1	语步 2	语步 3		语步 4	语步 5	合计
			步骤 1	步骤 2			
你、你们	29	329	855	421	246	3	1883
我、我/咱们	26	197	409	263	79	8	982
他	0	94	303	158	46	0	601
双方	13	68	30	31	34	5	181
(被)申请人/方*	8	65	6	5	41	0	125
仲裁庭*	7	18	14	10	13	1	63
自己	1	9	19	7	6	0	42
大家	3	14	9	6	7	0	39
调解双方*	0	0	0	0	1	1	2
老子*	0	0	1	0	1	0	2
各自	0	1	0	0	0	0	1
合计	87	795	1646	901	474	18	3921

*代表标记性指示语

从表 4-1 中，我们可以看出，在仲裁庭审调解阶段，仲裁员使用人称指示语呈现不均衡的状态，其分布特征可归纳如下。

(1)人称指示语使用总数排前四的分别是第一、第二、第三人称和“双方”，这些指别性符号在各语步的使用频率上也有共性和差异，这一语言现象充分说明了在仲裁调解中人称指示语使用分布的不均衡性和动态性。

(2)位居人称代词使用频数之后，使用次数最高的是仲裁庭审中独特的主体指称语“(被)申请人/方”。“(被)申请人/方”作为特定的仲裁机构主体指称语。它们是一种身份性符号，在语步2和语步4中使用频率最高，而在背靠背调解中使用次数很低。这说明初步调解和最后调解是相对比较正式的阶段，单独调解则为比较随意的谈话。因此，仲裁员在不同阶段使用该指称语，具有不同的交际意图，时而拉近与被调解人之间的距离，时而刻意保持距离，因此具有特定的机构特征和人际意义。

(3)另一个主体指示语“仲裁庭”是仲裁员在仲裁实践中用于自称的指示语，它在所有指示语里位居第六。它也是一种身份性符号，是一种具有“机构化、非人情化、权威化和距离化”的指示语(李诗芳，2007：125)。从它的使用语步中，我们可以发现它的分布相对比较平衡，在进入实质调解阶段，即语步2、语步3、语步4中，它的使用频率比较稳定。这是仲裁员表达人际意义的一种重要手段，使用该指示语更强调仲裁员、仲裁秘书或仲裁委员会成员的集合，增强了司法职业的神秘性，也增强了仲裁员的权势地位。指示语“仲裁庭”的使用，也体现出较强的社会身份意识。同时也是一种表达说话人之间距离的消极礼貌策略。

为了深入考察人称指示语在仲裁庭审调解阶段的使用特征，在分析语料时，我们把调解中体现人际意义的人称指示语划分为三种体现形式：一致式、隐喻式和变异式，并对它们进行细化和详尽的阐述。

一、一致式

人称指示语的一致式使用是出现最多的指示语形式(表4-1)。作为一个特殊的机构会话，仲裁庭审调解话语并不是我们日常生活中的随意会话，交际各方在使用人称指示语时，不能随意变换人称指示语，随着调解的推进，会话方会根据会话情境的变化，相应地选择一致式的人称指示语，以达到数和性上一致。通过观察语料，我们发现在语步1、语步2、语步4和语步5中，当会话涉及多方指示对象时，仲裁员会在第一人称单数、第二人称单复数指示语上采取一致式，以免产生指示混淆，其交际目的是试图与双方保持适当距离，树立自己公正、独立的形象。

例 4-1 仲：(打断) 问**你**同不同意**仲裁庭**来给**你们**做这个工作，来解决这个问题?(语步 1)

例 4-2 仲：拟个啥子方案？**你们两个**去，**你们两个**去协商哈这个方案。(语步 2)

例 4-3 仲：(提高声调) 那么调解就是**你们双方**来研究一个双方可以接受的方案，一个意见，不同意的话就由**仲裁庭我们**出一个意见。等于是以**你们**的意见为主，主要是**你们**达成协议，如果说**你们**达不成协议呢，**仲裁庭**必须得出一个，欸，裁定书。(暂停 3 秒，提高声调) **你们两个**(笑)，现在**自己**可不可以商量一个方案？(语步 1)

例 4-4 仲：**我**的意思说，金额上只要不是走得太远，**我**觉得都可以调解，因为这个便于履行。**大家**都不至于非要通过执行来处理，这样就没有意思了。(语步 2)

例 4-5 仲：那好嘛，就这样嘛，**你们双方当事人**下去都是朋友，下去好好协商一下。反正这个时间协商了给秘书打电话，**我们**是按照**你们**的意见，完成这个法律文书哈。那今天就到此为止，退庭哈。(语步 5)

在上面五例中，仲裁员在各语步中，用“你”“你们”“我”这三类人称指示语的一致式，划清交际三方的身份界限，确立自己的独立身份。尤其在第二人称复数“你们”后面，往往会加上“两个”(例 4-2)、“双方”(例 4-3、例 4-5)、“当事人”(例 4-5) 来强调被调解方的身份，同时也用第一人称单数“我”(例 4-4) 来引出仲裁员的观点或建议，显示其身份的公正性和独立性，并故意保持与被调解方的距离。

在我们的语料中，语步 3 的两个步骤，即仲裁员与各方当事人单独调解，是人称指示语使用最丰富、复杂的阶段，因此，这个阶段是我们分析人称指示语的重点。下面我们先将该语步中出现的人称指示语，依据以上分类进行赋码，提取并统计出以下使用特征 (表 4-2)。

表 4-2　语步 3 中人称指示语的用法分类

单数一致式				复数一致式				
				第一人称复数		第二人称复数		第三人称复数
类别	第一人称单数	第二人称单数	第三人称单数	第一人称复数包揽所指	第一人称复数借代所指	第二人称复数一致式	第二人称复数借代所指	第三人称复数借代所指
出现次数	475	1146	392	45	125	14	240	49
所占各类的比例/%	23.60	57.00	19.40	9.55	26.45	2.95	50.65	10.35

注：所占各类比例是指该人称在所在单数或复数类别中的比例

从上表中，我们可以看出，在单独调解阶段，人称指示语一致式使用最多的是第一、第二、第三人称单数，其中第二人称单数的使用频率最高。这说明在背靠背调解中，仲裁员主要从被调解者的角度，替他分析形势，指出被调解方存在的问题，提出合理化建议等。

在 14 个一致式的第二人称复数“你们”的用法中，它的搭配往往是固定的，都会和表示数量“双方”“两个”，或者身份指示语“甲方乙方”搭配。

例 4-6 仲：(打断)不是说非要加那一句。你要写清楚什么呢？因为**你们双方**的交易费，是指**你们自己甲方乙方**谈的嘛，30 万元是你们自己约定。

例 4-7 仲：**你们两位老总**都在这儿点儿，你们拿个方案。

例 4-8 仲：(打断)最、最主要是**你们三家**在一块儿……

例 4-9 仲：你不要以为**你们两个**是熟人，(笑)熟人扯个皮而已，这涉及到法律问题了，要不然哪个把你喊这里来呀？

从上面四个例子中，我们可以看出仲裁员使用第二人称复数一致式及其复合用法，旨在实现指称对象数量上的一致，同时也拉远了与被调解方之间的距离，以确保自己独立、公正的身份和地位。

二、隐喻式

人称指示语的隐喻式用法是人称语义和体现形式在量或者质上的故

意误用。它是人称语义在语法化平面上表现出的选择表达确定性。交际方根据语境中人际关系的变化，通过改变人称指示语的终止表现形式，以此改变他们之间的权势或亲疏关系。它可细分为借代所指、交叉互指、包揽所指和曲折所指。

在表 4-2 中，我们可以看出作为人称指示语一类的人称代词的隐喻式主要体现为第一、第二、第三人称代词的复数形式，而且它们的隐喻用法集中表现为借代所指、包揽所指和曲折所指。

(1) 借代所指。这种指示语用法是指第一、第二、第三人称之间单复数符号的借代用法。在语步 3 中，主要表现为单数形式的复数化倾向。第二人称复数的借代所指用法位居第一，其次为第一人称复数，最后是第三人称复数。

当仲裁员用第二人称复数形式“你们”来指代“你”的时候，是将对方的身份下移。而仲裁员在直接的权势情境发生改变的情况下，自我指称时采用“我们”而不是“我”，其目的是试图从权势或主体性地位向平等关系方向下移，向亲密、谦逊方向过渡，以此增加双方共同点，从而缩短双方的心理距离，使当事人在情感上产生“同类感”，进而接受仲裁员的主体性地位。

例 4-10 仲：现在**我们**不代表仲裁庭的意见，就说，有可能会裁决你败诉。败诉之后你就会有这种记录，比如以后到法院审理，那时候你就会有案底。

例 4-11 仲：(打断) 不是你们做主，**我们**就是希望**你们**把这个仲裁庭的意见带回去。

例 4-12 仲：(打断) 可以，**你们**这方也是说得很清楚了，我们也当然是按法律来裁定，我们也不可能强迫**你们**说不调解，不调解也总要公平嘛。

例 4-13 仲：他们啥子诶？**他们**说那个××，那个钱你也没损失。

例 4-14 仲：(打断) 也可以，把双方的都汇报下。把他的意见，把**他们**的观点也带回去。**你们** (停顿) 也尽量把这个情况反映给他们。

吕叔湘（1999）在《现代汉语八百词》中指出，在口语中，人称复数形式虚指单数时往往带了感情色彩，所以在例 4-10 到例 4-14 中，在单独调解时，仲裁员把“我”借代为“我们”，“你”借代为“你们”，“他”借代为“他们”，首先让自己的地位下移，以此拉近了仲裁员和被调解方的心理距离，同时拉远了仲裁员和另外一方当事人之间的距离，让听话者更能体会一种“同类感”，消除前面庭审调查阶段的紧张或敌对情绪。

⑵包揽所指。在语步 3 的单独调解阶段中，第一人称复数“我们”是唯一的包揽所指用法，用来指称交际双方或交际方之外的全部。这种隐喻式用法往往与祈使句、修辞性疑问句共用，表示建议、委婉断言、同情等。

例 4-15 仲：（打断）如何？**我们**妥协一哈？你那个工程你全部拿出去老，你就莫说了。**我们**作为开发商这边的话，刚才她这边也没得证据得，但目前该这么签哈。合同在这儿，我觉得附属意义履行得还不够好。就说你作为开发商，你要办证儿的时候你就要去。

例 4-16 仲：我就觉得**我们**是有些问题在里面的。你看是不是？

例 4-17 仲：不管是**我们**的或者是**我们**聘请的物管，**我们**公司要去找这家人，要去找啥，肯定找得到撒。你要通知她肯定是找得到，没通知她那肯定找不到。

当交际双方身份地位不对等的时候，身份高的一方用包揽所指来委婉地提出要求，往往显得口气亲切，容易让听话人乐于接受，并产生共鸣。因此，在单独调解阶段，仲裁员必须转换自己的身份，下移到和被调解方相近的位置，并用复数第一人称代词来代替第二人称代词，表示理解、希望、同情等感情，或者是出于体现关怀体贴、拉近关系等目的，以此达到移情的效果，让听话人感觉对方是站在自己的立场上考虑问题。

⑶曲折所指。它一般不是指人称代词，而是一种有标记的指示语，体现了话语平面上选择表达的曲折性。在仲裁调解的特殊语境下，仲裁员在不同的阶段，会故意采用特定的称谓语、专有名词、职业、社会角色等主体指称语，来行使人称指示语的职能。

在表 4-1 中，带*的主体指示语都是曲折所指，“仲裁庭”“（被）申请人/方”和“调解双方”都是具有鲜明机构色彩的人称指示语。不使用人称代词“我”，而选用主体指称语“仲裁庭”，也是由仲裁庭审调解各阶段的正式程度决定的。从表 4-1 中我们可以看出，这些曲折所指的身份符号，在语步 1、语步 2、语步 4 和语步 5 中使用得最集中，而在单独调解里，使用次数就大大降低。这是因为这些阶段介于正式话语和随意会话之间，仲裁员受他的职业和与听话人之间关系变化的双重限制，所以才会使用这些曲折所指的主体指示语。

例 4-18 仲：对整个案件，我们**仲裁庭**已经听取了，情况已经很清楚。那么我想的是大家，看你们能不能够，嗯……由**仲裁庭**主持，来进行个调解。看你们有什么……我们**申请人**这边同不同意？由**仲裁庭**主持进行调解。嗯……做做工作，达成一个解决方案。(语步 1)

例 4-19 仲：好，现在这个程序……已经全部结束了。这个由于**被申请人**这一方是一般代理，没有这个特别授权。所以说如果……当然说你们下来有意愿调解，(停顿)那么可以通过你们适当的途径展开。好吧？那么**本庭**仲裁……(语步 1)

例 4-20 仲：那这个，那这个**调解双方**这个分歧太大哈，就……好，那我们今天的这个庭审呢，就到这里哈。好，宣布闭庭。(语步 5)

主体指示语“仲裁庭”指首席仲裁和边裁组成的仲裁庭或仲裁委员会的集合，当仲裁员使用这个表示集合身份的主体指示语来自我指称时，就带有一种权威的色彩，同时也起到了与听话人的关系疏远的人际意义。在例 4-18 中，仲裁员用“仲裁庭”来指称自己，实际上是想突出“仲裁庭”的作用，强调“仲裁庭”的态度、责任等功能。同时也传递了仲裁庭审是一种集体行为，而非其他任何个人行为。一方面，体现了仲裁员维护自己权威的必要性；另一方面，也增强了仲裁理由的公信力，使当事人更加愿意接受仲裁员的观点。

同时，一方面，在例 4-19 中，仲裁员使用“本庭”来自我指称，避免使用“我”。身为专业人员的仲裁员把自己与同行包含在“本庭”这个集合中，其目的是要强调仲裁中的观点不是他个人的，而是由法律专家组成的仲裁庭或仲裁委员会所普遍接受的观点，是集体的决定。仲裁裁决所应承担的法律责任不应该由仲裁员独自承担。另一方面，在例4-19、例4-20中，也用了“被申请人”和“调解双方”来指称被调解方。这些不但表现了自己和被调解方的存在，也表现了自己与调解方之间的关系，而且也使得该阶段的语言更为正式。

三、变异式

变异式是指为了达到某种交际效果，说话者临时改变了交际双方的相互关系，如赞誉、拔高、幽默、羞辱、自贬等。这也是一种有标记的人称指示语，是一种非确定性的、违反指称规约的体现选择。这种言语可以刻意拉近或疏远交际方的关系，提高或降低说话者的身份。在所有人称指示语的语料中，我们发现了在仲裁庭审调解中，仲裁员使用的唯一一个变异式人称指示语是“老子”（例4-21、例4-22），而且它只出现在单独调解阶段。

例4-21 仲：(音调上升)**老子**赚的钱，我都付了5300万出来了，你说你，你说**你龟儿**该不该拿钱嘛。你们楞个说噻。

例4-22 仲：(打断)好！所以，你们那个当事人可能想诶，(语速加快)龟儿这个好过分哦，妈哟！哈先拿个图给我看，妈这个图没得问题，接着龟儿偷梁换柱，重新拿个图，**老子**晕铿晕矬地都恁个签了字，盖了章(伴有笑声)，把我套个呼啦圈，好！头就很不舒服，就觉得自己在这个诉讼中，不仅不拿钱，可能，啊！(伴有笑声)还扬眉吐气地帮他修理，就是原来当时可能有这个想法，但是现在通过诉讼的进程，再加上啊这个，(音调上升)法律证实和事实证实是两码事。

在上面两例中，这个变异人称指示语指的是把仲裁员排除在外的自称，它总是跟在诸如“你们楞个说噻”(例4-21)、“可能想”(例4-22)这些心理动词之后，它是仲裁员的想象投射。在单独调解中，为了拉近与被调解方的距离，仲裁员必须将自己独立、公正的角色转向被调解方，把自己投射到被调解方的角色中去寻求证明。同时，通过这种转换角色的“自言”评价资源，仲裁员降低了身份，使被调解方感受到一种认同感，并产生了共鸣，达到了良好的人际效果。

第三节 仲裁员调解话语中称呼语系统的人际意义

在交际中，如何称呼交际对象，这就是称呼语的问题。称呼语不仅是个简单的语言符号，它也是开启正常交际的钥匙。得体的称呼语往往是成功交际的“催化剂”，而不恰当的称呼语会使交际方之间产生隔阂，甚至导致交际失败。在许多情况下，称谓语的选择不仅用来称呼对方或间接指代，也用来标记讲话者的身份或态度，反映交际双方之间的关系。因此，称呼语既是一种语言现象，也是一种社会现象。它同时具有语言变异性和文化变异性。在微观上，称呼语不仅反映了人们之间的社会地位和角色关系，也反映了人们之间的情感关系。在宏观上，它体现了一个国家、民族的风俗习惯，以及社会政治经济文化关系。汉语中的称呼语系统是一个丰富、开放的系统，它帮助说话人将自己和对方联系起来，如长幼、亲疏、尊卑等。这些称呼语均具有一定的强制性，不能随意改变。所以，在不同的言语场合或阶段中，人们往往依据各自社会身份和关系的不同，有意识地选用相应的称谓形式。

社会是一个由多因素结合而成的巨大的、复杂的网络系统，大系统里包含着无数小系统：年龄、辈分、学历、职称、职务等。每个人在小系统和大系统里的位置是相对的、变化的。社会网络的多层次性、动态性为称呼语的选择提供了多种可能性。所以，在同一场合中，人们会使用不同的称谓语，表达不同的情感，实现不同的功能，这就是称谓语中的语码转换。崔显军(2012：77)认为称呼语的语码转换是一种特殊的交际能力，它分为“情景式”和“隐喻式”两种。“情景式”是说话者因双方的社会关系和场合等情景的变化而变换。换句话说，情景的变换决定了人们使用语言或语言变体的变换。“隐喻式”的语码转换与情景变化无关，而是与说话者的目的相关。说话者通过语码转换来营造另外一种气氛，以达到理想的效果。

说话者采用“情景式”的语码转换，标志着对目前情景的重新定义：

正式场合变为非正式场合，官方交涉变为私人交涉。而采用“隐喻式”语码转换是为了将严肃的语气变成诙谐的口吻，礼貌、恭敬的谈话变成随意亲密的交谈。成功的称呼语语码转换，必须要符合“人际接纳”原则。所谓的“人际接纳”是社会学和心理学的概念，它指在交际中，交际各方能接受对方的态度和意义，容纳对方的功能和思想，并产生个人价值观和自尊感，这样的交际最能被对方接纳(刘楚群，2003)。

称呼语的核心功能是通过唤起注意而表示对对方的礼貌或表达某种情感(崔显军，2012：65)，不同的称呼语具有不同的适用范围，在礼貌程度上也体现出不同的层级性。我们将重点考察在仲裁庭审调解阶段中，仲裁员动态使用称呼语的类型、具体表现形式、出现次数、语步及礼貌层级，并揭示它所反映的人际意义。

我们从五个语步的语料中提取赋码称呼语，得到 266 个索引行，然后将其保存为独立的子语料库，再进行分类、赋码、提取和归纳，最后按照频率高低将各项特征归纳如下(表 4-3)。

表 4-3　仲裁员调解话语中称呼语的分布特征

称呼语类型	表现形式	出现次数/所占比例(%)	出现的语步	礼貌层级
机构身份称呼语	申请人/方，被申请人/方，特别代理人	49/30%	语步 1，语步 2，语步 4	3
全姓名称呼语	李××，××公司	29/17.9%	语步 3 步骤 1、2	2
泛尊称	这个领导，老师，专家	24/14.7%	语步 3 步骤 1、2	4
职务称呼语	李总，江书记，刘主任，魏经理，张镇长	18/11.1%	语步 3 步骤 1、2	5
职业称呼语	×秘书，房东，×律师	9/5.5%	语步 3 步骤 1、2	3
戏称	老大	9/5.5%	语步 3 步骤 1、2	2
老化称呼语	老柯	8/4.9%	语步 3 步骤 1、2	3
小化泛称呼语	小伙子	7/4.3%	语步 3 步骤 1、2	2
小化称呼语	小苏	7/4.3%	语步 3 步骤 1、2	3
机构指代称呼语	贵公司，政府	3/1.8%	语步 3 步骤 1、2	4
总计		163/100%		

注：礼貌层级的 5～1 表示礼貌程度从高到低

从表4-3中，我们可以看出仲裁员在调解阶段采用的称呼语有十种，我们将其合并成八类，逐一讨论。

1. 机构身份称呼语

我们从表4-3中可以看出，使用比例最高的是礼貌层级为3的机构身份称呼语。仲裁庭审话语是一个特殊的机构话语，因此，在庭审中，仲裁员对双方当事人的称呼都带有强烈的机构话语特征。使用“(被)申请方”“(被)申请人”(例4-23)、“(被)申请人代理人”(例4-25)等无标记性称呼语不仅可以确立各方在庭审中的身份，而且体现了仲裁员在庭审话语中的主导地位和权势，同时还表示了适度的尊重。在语步分布中，我们发现这类称呼语主要集中于语步1和语步2，因为在这两个语步中，仲裁员会使用很多程式化问句，询问各方的调解意愿(如例4-24)。因此在语步1和语步2中，仲裁员使用无标记机构身份称呼语，在起到维护该阶段的交际和互动作用的同时，也增强了该阶段的庄重性、神秘性和程序性的效果，而且也突出了该阶段仲裁员的权势地位。

例4-23 仲：那**被申请人**能不能调解？

例4-24 仲：先，先**申请人**这边，你同不同意？

例4-25 仲：看来也比较简单，焦点也很清楚，我们的辨证阶段就到此结束。那么(停顿)现在是**被申请人代理人**请求仲裁庭主持调解，**申请人**是否同意？

2. 全姓名称呼语

所谓“全姓名称呼语”，就是直呼其名，是一种主要的社会称呼方式。从亲疏关系来看，直呼其名只出现于关系亲近的人之间，表示亲近。对不熟悉的人使用这种方式则显得不够礼貌。从权势关系来看，该方式多用于称呼地位相同或者比自己低的人，不能用于称呼地位比自己高的人。在日常交际中，交际双方不熟悉或者不亲近时，用这种称呼语方式是不礼貌的，甚至是粗鲁和不雅的，会引起对方的反感或不快(崔显军，2012：75)。

而在仲裁庭审调解的语料中，这种礼貌层级不高的全姓名称呼语形式的使用频率排名第二(11%)。我们可以看出仲裁员在语步 3，即背靠背调解中较多地采用这种称呼方式。而且在各索引行出现的语境中，我们还可以看出，仲裁员使用该称呼语时，被称呼人往往是无职业人员或受教育程度较低的人。在单独调解中，仲裁员从机构身份称呼语转换到这种称呼语方式，在表面上似乎想拉近与被称呼人的距离，但事实上，这种呼语方式违背了“人际接纳”的原则，让听话者感觉自己没有得到充分的尊重。而且从权势上看，这种方式在很大程度上体现了仲裁员的专业地位、较高的身份权势和心理优势。

例 4-26 仲：这个，李××，你们这些话后面还有机会说哈。

例 4-27 仲：×××，最后你思考一分钟，最后你愿意要承担好多?

在例 4-26 中，仲裁员用了“类面称+全姓名”称呼语的复合形式，让听话者感觉到说话者高高在上的心理优势，和对自己些许的蔑视，因此从心理上会产生一定的抵制情绪。而例 4-27 中，仲裁员在全姓名称呼语之后，用了比较强的祈使句和问句，这些语法资源加强并体现了仲裁员的机构身份和强势话语的效果。

3. 泛尊称称呼语

这种称呼语也是一种礼貌层级较高的社会通用称谓。它本来专指某一类受社会尊重的人，后来发展成含尊敬的社会泛称，使用领域很宽，如“同志”“先生”“老师”“师傅”等。

在仲裁调解中的泛尊称主要有三个，“老师”是使用最多的(例 4-28)，其次就是“专家”(例 4-29)和“领导”(例 4-30)。如今，“老师”作为一种泛尊称，越来越被人们接受，是因为它具有文化标识的功能，顺应了人们崇尚知识的心理需求。所以仲裁员在单独调解中使用它(例 4-28)，既表达敬意，又表现一定的情感，实现了尊敬与亲近的较大契合。“专家”“领导”亦是如此(例 4-29、例 4-30)。

例 4-28 仲：好，×老师哈，有个问题，很难争论。

例 4-29 仲：因为我相信专家意见，要听专家的。

例 4-30 仲：那向领导请示了吗?

4. 职务称呼语

职务称呼语是由被称呼人的姓+官衔/职位构成，在机构话语中，属于礼貌层级较高的无标记性称呼语，用以弥补人称代词在表达谦敬方面的不足。当被称呼人的官衔和职位比自己高时，称呼人一般把官衔或职位放在他的姓后，以示尊重。这种称谓形式在汉语社会，尤其是在正式场合中使用相当广泛，而且截取姓名的一部分，加上其职衔称谓，比全名加职衔显得更亲近些。仲裁庭审调解话语，也是一种较正式的话语，因此，这种称呼语的使用占据了 11.1%(例 4-31、例 4-32)，凸显了仲裁员对被称呼人社会地位的认可和尊重，缩小了彼此之间的距离。同时，仲裁员在称呼语中强调对方的职务或官衔，突出对方的社会地位，是期望被称呼人从大局出发考虑问题，以此推动调解成功。

例 4-31 仲：好吧，这个江，**×书记**、**×主任**都在，拿个态度，拿个意见。

例 4-32 仲：不是，**×镇长**，从法律上讲，因为我们要做裁定的话，我们就可以讨论那些问题。但是我是希望大家协商。

5. 职业称呼语和机构指代称呼语

这两类称呼语指与被称呼人所从事职业或所在机构有关的称呼语，在机构话语中，也是一种无标记称呼语，礼貌层级较高。常见的职业称呼语有三种分类：①老师、医生或大夫、律师、教练；②警察、司机、护士、记者；③送信的、开车的、卖菜的、看门的等。在仲裁调解中，仲裁员采用的是第一类职业称呼语(例 4-33、例 4-34)，这显示了仲裁员对被称呼方比较尊重，口吻庄重，不表亲近色彩，而是刻意保持距离。

例 4-33 仲：他们这个案件应该说做了，做到这个程度，刚才**这个律师**也讲了，也不容易。

例 4-34 仲：(插话)我刚才跟**×秘书**两个说(语速加快)我又不是公安局。

在例 4-35 中，仲裁员称呼当事人，使用机构称呼语取代了对个人身份的称呼，这是称呼语的隐喻式升位，突出了被称呼方的机构性，这种方式表达了仲裁员的尊重，也保持了说话双方的距离，使话语显得更正式、严肃。

例 4-35 仲：我觉得**贵公司**这个信誉也是很重要的。就说，一方面肯定要你们应该维护对她的一个承诺，在社会上怎么立足啊？是要讲一个社会信誉问题，是吧？

6. 戏称

戏称其实是称呼语的隐喻式表达。在交际中称谓语本身的意义与其表达的情感指数有时呈逆向吻合。一个戏称表达的却是交际双方的一种亲近关系。在我们的语料中，仲裁员在调解中多次使用了戏称“老大”。

“老大”这个词，原本用作称呼家庭中年龄最长的孩子，因为他往往是其他孩子的头领或榜样，受到其他孩子的尊重，比其他孩子有更多发号施令的权力并承担相应的责任与义务(谭仕光和覃冬生，2003)。这个词也被黑社会用来称其头领。在现代中国社会中，“老大”常被用作下属对上司的称呼。人们把工作单位系统看作一个大家庭，“老大”用来指称团体中的负责人，由“老大”来带领大家一起公干。这种称谓故意模糊上下级间的生疏感并缩小距离感。这种庸俗化的亲近称呼领导的称谓方式，现在已被广泛地应用于各种场合的人称呼自己的领导。

例 4-36 仲：(打断)这个你还是要给**老大**说清楚。毕竟来说你公司，你当初你合同都定了。

例 4-37 仲：(打断)诶，你这个，跟这个**老大**沟通一下。

例 4-38 仲：(打断)你们**老大**，之所以有这么气宇轩昂的，他就认为这一点是很实在哩。

在我们的语料中，“老大”作为一种背称，在表 4-3 中的调解阶段的单独交谈中使用了 9 次，如例 4-36、例 4-37 和例 4-38。这个语义色彩较高但礼貌层级较低的称谓语被仲裁员采纳，究其原因，有两个方面：首先，它在音节和构词上具有优势。“老大”的两个音开口度较大，发音响亮，连贯流畅，所以很容易引起受话人的注意。其次，仲裁员把“老大”作为一种幽默的、偏离常规的叫法，体现了中国人在交际中尊重他人的心理，它作为调解阶段这个非正式场合里对被称呼方单位领导的尊称，弥补了交际中称谓语的空缺；而且也起到了活跃气氛，拉近彼此距离的作用。

7. 老化称呼语

在汉语称谓语中，有一种“称老不称小”的倾向。这种称谓比称呼姓名或职务更亲近一点，同时又比姓名称呼多一些敬意。这种用法可以是平辈间互称，也可以是单方面称呼年长者。进入单独调解阶段，交际从正式转为非正式对话，仲裁员称呼当事人时，在姓之前加“老”表示既亲密又尊重。这种亲近化、平等化的称呼更加彰显了调解阶段各方的平等地位，拉近了双方的距离。

例 4-39 仲：(插话) 你你你，贵姓啊？

被申：啊？

仲：**你贵姓啊**？

被申代：哦哦哦，我姓柯。

仲：**老柯**，我给你说实话。我们都，都四十几岁的人了哈，你可能年轻点，买房卖房的多。

从例 4-39 中看，当仲裁员不知如何更合适地称呼被申请人的时候，运用了“设问求证”的方式，用问句“你贵姓啊？”来请求对方给出得体的面称，有效地避免称呼不当而带来的尴尬或冲突。在获知对方的姓后，仲裁员用了老化面称，表示了对对方的尊重和亲近，紧接着他使用判断性的评价资源“我们都，都四十几岁的人了哈，你可能年轻点”，来达到使双方身份更加平等化，进一步拉近双方的距离的效果，同时，也迎合了对方希望年轻化的深层次心理，便于调解的进一步开展。

8. 小化称呼语和类小化称呼语

这两种称呼形式一般用于长辈称呼晚辈或上级称呼下级。说话者采用这种形式，体现了自身的权势和心理优势。如果使用情景不当，会阻碍交际的顺利进行。因为被称呼者会觉得称呼者认为自己不够成熟、老练，同时也觉得对方有点居高临下，在心理上处于劣势地位。

例 4-40 仲：诶，**小伙子**，算了，我觉得，等会儿裁下来不是个钱的问题，何必喃？

在例 4-40 中，仲裁员采用类小化称呼语“小伙子”，在拉近双方距离的同时，也暗示对方经验不足，涉世未深，突出自己成熟老练和在专业上的优势。所以给被称呼方的心理上造成一种压迫感，使之便于接受随后的建议。

但是在小化称谓上是有性别差异的。如果被称呼方是女性，她们对年龄更敏感，所以更愿意被称为“小×”。因此在单独调解中，当被称呼方为较年轻的女性时，仲裁员往往使用这种小化面称(例 4-41)，这种称呼方式首先顺应了年轻女性的心理需求，这样使她能心平气和地接受称呼方的观点或建议。在例 4-41、例 4-42 中，仲裁员不仅使用了小化面称称呼语，而且紧随其后各使用了“你不是这种不讲信用的人”和“这么年轻有为”，这样的评价资源，更激发了听话者的个人价值感和自尊感，进而更利于其听取仲裁员的客观分析和中肯建议。

例 4-41 仲：因为我觉得小×，你不是这种不讲信用的人。但是你没必要因为自己的一些，法律上的问题，去吃这个亏。

例 4-42 仲：到时候，法院就会留下。**小×**，就是说，这么年轻有为，我觉得没有必要。小事情，是吧？你有一口气，你可以说说他的魏经理。

仲裁员调解话语中的指称系统，是基于参与调解各方的社会关系和不同交际目的，用来面称或背称纠纷当事人双方其他关系人的称谓系统，它具有强烈的社会属性。我们从人称代词系统和称呼语两个子系统，归纳仲裁员调解话语中人称系统的动态特征，探讨它们实现人际意义的路径及转换仲裁员角色的方式。

综上，从人称指示代词和称呼语使用频率看，调解话语仍然具有强烈的机构话语色彩。仲裁调解中，独特的高频率的主体指称语、机构称呼语，以及全姓名称呼语，都具有鲜明的机构化、非人情化和距离化的特征。一方面，它们体现了仲裁员和听话方不平等的权势关系；从另一方面来看，它们也锐化和凸显了仲裁员的权势地位，以此来建构自己公正的、充满权威性的身份特征。从语码转换的角度来看，仲裁员更倾向于使用人称指示语的一致式，进一步强化了自己的机构身份。

随着调解的推进，仲裁员会不断转换其他类别的人称指示形式和呼语形式，灵活地调整与听话人之间的人际关系，并充分体现其身份、地位、态度的转换信息。仲裁员使用人称指示语中的隐喻式表达和变异式表达，改变人称指示语的终止表现形式，以此来调整他和被调解方的权势和亲疏关系，起到了消除敌对情绪、拉近距离、增强人际接纳的良好效果。同时，仲裁员也会利用呼语的转换，改变他的身份和权势地位。他借用泛尊称与职务称呼语这种礼貌层级较高的称呼语，不仅表达了对听话方一定程度的敬意，还柔化了其机构身份特征。同时老化称呼语、小化称呼语和类小化称呼语的灵活运用，并辅以具有较强说服力的评价资源，旨在显示仲裁员对当事人的尊重，拉近双方的距离，促进调解成功。

我们可以看出，在调解阶段，仲裁员对指称系统的选择是多样的。他在使用人称指示语和称呼语时，根据与被称呼方的关系和情境的变化和交际目的需要，转换不同的称谓语。从编码的角度看，接受调解的一方在调解阶段有多种称呼法，而且其用法具有尊敬化、亲近化、老成化、准亲近化和适切转化的显著特征。从解码的角度看，使用不同的人称类别符合了“人际接纳”的原则，最容易被对方所接纳，具有不同的交际效果，并使对方产生了个人价值感和自尊感，更利于调解的顺利进行。因而，仲裁员在调解阶段的人称系统在调解中起着非常重要的作用，同时也反映了仲裁员的文明素质和交际艺术。

第五章

仲裁员调解话语中评价系统的人际意义

话语的载体是语言，而语言反映的思想意识才是话语的内容。“张嘴皆有目的”（王振华，2003），“发话即是判断”（Sarangi，2003，165）。这都说明了“话”能揭示说话者的态度，话语具有评价性。日常交际中人们表达自己观点和态度的最主要手段就是语言。在交际时，语言中的各种词汇、语法，共同承载并体现对话各方的观点和态度。而且，这些词汇语法的使用，也会受上至双方关系，下至情景、语境、语类等因素的影响而不尽相同。所以，话语作为一种具有社会性的实践活动，可从各个层次反映社会现实和价值关系。

语言具有诱发合作、调节人际关系的功能，因此，强调语言的动机性是十分必要的(鞠玉梅，2010)。任何说话人都希望能够说服受话人接受自己的观点，这在评价理论中表现为说话人与听话人积极磋商立场以期形成一致关系的修辞动机。说话人构建怎样的“主体间关系”决定了话语参与者之间的关系。所以，评价理论为仲裁员提供了构建和谐人际关系的语言资源。

作为一种机构话语，仲裁庭审话语对仲裁员话语的客观性要求比较高。因此仲裁员将评价性的语言作为信号，邀请当事人分享自己的观点，从而达到观点一致的效果；当仲裁员的预期与被调解方的观点可能不同，甚至与其冲突时，就会运用相应的语言手段规避冲突。同时，也会以隐性方式表达自己的态度，从而使被调解方心悦诚服地接受仲裁员的观点。换言之，“人们在毫无察觉的情况下，就被导向词语使用者所期望的地方去了”（鞠玉梅，2010：41）。因此，我们在对仲裁员调解话语进行分析时，不应只分析调解话语的结构特征，还应分析这些结构特征的评价功能，从而了解它们是如何表达仲裁员的观点和态度的。本章将从系统功能语言学的评价系统理论出发，分析仲裁员调解话语中使用的各种评价性词汇手段，并对比分析各类评价性手段的多寡和表达仲裁员观点、态度和判断的强烈程度，讨论这些评价性手段如何帮助仲裁员协调冲突关系、团结当事人和促成调解达成。

第一节　评价系统的发展及构成

评价理论是在系统功能语法人际意义的理论框架中发展起来的“一种研究、描述和阐释语言是怎样被用来评价、表现态度及构建文本人格、人际定位和人际关系的方法”（潘小钰，2008）。White 在其博士论文中首次将 Martin 的评价理论应用到话语分析中。他对报刊话语中的评价系统进行了较详尽的分析。随着评价理论的发展，它在话语分析中的应用逐渐拓展，从最初对学校和工作场所话语的研究已经拓展到随意的会话（Eggins & Slade，1997）、一语学习（Painter，2005）、对商业包装话语的分析、对历史话语的分析、对自传话语的分析、对法庭话语的分析等各方面。

1998 年，张德禄发表了《论话语基调的范围及体现》一文，开启了评价理论在中国的传播。由于当时评价理论还不够完善，该论文并没引起太多的关注。直到 2001 年，王振华对评价系统作了详细介绍，评价理论在中国的研究才算真正开始了（刘世铸，2010）。我国学者在评价理论的研究集中在以下几个方面。

（1）评价理论探讨及综述、评述。就理论本身而言，我国学者对于评价的本质属性认识比较深刻（刘世铸，2010）。其中，李战子的人际意义模型从文化和认知层面为评价理论模型进行了很好的补充；李发根（2006）提出了评价参数，增强了评价资源识别的可操作性；刘世铸（2007）对评价理论的框架进行了修正，为跨文化评价研究提供了良好的思路；朱永生（2009）从概念、意义入手，研究了评价的功能及其隐性表现方式。

⑵评价理论与其他语言学理论的交叉研究。彭宣维(2011)以评价理论的诸范畴作为元范畴，考察西方文学批评史上对文学艺术在批评和审美观念上的评价取向。徐珺(2011)把评价理论与商务翻译相结合，探讨将评价理论用于商务翻译实践的有效性和可行性。还有学者从哲学上的评价论及价值哲学等不同角度对评价理论进行思考(陈令君，2007；胡文辉，2010)。

⑶评价理论在外语教学中的应用研究。评价理论可以用来指导教学实践和翻译实践。例如，马伟林(2007)的“评价理论对英语口语教学的启示”和他的“EFL 教师评价性话语的人际意义”表明合理使用评价资源有助于构建更加和谐的师生关系，从而促进课堂教学。有的学者则关注评价理论在外语阅读教学中的应用研究(李金实，2009)。

⑷评价理论在话语分析中的应用。这是评价理论应用研究成果最丰富的一个领域。根据中国知网的文献搜索，评价理论已被广泛用于叙事语篇、文学语篇、政治语篇、新闻语篇、议会辩论、医患对话、法律语篇、学术语篇、广告语篇、演讲语篇、多模态语篇、词典和影评的分析，充分显示了评价理论作为语篇分析工具的实用性。同时也表明，它是一个“富有张力的功能语言学理论框架”(李战子，2004)，以其“创新意识、一致性、概括性和解释力”(王振华和马玉蕾，2007)而被越来越多的人接受，正迈向更广阔的多维研究模式。

Martin 和 White(2005)将表达作者或说话者的态度、观点、立场的语言资源称为评价系统，并进一步划分为三个子系统：态度、介入和级差(图 5-1)。评价系统主要涉及的是词汇手段，两位学者对表述态度的词语，特别是形容词，做了详细的分类。在进行语篇分析时，确定词汇、语法等评价性手段意义重大。通过观察这些词汇和语法出现的语境，我们可以了解到，随着文章或对话的发展，作者或说话人希望表达出来的情感、观点或者判断。但是，根据系统功能语言学中关于语言是一种选择系统的观点和三大元功能的思想，呈现经验、构建关系和身份存在于语篇的任何部分。Martin 等功能语言学家认为各种话语都不是孤立的独白，而是说话者之外的声音，如交际双方的反应等。话语能表达交际者的态度——赞成、反对、不置可否等，同时也能体现交际者之间的关系。所以，评价资源能够体现说话者的感受、价值感，这些感受和价值感又与说话者的地位密切相关。

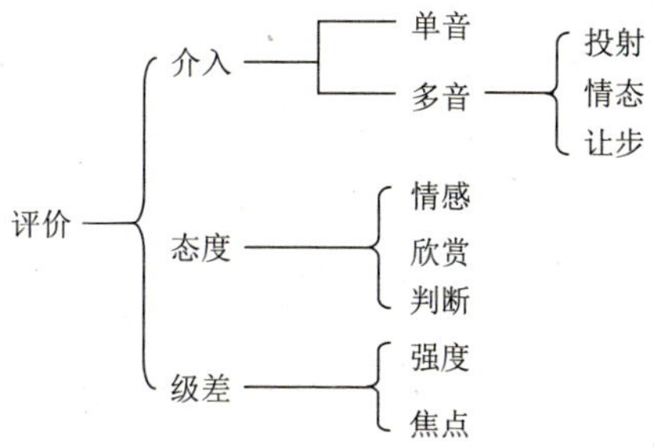

图 5-1 评价系统(Martin & Rose，2003)

评价系统的三个系统中，态度子系统是核心。它由情感、评判和鉴赏三个次子系统构成，而情感是态度的核心范畴，评判和鉴赏是制度化的情感。介入评价者和被评价者如何建立离心和向心关系的范畴(董敏，2012)，说话人或作者借助它，在主体间立场上调节其介入责任、进行意义协商。级差根据强度和清晰度，将所有评价的价值进行高低值划分，它也是能跨越整个评价系统的资源。

一、态度系统

态度，顾名思义是反映了说话者的感受。态度系统是评价系统的核心系统，表示说话者对自己的情感、对事物、对别人的性格的评价，它由三个子系统构成：情感、评判和鉴赏。三者分别对应于三个传统语义范畴：情绪、伦理和美学，下分若干次子系统。以下我们将做简要介绍。

(1)情感系统是对行为的反应，具有情绪性。它的学科基础是心理学和认知科学，是解释语言使用者对行为、文本/过程或现象作出感情反应的评价资源。情感表达说话人的感情，是具有情绪性的，包含了行为、文本/过程或现象，使言者产生幸福或不幸福、安全或不安全、满意或不满意等感受。表达品质的形容词或副词、表达感情的过程动词、表达评注的状语等均可表达这些情感。

情感系统里还可细分“过程”“性质”和“评注”三个次子系统。“过程”主要是通过运用心理过程和过程词汇（性质动词）来表达说话者的心理过程和行为过程，如“让……悲伤。“性质”情感主要通过属性形容词来表达，如“我很高兴”。“评注”情感主要通过属性副词，即情态状语来表达，在小句中为人际主位，用来评注小句过程，如“老实说，我不欣赏你这样的做法”。从语义韵上，情感意义也可分正面与负面，而根据强度不同则分为低、中、高三档。

(2)评判系统是对别人的行为举止的评价，具有伦理性。其学科基础是伦理学，是以伦理道德和规范来解释说话者对某种行为作出判断的评价资源。其中包括意识形态和价值观念等。评判系统下还包括社会尊重和社会制裁两个次子系统（Martin， 2000）。前者受道德约束，后者受法律约束，但二者都有正面和负面的含义。判断一个人的行为是否能得到社会的尊重，其行为是否符合社会标准就是社会尊重。其正面含义让人赞赏，负面含义被人批评。被人批评的行为不具法律含义，只可能受到道德上的谴责。而用来评价一个人的行为是否受到社会谴责的评价资源就是社会制裁，主要考察这个人是否诚实可靠，其行为是否正当。社会制裁的正面含义受人表扬，负面含义被人谴责。被人谴责的行为有法律含义。

(3)鉴赏系统是对现象的评估，是美学性的。它是解释说话人对行为、文本/过程及自然现象的美学品格欣赏的评价资源。鉴赏系统下还包括反应、结构和评估三个次子系统。反应指感情反应，包括冲击力与性质。冲击力指文本/过程的吸引力度；性质指文本/过程对感情的冲击力度。结构包括平衡与细节。平衡指文本/过程是否相称；细节指文本/过程是否因复杂而无法理解。评估指用社会标准评判文本/过程是否重要、是否有价值。

态度系统里的三个子系统，通过语言生成了表示态度的情感意义、评判意义和鉴赏意义，以及权势关系（距离感和圈子感）。在这三个子系统中，情感系统是中心，评判系统和鉴赏系统是情感制度化的结果。换言之，人们在感知、认知、感情等方面的反应体现在情感系统上，而选择评判或者鉴赏系统取决于人们在感知、认知和感情上的不同反应。尽管在词汇语法的体现上，表达态度意义的典型的语法手段通常是形容词性质的词或短语，但各子系统体现在不同的小句中。即表达情感意义和表达评判意义的句型，都是归属性关系过程小句。但表达鉴赏意义的句型，将一种态度归属于某物或某实体，因此，它是关系过程小句。

二、级差系统

无论态度还是介入，整个评价系统的大多数价值都可以根据强度分级，只不过分级的意义本质不同。因此，级差在评价体系中具有十分重要的地位，被视为“横跨整个评价系统的资源，起到对其他人际意义润色的作用”（Martin & White，2008：136）。Martin 从类型学视角，兼具拓扑学、模糊语言学等多学科领域吸收了视角、等级、意义、模式的理论思想，经历了萌芽阶段—完善阶段—成熟阶段，逐步形成了较完善的级差系统（Martin & White，2008：154）（图 5-2）。从总体而言，级差系统体现了三个重要的思想（何中清，2011）：“分级”思想；“强化”思想；“模糊”思想。

级差系统是指态度的增加和衰减，它通过两个标度轴线——语势和聚焦发挥作用（Martin & White，2008：136）。语势是一个基本的语义范畴，包括多个意义分支，如体积、品质、数量和时空分布等，各子范畴之间呈现的是聚合关系。而聚焦涉及成员的典型性。在级差系统中，态度和介入均具有等级性，提升和降低被列为单独的入列条件，与语势和聚焦为合取关系。

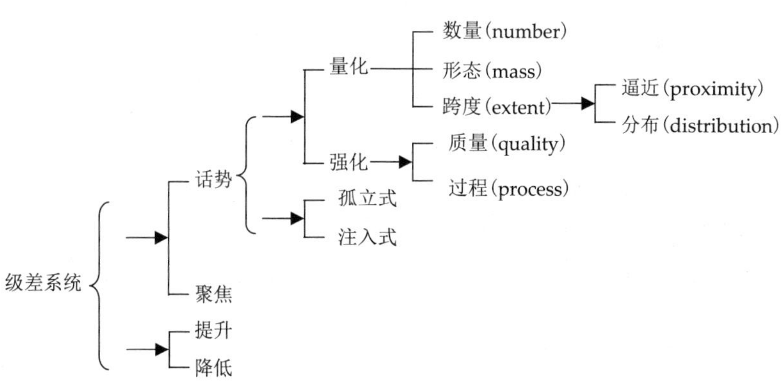

图 5-2　级差系统

三、介入系统

“介入”是指 “态度”的介入，即人们可以使用不同的语言手段，直接或间接地表达自己的态度。要么单刀直入，直陈所思；要么假借他人的观点、思想、立场等，间接表达自己的思想、观点或立场。Martin认为，介入系统是针对不同的观点而采取不同言语策略，展现了话语中表达观点的各种声音，它反映的是态度的来源。介入资源通常是一些修辞学成分、句子的前导部分和修辞性问句，这些貌似不起眼的资源却能体现交际各方的看法、态度和立场。介入包括两个子系统：单声和多声。

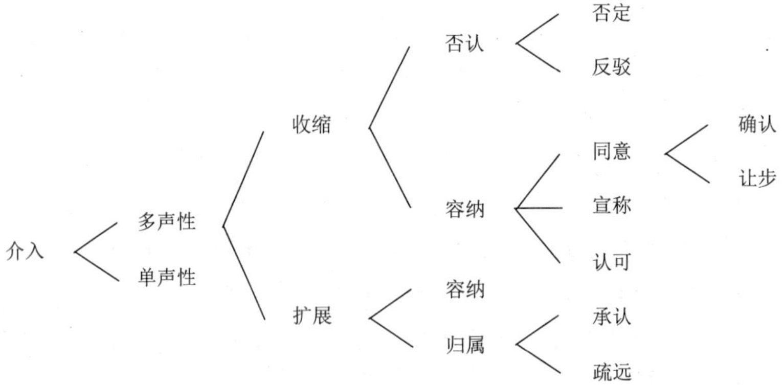

图 5-3 Martin 评价理论中的介入系统

(一)单声

所谓“单声”是一种没有提及其他观点和声音、“裸露”的陈述，是纯粹的陈述话语。单声又分为假定和断言。假定指过滤了命题的可争论性，直接将命题表述为理所当然的(Martin & White，2005)。断言是将命题表述为当前最重要的命题，旨在直接、有效地支撑当前的讨论或争论。

实际上，即使是纯粹、绝对的断言也暗藏了说话者的评价。对话性理论认为，当说话人没有承认或介入其他不同对话性观点，只宣布某个断言时，这种断言其实就暗示了说话人所持的立场。换句话说，作出这样的断言就构成了说话者的立场。表面上说话者只表明了一个观点或陈述了一个命题，但实际上可能还有两种不同的含义。一种含义是其自认为观点或者命题完全正确合理，在当前的交际情景中和具体语境下，是人所共知、无需证明的，因此不再冗述；另一种含义是说话者认为其他观点或命题是不正确、不相关或无价值的，以它们不值得注意为由而选择性地进行忽略。

（二）多声

介入系统中的“借言”受到了苏联学者 Bakhtin（1973，1981，1986）的学术思想影响。Bakhtin 在 *The Dialogic Imagination* 一书中讨论了语言的对话性和多语性。他认为，语言是一个由说话者的社会言语相互作用而实现的不断的形成过程（Bakhtin，1981：451）；任何话语或表达的组织中心不是在内部，而是在外部，在围绕个体的社会环境之中（Bakhtin，1981：455）；语言在其实际的实现过程中，不可分割地与其意识形态或生活内容联系在一起（Bakhtin，1981：417）。

说话人要表达对命题的立场、态度，就是要使命题具有可争议性。介入将语篇建构成为一个多声对话场所，为说话人调整、协商语篇的可争议性提供资源。多声性是包含了其他观点和声音的，根据开启或关闭对话性的程度，介入中的多声分为对话性收缩和对话性扩展两大范畴。因为篇幅有限，本书将不再深入讨论多声子系统下的次子系统。

介入系统旨在描述和解释说话者如何运用多种主体间定位策略来实现交际目的。因此，我们通过解读仲裁员调解话语中的介入资源，尝试回答以下问题：①仲裁员在介入系统中不同的选择，具有何种意义潜势，以及不同介入价值之间的关系是什么？②仲裁员调解话语中的态度子系统实现了何种评价意义及相互作用的意义潜势？③随着调解话语展开，评价价值之间的相互作用是怎样展开并积累意义的？

第二节　现代汉语的评价系统研究

作为话语实践的一个重要组成部分，语言中的评价系统在表达说话人态度、反映说话人及其话语团体的价值取向、构建并维系与听话人之间的关系、组织语篇等方面都发挥了重要的作用(Hunston & Thompson，2000：4)。汉语里的评价系统也是一个丰富而又复杂的系统。从研究理论上看，汉语评价系统理论和方法有本土的理论基础，如传统的词汇语义学、结构主义方法，也借鉴了很多西方语言学的理论，如构式语法、系统功能语言学、语用学等。

从发展历程来看，汉语评价系统分为三个阶段(刘慧，2011)：开创期、初步发展期和深入发展期。汉语评价研究起步于 20 世纪 70 年代，当时的研究范围集中在词汇层面。赵元任(1968)将副词分为九类，其中有 24 个表示评价的副词，如“幸亏”“居然”“果然”等。朱德熙(1982)指出“值得”“配”都有估价的作用，它们和其他副词搭配，使句子加载了价值性和层级性。进入 20 世纪 80 年代，汉语评价研究初步发展，词汇的语义韵，即词汇的褒贬义是学者们关注的焦点(周荐，1985；袁毓林，1987)，同时也逐渐转向句子层面的评价研究。从 20 世纪 90 年代开始，汉语评价研究进入深入发展时期，从广度和深度上都得到了极大的扩展。学者们的研究焦点从评价词汇层延伸到话语标记层、语篇层。在词汇层面，研究焦点不仅仅局限于副词，而且已经涵盖了评价形容词(张国宪，2006)、语气词(齐沪扬，2002；贺阳，1992)、情态动词(彭利贞，2007)、评价副词(齐沪扬，2002；张谊生，2000)和一些非典型评价词语研究(刘缙，1993；符淮青，1996；刘慧，2011；刁晏斌，2005；邵敬敏，1996)。

话语标记指序列上划分语言单位的依附成分，具有主观性和程序性的特点。(董秀芳，2007)，因此它也具有反映说话者主观态度的功能。汉语研究者们也开始关注一些话语标记语的评价语义，如“不是”(刘丽艳，2005)、“好不好”(李宗江，2008)、“别说”和“别提”(周莉，2012；候瑞芬，2009)、“真是的”(王曼，2010)等。除了这些标记语的评价语义之外，话语标记语在会话中的使用模式和功能也体现了说话人的主观情态，所以，刘丽艳(2005)关注了“不是”在应答序列和反馈序列上的主观性，郑嫚娟和邵敬敏(2008)讨论了“好不好”的用法和语义偏向。冯光武(2004)分析了汉语语用标记语的语用价值。

源于句子构式的评价句也是汉语中很有特点的一类句型。因此，学者们考察了具有鲜明语义色彩的评价句，如“NP一副X的样子”(储泽祥，2003)、“(X)整个一(个)Y”(刘长征，2007)。从句子类型上看，关注最多的是感叹句和反问句。李成军(2005)将感叹句分为“惊叹句”“赞斥句”和“抒叹句”，并细化了它们的情感程度。反问句是一种非典型评价句，也是学者们争论的焦点(邵敬敏，1996；刘娅琼，2004；殷树林，2006)。

从以上研究，可以看出汉语评价系统研究缺乏一个系统而固定的理论框架，且研究主要集中在词汇层、话语标记层和语篇层的静态描述，而对运用一个全面的理论框架，对汉语中动态语篇的评价研究还不够充分。

第三节　仲裁员调解话语中评价系统的人际意义

一、仲裁员调解话语评价系统的总体特征

解读仲裁员调解话语中的评价系统，可以帮助我们辨别仲裁员的观点、立场和态度，进而研究仲裁员调解话语的人际意义形成过程和呈现方式。同时，考察仲裁员调解话语中评价性手段的多寡反映了仲裁员在调解不同阶段中表达观点、态度和判断的强烈程度。为了多维度考察仲裁员在调解话语中的评价资源分布情况，我们根据图 5-1 中评价系统的子系统进行二次赋码，并得到各评价资源的使用频率(表 5-1)。由于篇幅有限，我们将从评价系统子系统的角度、定量的角度统计分析仲裁员使用评价资源子系统的情况。对于子系统下的次子系统，我们将选取典型案例进行深入讨论。为了便于观察，我们将各评价子系统的频数标准化，得到以下数据：

表 5-1 仲裁员调解话语评价系统分布特征

	语步 1、5		语步 2、4		语步 3		合计	
	出现频数	标准频率	出现频数	标准频率	出现频数	标准频率	出现频数	标准频率
介入	16	6.7	424	16.5	710	16.0	1150	39.2
态度	49	20.6	823	32.1	1518	34.1	2390	86.8
级差	51	21.5	816	31.8	1500	33.7	2367	87.0
合计	116.0	48.8	2063.0	80.4	3728.0	83.8	5907.0	213

图 5-4 可以让我们更直观地观察它们的分布特征。

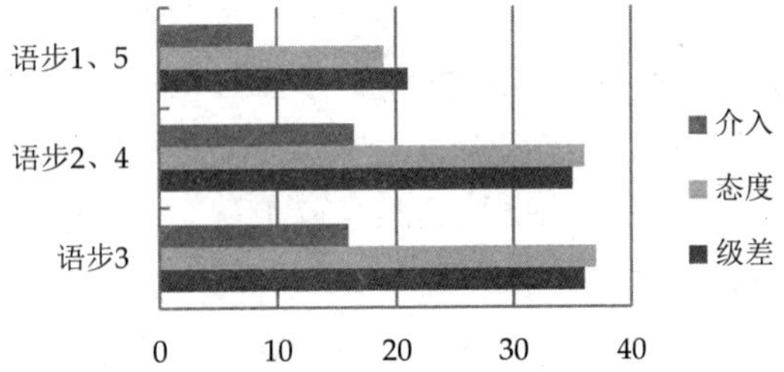

(a)

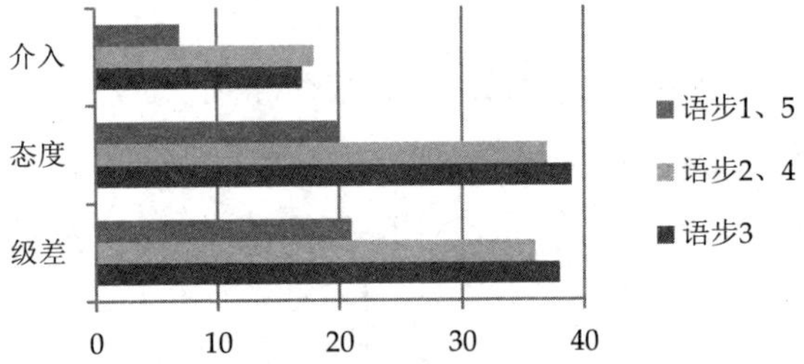

(b)

图 5-4 仲裁员调解话语中评价系统分布图

图 5-4 清楚地表明了评价系统在仲裁员调解过程中的使用情况，不管从调解各阶段还是各评价资源的使用分配情况，仲裁员在调解过程中评价系统使用情况都呈现比较有规律的分布特征。

(1)在调解的各阶段，仲裁员比较均衡地使用级差和态度资源，它们的标准频率比较相当，分别为 87 和 86.8，而介入资源使用的标准频率很低，为 39.2，还不足它们的一半。

(2) 就各个阶段而言，背靠背调解（语步 3）是使用各类评价资源最多的阶段，标准频率占 83.8。其次是三方调解（语步 2、4），占 80.4，最少的阶段是初始和结束阶段（语步 1、5），只有 48.8。

(3) 当调解进入实质阶段，不管在三方调解还是在背靠背调解时，仲裁员使用评价系统的总体特征相当。仲裁员更倾向于使用态度和级差资源，介入资源使用相对较少。

二、仲裁员调解话语中的态度

系统功能语言学认为，在呈现经验、构建社会身份、协商社会关系和连贯语篇时，语言的各个层面都在积极地发挥作用。因此，仲裁员调解话语的生成过程反映了仲裁员对这些经验的观点、态度和判断。态度系统包括三个子系统，即情感、评判和鉴赏。仲裁员的情感资源涉及他对事件或命题所持的正面或负面的感情，判断资源涉及仲裁员对被调解方行为的态度，鉴赏资源涉及对案件事实、过程或者其他现象的主观评价。态度系统的三个子系统具有不同程度的主观性，其中，情感主观性最强，鉴赏主观性最弱，而判断的主观性处于两者之间（陈晓燕，2007）。下面，我们将呈现在仲裁员调解话语中这三个态度范畴的整体分布情况，并进行解读，然后对每个范畴进行详细分析（表 5-2）。

表 5-2 调解话语中态度子系统分布特征

	语步 1、5		语步 2、4		语步 3		合计	
	出现频数	标准频率	出现频数	标准频率	出现频数	标准频率	出现频数	标准频率
情感	0	0.0	6	0.2	2	0.0	8	0.3
鉴赏	15	6.3	306	11.9	424	9.5	745	27.8
评判	1	0.4	112	4.4	284	6.4	397	11.2
合计	16	6.7	424	16.5	710	15.9	1150	39.3

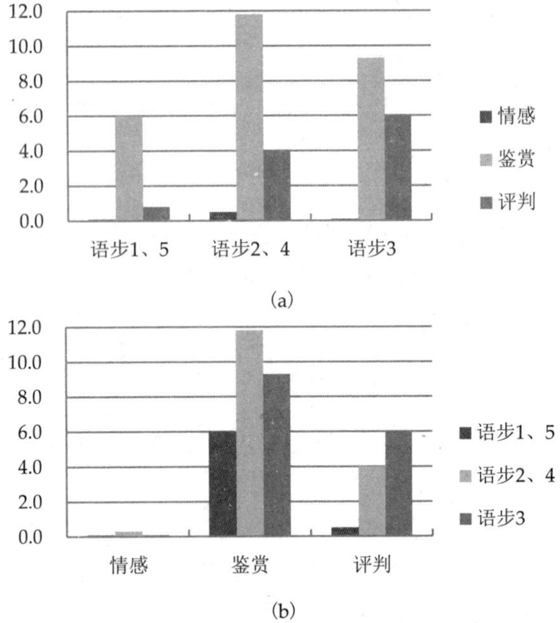

图 5-5 调解话语中态度系统的分布特征

从上表可以看出，在态度系统的子系统中，仲裁员使用的三类评价手段的分布极不平衡，呈现以下四个主要特征。

(1) 就情感资源而言，仲裁员在调解各个阶段都谨慎使用该评价手段，其总体标准频率只有 0.3。在调解阶段，仍然是以交换信息、协调关系为主，所以仲裁员不会注入太多的个人情感，尽量避免表达自己的心理、情感或者道德判断，以此确立自己客观公正的形象。

(2) 在调解阶段，鉴赏资源是仲裁员使用最多的态度资源，占 27.8，超过了态度总资源的一半。在双方调解（语步 2、4）和背靠背调解（语步 3）阶段，仲裁员倾向于使用中值的鉴赏资源，进行说理和劝说，并保持自己的调解员身份。

(3) 从各语步使用态度资源的总标准频率看，仲裁员在双方调解和背靠背阶段中使用态度资源比较均衡，双方调解为 16.5，背靠背调解是 16.0。这表明在进入调解实质阶段，仲裁员不仅使用表示个人鉴赏的手段，也会使用社会公德、法律规范等标准来达到说服的目的。

(4)判断资源是仲裁员在调解各阶段展现态度的第二大手段，在背靠背阶段(语步 3)尤为突出。在调解中，仲裁员要说服被调解方接受自己观点，但同时又要保持自己独立的第三方身份，避免过度主观，那么他只能用大量的判断资源，即社会道德等标准来影响听话方，以此来评判法律事实或行为、传达自己的隐性态度。

在调解中，仲裁员如何借助评价系统各子系统达到说理、调解的目的？以下我们将进行详细讨论。

(一)情感

尽管情感资源会在一定程度上有损仲裁员在调解中的客观性，但是这并不代表仲裁员在调解中应该彻底避免情感。相反，在恰当的时候，尤其是在背靠背调解阶段，仲裁员巧妙地运用情感资源，晓之以理，动之以情，更有助于拉近仲裁员和被调解方的距离，团结对方，让听话人接受自己的观点，有利于说服和调解的实现。

从显性的角度来看，仲裁员采用的情感资源用词比较少，绝大部分都是表示主观意图的瞬间行为。而且在一般情况下它们都和介入中的投射配合使用，如“我想”“我认为”“我感觉到”等，并且这些情感资源的评价者多数时候都是用第一人称“我”，有时用集体代词“我们”或“仲裁庭”。

例 5-1 仲：你们这个书记，我觉得<u>**让人很感动**</u>，一开始我就表示感谢，嘿嘿。<u>**不容易，我觉得**</u>。但是你们看看，这个还是付了吧。

例 5-2 仲：但有一点我<u>**觉得很好**</u>，我<u>**感觉到双方都在正视这个问题**</u>，这个仲裁庭<u>**觉得是很好的一件事情**</u>。

例 5-3 仲：你这个态度<u>**我觉得仲裁庭也很赞赏**</u>。

例 5-4 仲：你不说了，<u>**我觉得也很好**</u>，就是说，<u>**是一种务实的态度**</u>。

例 5-5 仲：刚才跟我们律师哈，<u>**也很尽职尽责**</u>，沟通了过后歘，专门打电话给那边沟通，现提出这么一个方案。

从例 5-1 到例 5-5 中的下划线部分都是仲裁员运用的情感资源。例子中的评价者都是第一人称“我”，表示仲裁员主观评价的心理过程动词都是用的“觉得”，而表示仲裁员主观感受的形容词分别为“感动”“感谢”，并且相对应的主语都是包括听话人在内的。这说明仲裁员在使用情感评价手段来表达对听话者行为的态度时，都会用积极的、正面的褒义词。这样能让对方找到一种认同感，对润滑交际关系起到了积极的作用。

在例 5-1 中，仲裁员首先高度评价了被申请方的书记不远千里来开庭的主动态度，并表示了个人感谢，这会让对方充分感受到仲裁员放低了姿态，以一种平等的身份来肯定自己。之后，仲裁员又用含有归一度的评价“不容易，我觉得”来再次强调仲裁员的态度。之后用转折词“但是”和祈使句，委婉引出仲裁员对调解方案的建议，“你们看看，这个还是付了吧”。这一连串的评价手段，使被调解方觉得仲裁员没有用强硬的语气和自己协调，而是放低了姿态，以平等的身份和委婉的方式提出了调解方案。这让他更容易接受仲裁员提出的调解方案。

在例 5-2 中，仲裁员强烈地表达了自己的情感，评价手段从句子层面到词汇项都很有特点：①他连续在三个句子里都使用了情感手段，这无疑大大地增强了他表达情感的强度。②他不但使用了两个褒义的形容词“好”，而且在它们前面加上了级差手段“很”，也强调了他的认同程度。③在第二个句子中，虽然没有显性的情感词汇，但是动词“正视”也传达了仲裁员的主观态度。④最后一句的主语尽管没有使用第一人称“我”，但仲裁员用的集体指称代词“仲裁庭”，已经包括了仲裁员在内。该指代词不但扩大了集体认同的范围，而且更激发了听话人的被认同感。

(二) 鉴赏

鉴赏是对语篇、过程或者自然现象的价值评价，或者是对命题中情感的再加工，其中一些估值已被固定为鉴赏制度(Martin, 2000; Martin, 2010; Martin & Rose, 2003; Martin & White, 2005)。鉴赏系统是构建符号性的语篇/过程和自然现象的“审美”价值，如“比较柔性化”“阅历丰富”等。与情感和评判不同，表达鉴赏意义的典型句型是心理过程小句，它将一种态度归属于某一种事物或者实体。有时候小句中的心理过程是隐性的。而与评判相对应，鉴赏的评价对象则是无意识的事物（Martin & White，2005：58-61）。在语篇中，说话人/作者对鉴赏的态度意义也可分为提升和下降，表现了说话人对事物、过程等的积极或消极评价。仲裁员在调解中，往往会用外部声源的鉴赏资源来评判纠纷过程、事件或人，这种态度资源并不完全客观，在一定程度上反映了仲裁员对命题的主观投入。它在语料中，可分为以下两种情境。

(1) 仲裁员使用积极语义韵的鉴赏资源，对听话方的做法（例 5-6）、事件结果（例 5-7）、听话方的特征（例 5-8）等进行价值评价，以此拉近距离，团结调解方。同时，他在运用鉴赏资源的时候，也会兼用级差资源，以达到加强语势或聚焦的效果。

例 5-6 仲：当然，这种处理诶，**是比较柔性化**。

例 5-7 仲：（打断，音调升高）你已经**捡了大便宜**了，在这种情况之下了。我觉得 5 万块钱**确实不会高**。

例 5-8 仲：我个人觉得，你从这个角度帮她分析一下，你是律师，**你社会阅历要丰富些**。那个小姑娘，**刚刚踏入社会，可能一气之下**，或者过去有很多东西，但是你喊她想一下，若干年以后，她**来回忆这段亲情的时候，看他们朝夕相处的时候，会怎么样**？对吧？

(2) 具有消极语义韵的鉴赏资源能帮助仲裁员进行反驳、推理，以达到说服的目的。在例 5-9 和例 5-12 中，仲裁员用消极语义的鉴赏资源，对受话人之前的行为进行评判，指明了其存在的问题，起到了有力的反驳作用。而在例 5-10 和例 5-11 中，消极的鉴赏是对事件本身或者不在场的第三方进行推理，有助于说服工作的开展。

例 5-9 仲：不该签字啊！（伴有笑声）嘿，我说你看都没看就签字了，看都没看就签字了，这个事情，**你太草率了嘛！**

例 5-10 仲：（语速加快）问问问，（重复）做工作做工作。真的是！**这个官司打起，一点意思都没有**。

例 5-11 仲：诶，你跟××说明一哈。**他的情绪呢，可以理解**，在这住弄么久，**花恁个多钱**买个房子，又**住的恁个撇**，又没，又**没享受到一个良好的物管，那个情绪可以理解**。

例 5-12 仲：你说是该赔不该赔的问题上发生了争议（提高声调），**可能是固执己见，分歧很大**，这种就很难调。

（三）判断

判断是根据各种常规原则对人的行为进行判断的资源。也就是说，判断价值通常指向人类的行为或品德。这些标准都是建立在社团共享的观点——作为社会一分子的人应该如何行动——的基础之上。判断系统可分为社会判断和社会约束。仲裁员在调解阶段中，除了使用明确表达自己主观评价的情感和鉴赏资源外，也会使用主观性相对较低的判断资源，用一些普遍接受的共识或标准，隐性地传达自己的态度，并保持自己中立、客观的立场。

法律法规指向的行为标准，是主观性最低的一种判断资源。在下面两个例子中，仲裁员用在法律规范中的标准衡量的主体往往都是第三人称"他"。在例 5-13 中，仲裁员的目的是向听话方表明，不在庭的另一方被调解人符合了法律规定的条件，就有法律赋予的贷款权利，这是无可辩驳的事实，就调解而言，双方只是在金额上的让步。例 5-14 中，仲裁员不仅从法律保障的角度，也从社会行为规则的角度来判断，另一方有权要求应得到的钱，而且要从银行里流转，从而达到了仲裁员说理的功效。

例 5-13 仲：（打断）这个，**据我了解哈**，（语速减慢）**只要是一个完全行为能力的公民，年满 18 岁以上神智健全，那么他都有资格贷款，他都有资格**。你们调解，最好。因为这个东西，一些金额上最好少点。

例 5-14 仲：这在两天内都可以要求啊，是这样的，**法律上给了保障的权利，就是说两年之内，他随时可以要求他，就是说，应该得到的钱。就这个意思企业本来就是……做事情就是有规则的撒，钱要从银行里面走诶**。

仲裁员在说理过程中，还会借助一些普遍接受的常识或社会道德标准，来评判和约束被调解方的行为。例 5-15 中，“走这个调解损失是双方都最小，这是大家都知道的结果”这一句中，仲裁员用众所周知的事实来摆明自己的态度，希望双方调解解决纠纷。同时，他从一个基于常识的假设来否定听话方的观点，并再次证明了调解对双方来说是一个双赢的局面。

例 5-15 仲：因为确实**是走这个调解损失是双方都最小，这是大家都知道的结果**。**拿起去卖铁那个肯定是，肯定没得原来的那个价，合同价，肯定达不到，这是可以想象的**。

在例 5-16 中，仲裁员首先从社会道德的角度来谴责亲属间的这起纠纷，减少了自己的判断投入度。接下来，他又从集体判断“作为我们法律工作者来讲”、社会稳定和敬老三个角度来约束被调解方将来的行为。

例 5-16 仲：(打断)**这个可以做个事例了**，一个是老的，一个是小的。老的小的闹得这个上面，我就觉得，诶……不仅仅是少操心的问题，**这个东西是亲缘关系，作为我们法律工作者来讲，**(语速加快)**我们要小心托付这个亲缘关系，社会稳定的事**。(打断)既然是侄女啊，那你有些事情嘛，(伴有笑声)**从敬老的角度**，还住到一起的，不管囊个说嘛，多多少少，照顾到嘛。

有时仲裁员也会运用一些基于常识的假设来进行推理、说服。在例 5-17 中，仲裁员通过听话方拖欠物业管理费带来恶性循环的后果来评判听话方拖欠物业管理费是不对的，从而达到说理的效果。

例 5-17 仲：但是我觉得申请人他辩解的事有一定的道理，因为**你们如果拖欠物管费的话，这肯定是恶性循环**。**他又没得钱来管的，也没得钱请人的，肯定越管越撇。所以这件事里头，(音调升高)即使说你的证据能够证明到他违反了某一部分的履行义务的话，那么从客观的、公平合理来讲的话，他那边，过错哈，(重复)双方均有，双方均有，而且他们也是履行了一定的那个义务的。然后再说到那个诉讼时效那一块的话，我、**

我的意见哈，(重复)有点勉强，有点勉强。

三、仲裁员调解话语中的介入

(一)单声

调解话语中，介入资源涉及仲裁员所表达态度和意见的源头，是调节责任的重要语言资源。如前所述，介入有两个子系统：单声和多声。单声是对命题直截了当的陈述，不考虑信息来源和其他可能的观点，而多声是明确表示可能存在另一种意见或立场。

Bakhtin(1973，1981，1986)和 Voloshinov(1995)认为所有的言语交际，无论是书面的或口头的，都具有对话性。从这个意义来看，单纯性断言并非人们所认为的那样是“中立的、客观的、甚至是事实性的”，它也是有立场的。第七章的语气系统将详细分析陈述句、祈使句、疑问句和感叹句如何不同程度地反映了仲裁员的态度，以及庭审中三方的权势关系。以下只做简要说明。

(1)陈述句作为陈述事实、传递信息的常规句，是其他句式的基础。当仲裁员在说出事实之前，他对该事实已有自己的判断和态度。而就人际互动而言，拥有法律专业知识、主动传递信息的仲裁员权势大，而听话人是被动的接受者。

(2)在调解中，仲裁员为了核查法律事实，也要使用大量的疑问句。从态度的角度看，他本来就是有疑而问，是对命题经过认知和判断后仍然有不同程度的疑问。从人际关系上看，在问答过程中，作为发问者的仲裁员权势大于回答者。

(3)就祈使句而言，仲裁员从权势高的角度要表达他的命令和要求，并使用不同的情态资源来限定他对被调解方的责任大小。

(4)虽然仲裁员在调解中，使用的感叹句不多，但为数不多的感叹句仍然是表达态度意义最强的，对听话者的影响程度最大。

仲裁员在调解中使用不同语气类型，用单纯性断言不但表达了自己的主观态度，提供了一种立场，同时也没有公开承认其他立场的存在，确立了他的权威身份，也使听话方感受到仲裁员的立场或观点不容挑战。

我们来看下面的两个例子。

例 5-18 仲：(打断)所以这里面，我们现在是调解。以后这个法律观念呢，这个法律意识要提升。就是老百姓觉得说你口头答应我的没有做到，比如它们这种中介结构，他们人员流动很大的，他们工作人员经常变动的，比如像做保险一样。

例 5-19 仲：那是它的代理，委托出庭的。所以说，像我们买保险是一样的道理。你去买保险，那么多的条款，一般人都不看的，就跟你说很好很好，没问题怎么怎么怎么样，就签了。但是签了之后，因为我们都是成年人，签了字之后就有效的。

例 5-20 仲：事实上他手里写清楚更好，比如你说的，合同上写的这个，把费用控制在 30 万元以内，如果再加一句话，‘如果说经纪方这一块，这个交易费用如果没有控制住 30 万以内，那么我们就怎么怎么样’，如果你写清楚点，那这个钱，你后面的尾款，你不支付别人……(语步 3)

从以上画线部分，我们可以看出，在调解中，仲裁员不管使用陈述句，还是使用祈使句，不管是评价已发生的客观事实，还是评价一些假设现象，这些断言都充分反映了仲裁员对被调解方在签订合同时法律意识淡薄，签订合同后必须承担相应责任的主观态度。

又如下例：

例 5-21 仲：今天上午一个案子也是，两边看起来闹得很凶，裁完了我对两边说了基本的看法，很快就调解了。从开庭到结束，一个小时就调解了。你们当然材料要多一些。所以我觉得毕竟大的方面没有什么，就是下面一些小问题。你说是该赔不该赔的问题上发生了争议，可能是固执己见，分歧很大，这种就很难调。在这个基础上前面已经有仲裁过，已经得到结论了，在这个问题上没有异议了以后，至于下面的金额毕竟还有保险公司。

在说服被调解方的过程中，另外一种单声手段就是举例或类比。为了佐证自己的观点，确立自己的立场，仲裁员在启动新的话题链时，也会引用相近例子来间接表达自己的观点，同时也让看法更具客观性和说服力。因此，仲裁员在例 5-19 中举了一个假设性的例子，来说明在签订合同时一定要小心谨慎，但一旦合同生效，作为有行为能力的成年人，就该承担相应的责任和义务。在例 5-21 中，仲裁员将上午刚参加的调解案导入话题链，是希望用成功的案例来影响被调解方。

（二）多声

多声一般通过否定、让步、情态和投射等手段来体现。情态和否定，将在情态系统里详细分类讨论，因此在这里主要将焦点放在让步和投射的声音来源上。

1. 让步

在 Martin 的评价系统网络中，让步是介入系统中的一个借言资源。让步具有对话性，这种对话性具有反预期的功能。说话人通过使用让步，首先给听话人创造一种预期，然后让这种预期落空（王振华和曹元，2013）。说话人在使用让步时，其逻辑思维并不是直线型的，而这种非线性逻辑思维恰好被仲裁员用来解决调解中的两难问题。在使用让步的语言策略时，仲裁员首先为被调解方创造了一种心理预期，并且有效监控这种预期，最后违反这种预期。这样，仲裁员可以有效地使被调解方介入到自己的论证之中，并且最后成功说服他们。让步也同样可以通过提升语义的方式来扩展仲裁员要表达的意思。因此，让步在调解阶段是一种有效的说服手段。所以它是一种有效监控并操纵受众预期的语言策略（王振华和曹元，2013）。

在汉语中，表示让步主要通过一些副词和它们引导的小句来实现。这些让步副词不仅在句法层面充当了“高层谓语”，在语义上承担了语气职责，标记了情态，而且还表达了说话人对命题的主观态度和评价。从我们的语料中统计，在仲裁员调解话语中，表示让步的态度手段有 14 种，其中使用频率最高的是“但是”，高达 152 次，“当然”37 次，“反正”26 次，“还是”24 次。以下，我们将重点讨论出现频率最高的这四个副词(表 5-3)。

表 5-3　仲裁员调解话语中的让步使用频数

类型	使用次数	类型	使用次数
但是	152		
当然	37	不管	4
反正	26	尽管	3
还是	24	不然	3
就算	15	不过	3
毕竟	13	无非	1
既然	12	哪怕	1
合计			311

1)介入中的“但是”

作为最常用的表转折关系或者让步关系的副词“但是”，它在调解话语中起到了人际商讨、语篇组织的功能。我们根据仲裁员使用它的情景语境和人际功效，将它的功能归为两个方面，让步转折功能和反预期功能。

例 5-22 仲：确实要我说呢，确实约定这个合同签订之时，要付这个 5 万块钱，**但是**[1]你这个 5 万块钱是要承担一些义务的。你不能说是只要我促成交易了，就完了。应该说义务，他有主义务和附属义务，你附属义务没做到嘛，那我觉得适当给你扣减是没问题的。这个是有先例的，有案例的。

例 5-23 仲：(打断)就是说你这样写是可以有中介费，**但是**[2]确实从整个履行来看的话，你们是，瑕疵是有的。你们履行这个义务，你们收 5 万块钱，你不能说光是促成了，你只要买卖了收到钱了，后面的，因为还有一个附属的义务，作为中介机构，你收 5 万块钱，实际上你有一些义务，你是要附属要做的，是这个意思。

例 5-24 仲：李××，因为你这个事情，你的意思是不服欺骗，**但是**[2]有三点，第一，你是识字的，你精神正常，(强调)还在经商。嗯，你是那么好欺骗的人吗？你还做生意，生意人都很精啊！你还被骗啊？

例 5-25 仲：我们也在做对方的工作，从解除合同的角度来做工作，**但是**[1]你们可能考虑几个问题。(音调上升)第一个问题，政府是没得钱的，说白了，这个他今天也说的实话，他把这个钱拿切买地票切了，比如说今天我们把它裁定老，明天就把 700 万退给我，他没得钱退给你的。

在以上例 5-22 ~ 例 5-25 中，“但是”引导的让步句中主语都是“你”或者“你们”。仲裁员在分析被调解方应当承担法律义务或过错时，在前一个陈述句中，强调了纠纷涉及的法律事实。例如，例 5-22 中，双方签订合同时要付 5 万中介费，接下来仲裁员在后一句中，用让步副词“但是[2]”引导出一种对比性的转折关系，强调被调解方在履约过程中的不作为或者失职，这为后面调解方案的妥协和让步打下基础。

例 5-26 仲：我们先听下你的想法，你们这个调解，你们知道她刚才态度还是很那个。这个因为是小案子，牵扯到你们花了这么多人、财物来做这个案子，你们确实，这个说明公司法律意识很强，这点值得肯定。我们仲裁委肯定要全力保护你们的合法权利，**但是**[3]说我们也是根据这个事实啊，因为有些东西，你知道，中介机构这种纠纷是比较普遍的，说实话，这个肯定啊我们也考虑下这个，是吧？

例 5-27 仲：我知道这个观点你可以不认同。**但是**[3]我是说，作为一个法律上的东西，是什么呢？他是有不同的认识，是这个意思，当然我说的这个不代表整个仲裁庭的意见。

在例 5-26 和例 5-27 中，“但是[3]”并没有连接前后两个明显对比和转折的事实，然而仲裁员仍然使用了“但是”，是运用的该副词“反预期”的功能。例 5-26 中，仲裁员提到仲裁庭将从解除调解合同的角度来做对方工作，给听话方预留了一个心理预期，即解除合同，使其利益得到了保障，但仲裁员随后用“但是”引导出被调解方应该认识到的一些客观事实，也就是，即使解除合同，他们也拿不到钱，因为政府资产不好执行。这种反预期的说理方式，在摆事实、讲道理上能起到积极的作用。同时，在调解中，仲裁员总是实时监控自己的话语，用先前的话语来指导下一步的话语实践，尽量保持主要话题的衔接度，以保证会话的连贯性。当互动意义出现一些偏离的时候，这里的“但是”也有消除这些离题的功效，这正是仲裁员实时话语监控行为、保证会话互动的一种体现。

2）介入中的“当然”

“当然”的释义为：表示合于事理或情理，没有疑问（《现代汉语词典》，2012 年第 6 版）。作为汉语中的一个常用副词，它“既有评注功能又兼具连接功能，也是连接性关联副词”（张谊生，2000）。用于语篇衔接时，“当然”具有强化或弱化功能，并进而有可能衍生出预示功能。姚小鹏（2011）将它的连贯方式归纳为以下三种：承接性追补、解注性追补和转折性追补。在调解中，仲裁员也充分利用了该副词的语义手段和语篇链接功能，传递自己的主观态度。

例 5-28 仲：所以那个事情，我觉得，这个当到你们双方说，比如说你们调解，**当然**，自己弄啦就好办，不调解我们这里裁决。（**承接性追补**）

例 5-29 仲：如果你现在哈，就是……不好做主诶，比如说我们就建议，比如说跟你老大说，恐怕要在 30 万左右考虑，这个调解才好做。**当然**我、我也、也会跟这个申请人马上跟他沟通，那如果呢，打个电话好、好问诶，**当然**今天下午达成协议更好。（**承接性追补**）

例 5-30 仲：所以，（音调上升）我倒是从建议的角度，你们要从调解的角度，从这个合同不能履行的角度来考虑。**当然**我也知道你们可能的一些实质性情况，可能我们把钱拿去买了地票了，是吧，我已经拿出去，（语速加快）我没得钱来履行，那是另外一回事。（**转折性追补**）

例 5-31 仲：她肯定也不是为了这个钱，她肯定付得起这个钱，但她确实是对你们很不满意，有些工作人员啊，**当然**不是你，肯定是你们的工作人员跟人家解释，或者跟人家做些工作，我觉得贵公司这个信誉也是很重要的。**（转折性追补）**

例 5-32 仲：其实随便哪个说，我们也买过房子，也卖过房子，对不对？**当然**我是买过房子卖过房子的（伴有笑声）。这个各种信息渠道很多，确实如此。**（解注性追补）**

例 5-33 仲：如果说你不妥协，那肯定是意味着这个调解不成立，这肯定。**当然**我个人希望是调解。**（解注性追补）**

从以上六个例子中可以看出，“当然”都位于句首，起到了链接功能。但在不同的情境下，它发挥了不同的语篇衔接功能。我们从它出现的语境中可以看出，不管“但是”的语篇衔接功能如何，它的本质功能仍然是在让步的基础上，表达仲裁员的主观情态，即一种主观述实的强调或肯定，而语篇衔接功能是其人际意义的派生功能。如果我们去掉例子中的“当然”，整个句子的语义信息传达不会受到影响，但对仲裁员的语气和态度都有影响，从而削弱了“当然”后续陈述句中仲裁员对事实的肯定或对自己主观愿望的强调程度。

3）介入中的“反正”

《现代汉语八百词》（吕叔湘，1999）中对“反正”的解释如下：①强调在任何情况下都不改变结论或结果。上文常有“无论、不管”，或表示正反两种情况的词语，多用在主语前。②指明情况或原因，意思与“既然”相近，而语气较强。多用在动词、形容词或主语之前。“反正”作为一个情态副词，在对前面的条件或情况进行概括的同时，重在强调主观推断，语气比较坚决（史金生，2005）。

例 5-34 仲：我们调解下。**反正**你们今天都来了，是吧？**反正**是个事情嘛，能够把它解决完了。

例 5-35 仲：（打断）按照一年半，**反正**金额呢，是那个，就是本金和利息、罚息他，他不认，其他的费用也不认，是吧？是这个意思吗？

例 5-36 仲：反正你们过去也是认识，也是朋友哈。

例 5-37 仲：这个合作哈(伴有笑声)，一开始就蒙上了阴影，就是说我们一开始打起来的话，反正一是一，二是二，认赌服输，该遭就遭，该死就死，反正合同已约定。好，他这个更愉快些，所以我觉得就不用再说啦，再包括你说的后面那些，说句实话那个图，那个图肯定是你们做的噻，那个方案图噻！

在例 5-34 中，仲裁员陈述了既定的事实：调解双方都已到场，对双方来说都是一个待解决的问题，所以应该正视问题的存在，采取积极的态度，尽快解决冲突。仲裁员使用“反正”既强调无法更改的事实，同时也表达了自己的期望。而例 5-35 中，仲裁员在确认标的金额大小的事实时，也用到了“反正”，它具有强调一个在任何情况下都不会改变的结果，即当事人不会承担本金和利息。在例 5-36 中，“反正”既表达了让步，同时也表达了强烈的语气和情态。仲裁员用它强调了被调解双方过去认识，也是朋友关系，其目的是暗示双方在达成和解上有良好的基础，没必要伤和气，破坏朋友关系。在例 5-37 中，仲裁员用它来对后面的结果进行排他性的总结，强调“合同签订，就要生效，双方也必须履行”的肯定性和唯一性，因此，仲裁员在这些话语中使用了情态副词“反正”的强势用法——表明坚决的主观态度。

4)介入中的“还是”

作为汉语中的一个高频副词，“还是”的定位一直是汉语学界争论不止的话题。有的将它划为时间副词，有的将它定义为评注性副词，有的将它定位为语气副词。不管学者如何对它界定，“还是”的语义项大致归纳为以下四种：①表示现象继续存在或动作继续进行，仍旧；②表示对某种事物，没想到如此，而居然如此；③表示希望，含有“这么办比较好”的意思；④用在问句里，表示选择。因此副词“还是”具有“非断然”的情态功能(邵洪亮，2013)，它投射了说话人对客观世界在认识上的，激活了时间序列、反差序列和预期序列，在语义上具有曲折性、排他性和终极性。从表 5-3 中，“还是”在仲裁员使用让步的多声资源中，使用频数位居第四。仲裁员在调解过程中，通过这个副词的第二和第三项意义来表达丰富的情态意义和主观态度。

例 5-38 仲：这个你们真正**还是**[1]进行沟通，好吧？

例 5-39 仲：相互之间**还是**[1]留个电话号码。

例 5-40 仲：虽然你是一般委托，哎，但就说你，但是你**还是**[1]要尊重当事人的意见。诶，就争取，（停顿）就说像这种官司哎，就说最好是啥子诶？以事实这个样子，看怎么把这个事情解决了，以调解合理解决。

在上面三个例子中，仲裁员在祈使句中表达了对被调解方的建议或者命令，让他们进行沟通，相互之间留个电话号码，要尊重当事人的意见。从权势的关系上，仲裁员使用祈使句已经显示了自己的地位。在没有副词“还是[1]”的情况下，这三个祈使句显得仲裁员语气非常强硬，命令或者建议强制性很高。所以，为了使他的语气更加缓和，更易于对方接受，他在动词前面加入副词“还是”，表达了仲裁员主观上的“非断然”选择，在人际意义上起到了一种让步和劝说的作用。这样会让被调解方放弃原来的打算，并提出自己经过比较思量后的主观建议。

例 5-41 仲：实际上你说这个金额说大也大是吧，7000 块钱，说小也不是很……嗯，也**还是**[2]算比较小。

例 5-42 仲：你先离哈场，我和被申请人代理人交流一下。这个房屋买卖**还是**[2]有双方熟人关系在穿针引线，是吧？

仲裁员把“还是[2]”用于客观叙述调解案中涉及标的金额大小，主要表示被调解方和他都带着一种心理预期，经历一番说理后，呈现出了与预期相反的客观结果。而在例 5-42 中，仲裁员对于该房屋买卖是在熟人之间进行这一事实，表现出与自己预期相反的惊讶或感叹，加强了语气，渲染了气氛。

例 5-43 仲：（音调升高）可以，也可以。这个相对**还是**[3]可以的撒，调解的话。

例 5-44 仲：我觉得**还是**[3]有空间。申请人提一个你们调解的想法吧。

当仲裁员提出自己的主观判断时，副词“还是[3]”的运用，起到了舒缓语气的作用，这对缓和语势、化解矛盾具有积极的作用。如此，被调解方更容易接受仲裁员的主观判断，即“调解是可以接受的”“双方有足够的调解空间”。

2. 多声介入

王振华(2003)从言语互动的角度，将 Martin 的介入系统中投射的声音来源细化为“三声”系统。第一声指在特定语境中，说话人直接分享自己的思想或观点。第二声指说话人假借第二人称或第三人称的思想或观点来表明自己的立场。第三声指说话人假借所在社团共享的思想、观点或道德标准，摆明自己的态度。三个子系统反映了人们在话语互动中的选择资源。当运用第一声介入时，说话人投射的是自己对人、物、事直接真实的评价。而第二、第三声是服务于说话人证实自己对人、物、事的真实客观的态度。多声介入反映了说话人在情感上所受的不同程度的冲击，对态度的调节频率不同。三个子系统的关系既各自独立又相互包容。说话者可以在一句话里单独使用第一声，也可同时使用其他声源。

为了考察仲裁员在调解中，如何借助多声介入资源表达自己的态度和观点，我们根据声音来源对语料进行赋码标注，并根据它们各自出现的语步进行统计，得到仲裁员调解话语中的多声资源动态分布表和柱形图(表 5-4，图 5-6)。

表 5-4　仲裁员调解话语中多声资源的动态分布特征

声源	语步 1、5		语步 2、4		语步 3		合计		表达种类
	出现频数	标准频率	出现频数	标准频率	出现频数	标准频率	出现频数	标准频率	
一声	5	2.1	101	3.9	328	7.4	434	13.4	35
二声	2	0.8	56	2.2	170	3.8	228	6.8	22
三声	0	0.0	22	0.9	109	2.4	131	3.3	43
合计	7	2.9	179	7.0	607	13.6	793	23.5	90

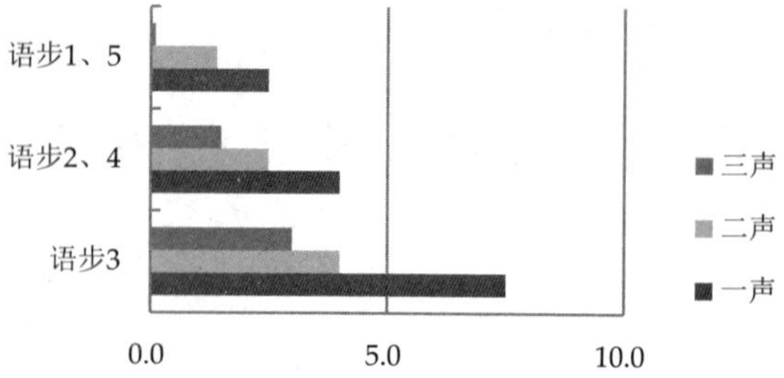

(a)

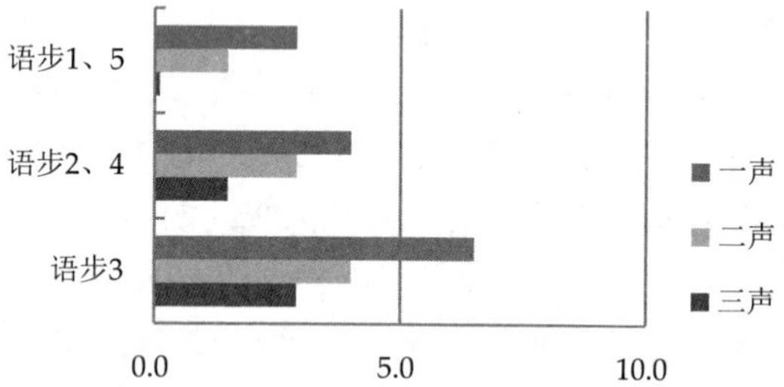

(b)

图 5-6　仲裁员调解话语中多声资源的动态分布图

从表 5-4 和图 5-6 中，我们可以看出仲裁员在调解不同阶段采用的介入手段具有显著共性和差异，具体归纳为以下三方面。

(1)从“三声”的总体标准频数上看，三种声音呈现共性：背靠背调解阶段(语步 3)是使用频数最多的阶段；其次是双方调解(语步 2、4)，调解开始和结束阶段，仲裁员使用相对较少。而从使用声音手段类型来看，背靠背阶段是仲裁员使用多声系统最多的阶段，使用次数高达 607，标准频数 13.6，几乎是语步 2 和语步 4 的两倍，语步 1 和语步 5 的四倍。这说明单独调解是调解中最重要的阶段，双方单独沟通，仲裁员在这阶段主要目的是为了说服。

(2)从各阶段的分布特征看，三个阶段也具有显著共性：每个阶段中，一声手段是使用最多的手段，其次是二声手段，最后是三声手段。

(3)就三种声音资源的表现手段来看，位居榜首的不是使用次数最多的一声资源，而是使用频数最少的三声资源，共 43 种表达方式；其次是一声，有 35 种；表达方式相对较少的是二声资源，有 22 种。我们把三种声音下使用最多的十种方式排列如下（表 5-5）。

表 5-5　仲裁员调解话语中的多声资源

一声		二声		三声	
表达方式	出现次数	表达方式	出现次数	表达方式	出现次数
我觉得	151	你（们）说	34	应该说	34
我想	45	他（们）说	32	实质上	32
我（们）说	43	现在就你看	26	等于说	26
我给你说	30	一个说，一个说	22	从法律上（讲/说/来裁判说）	22
希望	29	你承认	22	事实上	22
我看	23	你的意思是	18	说穿了	18
我估计	14	他们认为	8	严格讲/而言、最严格地说	8
我认为	10	用你们的话说	8	说白了	8
我给你讲	10	从他的角度来说	6	客观地说	6
我个人的	5	根据你的推测	6	按理说	6

在背靠背调解中，仲裁员向听话者传递信息的方式，直接关系到调解能否取得成功。而东方人更愿意在背靠背调解程序中表达自己的观点（王钢，2010：45），因此，在这阶段中，当仲裁员转述某方当事人的信息或表达自己的主观态度时，必须恰当使用各种介入资源，以保证自己独立的第三方身份，否则有可能被误认为偏袒某一方，从而导致调解失败。于是，仲裁员借助各种声音资源，显性或隐性地表达自己观点和态度。

例 5-45 仲：但是从这个，对这个仲裁案本身，我觉得你这个，最好，为什么呢？比如说你最后裁决下来了，就说，当然我不是，现在我们不代表仲裁庭的意见，就说，有可能会裁决你败诉。败诉之后你就会有这种记录。比如以后到法院审理，那时候你就会有案底。**我觉得，建议**你没必要，因为**我觉得**小苏，你还是，是吧？不是这种不讲信用的人。但是你没必要因为自己的一些，法律上的问题，去吃这个亏。

在调解阶段，仲裁员更倾向于使用内部的声音，来直接表达自己的主观性态度，承担对命题的责任，以此缩小与被调解方的对话空间，达到说服的目的。同时，他也会使用介入资源中的否定或者反对来修正被调解方的不同意见。所以，在例 5-45 中，仲裁员首先通过“宣称”资源：从“觉得”到“建议”，来引起听话方的注意，并说明自己对有关命题的看法是完全主观的。同时，仲裁员在投射小句中用否定资源，如“你没必要”“不是这种不讲信用的人”来收缩对话空间，限制对方观点存在的可能性，更加凸显了自己的立场和态度。

例 5-46 仲：**你说**这个当时人口头承诺我，但是你这个不讲信用。你就投诉他，可以啊，比如有个体协会，中介机构，比如工商局，可以去投诉他，都可以的。比如说 315 协会、消委，**你可以去跟他说**这家不讲诚信，你可以曝光下，这也是一种途径啊。

例 5-47 仲：好，**你们当时说**的是他的真实性、合法性、关联性予以认可，但是，违约法是这样说的，但是**他说的是**追究违约责任，没说不追究定金。(伴有笑声)呵，你晓得龟儿违约责任和定金，在我们中国的话，违约责任和定金，这两个都是二选一哩。

当在背靠背调解时，仲裁员在说理的过程中，往往需要引用外部的声音来反驳被调解方的观点，同时也使自己成为一个不偏不倚的信息提供者。所以在例 5-46、例 5-47 中，仲裁员使用第二声资源“你说”“你可以去跟他说”“你们当时说”和“他说的是”，分别从两个被调解方各自的角度引入双方的观点或说法，这更有利于确立仲裁员的第三方身份，并对构建法律事实起到了积极作用。

例 5-48 仲：(停顿)**应该说**这个案子走到这个来，(音调降低)包括你们提交的证据、情况，仲裁庭也做了努力了，哈，差距也不大，嗯……(停顿)15 万，嘿嘿(笑声)。我觉得这个东西反正权利是在你们，就说你的这个，我指的是这个仲裁哈，就是程序，这个权利，你对……诶……整个这个过程的主张嘛，那么最后的这个……对自己的这个综合情况（停顿）我觉得总体要把握一下。**说穿了**你……基本的东西他也没有否定，是不是哇？（音调升高）哈，这个案子的基本情况，实际上就是15 万的一个差距，我觉得这个情况，因为这个案子，你们双方坚持这个局面，关于外域土石方的问题，（语速加快）你们也不主张鉴定，他们也不要去鉴定，他也不要求鉴定。

例 5-49 仲：还有一个问题，这个合同**严格地来说，从法律上来说**，它有很多问题，确实有很多问题。

在说理的过程中，仲裁员使用第三声介入资源来隐藏自己对命题的真实评价。第三声资源实际上是一种认可，仲裁员通过“应该说”“说穿了”（例 5-48），和“严格地来说”“从法律上来说”（例 5-49）等评注性小句来表明自己的观点得到了客观事实、证据和法律法规等的支持，不应该受到质疑和挑战，从而收缩了对话空间，同时减少了自己对命题的责任，与被调解方建立一致关系，结为盟友。

四、仲裁员调解话语中的级差

态度系统中，无论是情感、判断还是鉴赏，都可以呈现不同程度的肯定性或否定性，这种级差性是态度意义的一个重要特性。“级差”则是说话人或作者在话语强度或相关范畴的典型性方面赋予的语义价值，前者表现为语势，后者表现为聚焦。借此，说话人表明自己与他人可能的价值立场的紧密程度，由此确立自己在相关共同体中的位置（Martin & White，2005：92-95）。同时，介入系统中也普遍存在级差性，这是因为单声或多声子系统都可能涉及说话人介入有关话语的程度（Martin & Rose，2003：41；Martin & White，2005：135），或者说是对命题的投入程度。因此，评价系统中的级差子系统可以看作“对横跨整个评价理论的人际意义的润色”（胡壮麟等，2005：330）。级差系统下还有两个轴：

语势子系统和聚焦子系统。

语势是从经验角度上可进一步分级的范畴，具体表现为可从数量、形状、跨度、质量和过程五个维度可细化的形容词或副词。而聚焦是不可分级的范畴，意义说明级差系统中的典型性和确切性。根据其在级差系统中的运行方向，聚焦系统可以进一步分为锐化和柔化。向上运行的称作锐化，是对典型性特征的强调，在汉语中，往往表现为一些程度副词，如“非常”“真正”“的确”等，锐化性聚焦常常标示一种正面态度。向下运行的称作柔化，是对成员资格的边缘化，如“恐怕”“甚至”“充其量”等，柔化性聚焦则标示一种负面态度。

级差系统通过关注情感强度与范畴纯度等模糊语定位话语力度或者话语对事物范畴原型的聚焦程度，赋予经验意义以力度或者聚焦度，从而体现说话者与特定经验世界的一致程度，激活话语主体的态度评价，构建话语主体与不同话语声音之间的关系网络或者差距，形成“以部分限制修饰成分折射整体情感、态度和立场”的“转喻”表达(张滟，2008：37)。

当仲裁员用态度性词汇搭配不同的锐化或柔化聚焦手段时，其修辞效果则因锐化或柔化而不同。锐化性聚焦表明说话人对自己价值立场的最大投入(无论是正面的或负面的)，它可以用来拉近与听话人的距离。柔化性聚焦的修辞效果则需根据词语的正面或负面意义来确定。对负面词语的柔化性聚焦可以减弱说话人对命题的投入，以此来缓和与那些持有相反意见者的价值立场之间的对立，进而与其建立起一致关系。对正面的柔化性聚焦，其作用很难简单确定。但一般认为是该词语对说话者与听者之间的关系有潜在的破坏作用，所以才要进行柔化(Martin & White，2008：137-138)。

仲裁员在调解话语中，可以借助级差手段来调节他或者被调解方对命题和情感的投入程度。因此，我们在对整个语料级差意义进行标注时，不仅关注了语势中的五个类别，也区分了锐化和柔化聚焦。表 5-6 显示了仲裁员在调解中使用级差的分类特征。

表 5-6　仲裁员调解话语中的级差使用特征

级差	语势					聚焦	
	数量	体积	范围	质量	过程	锐化	柔化
频率	310	0	195	438	33	1045	232
			943			1277	
合计	2220						

(1) 表 5-6 表明，仲裁员在调解中使用的级差资源以聚焦为主，它的使用次数远远高于语势资源。

(2) 在语势子系统中，五个类别的使用次数极不平衡。表示质量变化的级差资源高达 438，其次为表数量的级差资源，而表体积变化的级差使用频数为 0。

(3) 在聚焦子系统里，表示锐化的聚焦资源是弱化资源的四倍多。

(一) 语势

从语势内部分布看，使用频率排前 16 的词汇分别如表 5-7 中所示。

表 5-7　仲裁员调解话语中的语势使用特征

类型	次数	类型	次数
些	172	太	31
很	153	有点	30
多	138	一哈	28
最	86	完全	14
一点	45	差不多	11
少	41	任何	9
比较	33	尽量	9
更	33	越	8

仲裁员使用的语势资源中，表示数量、范围和程度变化的“些”使用频数最高。在调解语料中，具有级差意义的模糊限制语“些”通常出现的固定搭配是“一些”“有些”或“形容词/动词+些”，这些表达通常出现在具有判断意义的句子内，而且还会和更多的级差资源或介入资源

兼用。如此表达能起到"使精确命题模糊化"，做出适度推测，达到直接缓和语气的人际功效。仲裁员使用的情境语境主要分为以下两类：

(1)向被调解方评判一些客观事实，如纠纷的客观情况(例 5-50)，在纠纷中双方的过失(例 5-51、例 5-52)和相关法律规定(例 5-53)时，具有"×些"的级差意义(下划线部分)能模糊仲裁员对客观事实的判断，降低他对命题责任的承担程度，同时也借用了其他级差资源(虚线部分)缓和了语气，缩小了与被调解方的距离。

例 5-50 仲：但是从刚才你们举示的证据，你刚才看到了，**有些**证据的情况，它……不属于很全，而且他那边还很……还有喃，而且就是包括你们提的那个生化工程那边，没有啥子突出的依据，因为它工程总程，总价，报酬那种一个一个合同的方式，这东西是没得啥子(伴有笑声)表达的依据的。

例 5-51 仲：当然我也知道你们**可能的一些**实质性情况，可能我们把钱拿切买了地票老，是吧？我已经拿出起，(语速加快)我没得钱来履行，那是另外一回事。

例 5-52 仲：那大家又不愿意，舍不得**多花些**钱(伴有笑声)。鉴定问题也花了**不少**嘛。

例 5-53 仲：我如果说按照国家那里把地拿过来，这个开发项目经过规划后同意了，才拿来开发的。前期整治，后期开发，全部交给你们来做。反正我们国家有很多这方面的**一些**限制性的规定。

(2)当仲裁员提出自己主观判断或期望的时候，使用"×些"结构能降低判断的主观程度，柔化话语的尖锐度，更易于对方接受。同时，从礼貌的原则看，也保全了听话人的面子。

例 5-54 仲：确实，要我说呢，确实约定这个合同签订之时要付这个 5 万块钱，但是你这个 5 万块钱是要承担**一些**义务的。

例 5-55 仲：就算，就算你**那些**主张，**多少**都还有**一些**影响，包括你刚说的，对方说的，关于你提供资料，提供结算的资料。(音调上升)还不说以后的执行……还不说刚说的计算的标准。嘟个拿下去(停顿)从判决到最后执行，你们可能做的是，一个和解姿态上，迅速地了结一个案子，我想这个东西你们还是要做一个取舍。

例 5-56 仲：那你这个有啥调解喃？调解是让步的过程，双方在合情合理，互谅互让的基础上互相**有些**让步。

我看这个仲裁鉴定科在裁定滴时候就说了哈这个案子里事情。那这调解的效果肯定要**好一些**。

例 5-57 仲：这个通知的义务可以尽到，但是尽到的话，我就觉得我们是**有些**问题在里面的。你看是不是？

程度副词“很”作为一个具有质量级差意义的资源，与(情态)动词、形容词、副词和情态共现，能达到强化仲裁员对命题的判断程度，加强语气的功效。

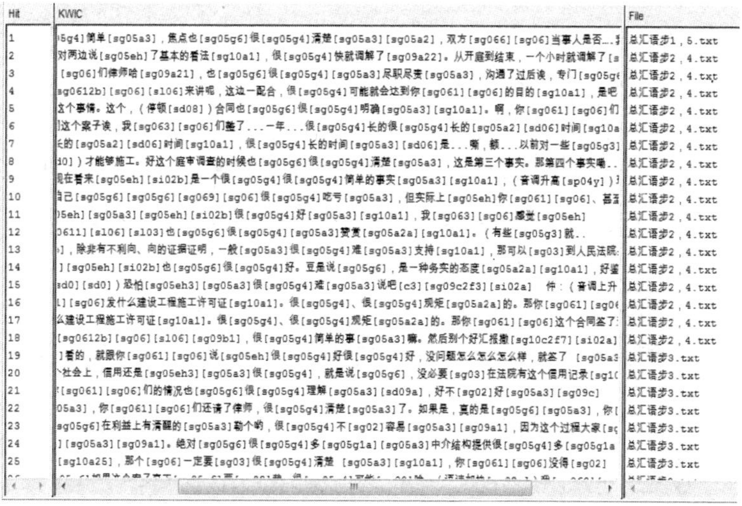

图 5-7　级差资源“很”的搭配索引

我们用软件 ANTCONC 提取了级差资源“很”出现的语境(图 5-7)，可以看出仲裁员在调解时，为了达到调解目的，使用了肯定、褒奖、批评、反驳等说服手段。“很”作为一个锐化级差资源，结合判断资源，更能加强仲裁员对命题的主观程度或感情的投入度，成为他调节与听话方之间距离的一个有力工具。

如前所述，介入中的单声陈述句也是仲裁员表达主观评价的一种主要手段。因此，在这些单声的断言中，仲裁员在对客观事实(例 5-58)或社会现象(例 5-59)进行评价，或对未发生的动作进行预测(例 5-60)、评价(例 5-61)时，在可分级进行判断的形容词前加上级差资源“很”，如“很多”“很大”，它就变成了一种锐化手段，增加了他对命题判断的主观程度，加强了语气。

例 5-58 仲：比如它们这种中介结构，他们人员流动**很大**的，他们工作人员经常变动的，比如像做保险一样。

例 5-59 仲：中介机构呢，这是个社会现象，为了中介扯皮是**很多**的。那么你提交到仲裁庭来，那么我刚刚听说的，肯定他们有些地方让你不满意，才会你不给它付这笔尾款。

例 5-60 仲：好，那么你这个要是楞个说，你现在签的字你不认那个，就……就**很麻烦**。

例 5-61 仲：(打断)你们可能，这句话，好好地理解吧。可能这个东西就不斗气了，因为官司都有气，处理啥事情都有气。但是真正在利益上有清醒的，这个哟，**很不容易**，因为这个过程大家都积累得很多。啷个说也？都已经生气了，但是要回到理性上面来。

在以下例 5-61、例 5-62 中，“很”在这两个关系过程的小句中，变成了一种柔化资源，它拉远了仲裁员和听话人的距离。当仲裁员表达“你写得很清楚”“我们听得很清楚”，其言下之意就是涉及纠纷的法律事实，已经明摆着，不需要继续纠缠。同时作为权势高的一方，仲裁员也减轻了自己对命题所承担的责任，保持了与被调解方的距离。

例 5-61 仲：没问题啊，你写的这个**很清楚**，你说的是这个交易费用，你没有说这个是中介费用的嘛。

例 5-62 仲：(打断)你现在到底说……(语速加快)好，你表个态，表个态，不说了。我们都听得**很清楚**，我对你们的情况也很理解，好不好？

而“很”在介入资源的投射小句中，可以增加仲裁员显性地表达主观态度的程度，起到了锐化的作用。如例 5-63 中，仲裁员用“我个人认为这个很重要”来表达自己的个人看法，从第三方的角度起到了说理的功能。而例 5-64 中，“很”加强了仲裁员的情感资源，让听话方获得了一种被认同感，这对拉近距离是有利的。

例 5-63 仲：如果说判你输了，你不执行就到法院去，你说法院告出来，这报上说实话，我觉得，这是你个人的一个信用记录，我个人认为这个**很重要**，比钱都重要。(停顿 3 秒)

例 5-64 仲：你看他跑这个，跑这么远。是专门跑这么远。一上来我觉得这个，你们这个书记，我觉得让人**很感动**，一开始就感谢，嘿嘿(笑声)。

(二)聚焦

聚焦是建立在典型性基础上的分级体系(岳颖，2012)，聚焦意义说明级差系统中的典型性和确切性。从传递信息的新旧程度看，聚焦就是语句中传递新信息所在。从经验的角度来看，以典型性为依据的级差所适用的范畴是不可分级的，这些范畴都是非此即彼、泾渭分明的。聚焦是将本质上不能分级的范畴进行分级，包括对经验范畴的锐化和柔化。在话语实践中，我们通常借助一些词汇手段，模糊处理范畴之间的界限，改变某个经验范畴的典型性，这就是聚焦子系统中体现的“模糊”思想。通过聚焦系统的模糊语义，经验范畴的典型性得到“锐化”或“柔化”，锐化资源可以缩小对话空间，并增强说话人对命题的投入，而柔化资源可以扩展对话空间，容纳更多不同的声音。因此，聚焦子系统可以赋予话语不同的态度意义，从而实现“礼貌”“含糊”和“弱化”等人际意义。

我们从锐化和柔化两个维度，对仲裁员调解话语中的聚焦子系统进行统计分析，表 5-8 显示，仲裁员更倾向于使用锐化的聚焦资源来缩小对话空间，并增加对命题的投入度。但就同一个词而言，它也在不同的语境中起到锐化或柔化的作用。我们对语料中的聚焦类别进行频率对比，得到使用频数前16名的聚焦资源。表5-8显示，仲裁员使用的聚焦意义资源覆盖了汉语副词系统的几个层面。

表5-8 仲裁员调解话语中聚焦资源使用特征

类型	次数	类型	次数
也	413	特别	24
再	112	其实	23
那么(连词 和副词)	65	本来	20
比如(说/像)	59	甚至	16
自己	42	至少	16
确实	40	至少	16
像	32	最好	15
专门	26	总	9

下面我们将重点讨论两个词的人际意义。

1. 聚焦中的“也”

“也”是汉语中出现频率很高的，表逻辑推理的副词，具有强烈的主观性(图5-8)。

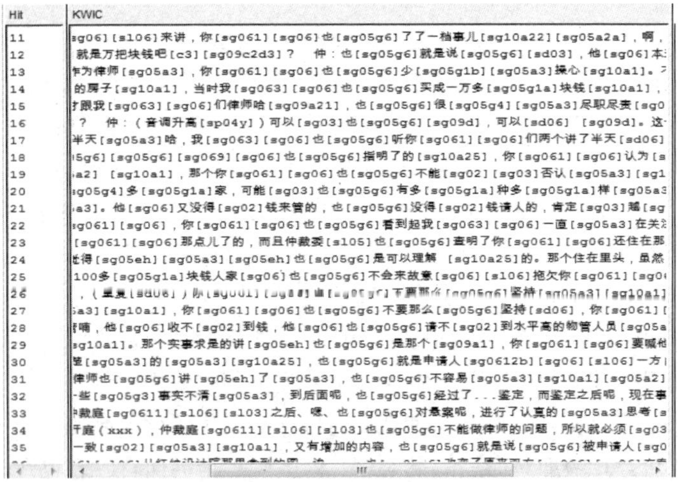

图5-8 聚焦词“也”索引行

"也"和"再"都是具有重复语义的拷贝副词。仲裁员在调解话语中使用这两个高频副词达到凸显、重复或辩驳的人际意义。但它们的人际功效根据语境可分为三种情况。

（1）"也[1]"的作用不是补充命题，而是要强调一个与受话人想法或行为具有同样适当性的命题，具有锐化功能。所以在这些句子中，"也"可以看成"焦点算子"（史金生，2005），具有明显的重复和并存的意义。它既表明了仲裁员着意强调该命题，也说明他想表述的重心紧随其后，并在下面的事实中得到进一步证实。

例 5-65 仲：看来也[1]比较简单，焦点也[1]很清楚，双方当事人是否……？我们的辨证阶段就到此结束，那么（停顿）现在是被申请人代请求仲裁庭主持调解，申请人是否同意？

例 5-66 仲：好，主动的，我们当然也要问一下，你们也要主动联络一下，好不好？因为确实是走这个调解（停顿）损失是双方都最小，

例 5-67 仲：反正你们过去也[1]是认识，也[1]是朋友哈。

（2）仲裁员使用"也[2]"来引导溯因推理与逆果推理小句，并且加强整个语境中的命题。同时也有明显的重复和并存的意义，并起到锐化的功能。

例 5-68 仲：这个大概的情况走到这个程度哈，刚才你的，你们这些情况也（停顿）就这个样子了。上次我们也[2]组织过一个调解，下来后来喃，（停顿）你们……这个也给你了时间，给了时间哈（重复），现在你们看一看还是否愿意进行调解？

例 5-69 仲：实际上你说这个金额说大也[2]大是吧，7000 块钱，说小也[2]不是很……嗯，也[2]还是算比较小，还算……大家能不能够互相能做点让步。

例 5-70 仲：他又没得钱来管的，也[2]没得钱请人的，肯定越管越撇。

例 5-71 仲：你们最好的结果是调解。你作为代理人，作为律师，你也[2]少操心。

例 5-72 仲：我们的律师哈，<u>**也**</u>[2]很尽职尽责，沟通了过后诶，专门打电话给那边沟通，现提出这么一个方案。

(3)“也[3]”出现在否定句中，具有强烈的辩驳语气。在聚焦的功能上，这种语境下的“也”起到了柔化的功能，减少了仲裁员对命题的投入，并拉远了与被调解方的距离。

例 5-73 仲：(打断)诶诶，你要考虑别个刚出来工作<u>**也**</u>[3]不容易啊。

例 5-74 仲：你看你自己提出来的<u>**也**</u>[3]不过只有合同当中约定的多项义务当中的一条，是不是？你自己**也**指明了的，你认为他就是违反了那个第三条嘛。他还履行了其他的物管的，物管的义务，那个你<u>**也**</u>[3]不能否认。还有一个我看你们那个小区拖欠那个物管费**也**[3]不是你们一家，是很多家，可能也有多种多样的原因。

2. 聚焦中的“那么”

在汉语中，“那么”是一个多义词，它既可以作语势意义的指代程度副词，也可以作具有聚焦意义的致使副词。这里我们讨论的是后者。周红(2006：80)认为，“那么”作为一个驱动图式，反映的是致使事件与被使事件之间的关系，是致使者通过致使力作用于被使者，导致被使者发出动作或产生变化。因此，仲裁员在调解说理的过程中，频繁使用致使聚焦词“那么”，以帮助听话方分析纠纷产生的原因、结果，同时也明确传递了仲裁员的主观态度，增加了他对命题的投入程度，具有锐化的功能。

例 5-75 仲：好，那么你的意见还比较清楚了，一个呢就是说要在三年以内，也就是说还有一年半，是不是？然后就希望对方承诺工期再不开工，再不确定，这个价格就要提高一点，申请人曾有这个想法。好，<u>**那么**</u>被申请人当然是拒绝的。

例 5-76 仲：中介机构呢，这是个社会现象，为了中介扯皮是很多的。<u>**那么**</u>你提交到仲裁庭来，那么我刚刚听说的，肯定他们有些地方让你不满意，你才会不给它付这笔尾款。

例 5-77 仲：就说还达不到你说的这种目的，如果能再写得严谨点或者完整点，**那么**这个就很清楚了。

为了厘清纠纷产生的前因后果，仲裁员使用“那么”这个因果范畴的副词，来推导出自己的主观判断，具有柔化聚焦的作用。所以在例 5-75 中，仲裁员从双方履约效果来进行推断，一方想提高价格，一方表示拒绝，双方都有各自的利益出发点，所以才导致纠纷。例 5-76 中，仲裁员结合社会现象和本案事实，从客观和主观两方面来推导出产生纠纷的结果。而在例 5-77 中，仲裁员是对未发生事情的主观推测，委婉地向被调解方分析他自己应该承担的责任，既缓和了语气，也拉近了距离，起到了锐化的功效。

同时，“那么”后面也可紧跟介入资源，显性地表明仲裁员的主观态度，加强了他对命题的主观态度。例 5-78 中，仲裁员使用了介入资源中的让步和情态隐喻 “从客观的公平合理来讲的话”，强调了被调解方在证明对方不作为方面的欠缺，对方也有履约的客观事实，这种不可辩驳的因果关系也是仲裁员的主观态度。在例 5-79 中，“那么”引导的介入资源“我就建议”已经明确表达了仲裁员的主观立场，即双方都做相应让步，被调解方应该降低调解主张。

例 5-78 仲：所以这件事里头，(音调升高) 即使说你的证据能够证明到他违反了某一部分的履行义务的话，**那么**从客观的公平合理来讲的话，他那边，过错哈，(重复) 双方均有，双方均有，而且他们也是履行了一定的那个义务的。

例 5-79 仲：你们有这个想法，你要调解的话，**那么**我就建议，就说，考虑一半。

第四节　仲裁员调解话语中超越小句的评价意义

以上我们基于 Martin 和 White (2008) 的评价系统，从词汇层面考察了仲裁员在调解话语中的评价意义，但从超越小句的语篇层面来看，也充分体现了仲裁员的评价。我们将从话语标记和幽默两方面来探讨仲裁员调解话语在语篇层面上体现的评价功能。

一、话语标记

顾名思义，话语标记是话语层次上的标记(Schiffrin，2007：1)。Halliday(2001)将之称为语言操作的单位或语言使用的单位。话语标记在语调、句法和语义上独立于周围的话语，不会增加命题信息，但可以向受话人表明该如何在语境中理解之前或者之后的语句，也可以向听话人表明说话人对信息内容和听话人的态度，具有显示前后语境和互动的功能。所以，总的来说，话语标记对语句意义影响不大，而是在超句段上起作用，是灵活表现话语结构的语义单位，属于语篇范畴的概念。

话语分析家们从不同的范畴来界定话语标记。从形式上看，有词语形式标示的，有标点符号标示的，还有印刷形式标示的话语标记。本书涉及的语料是口语转写的，所以只讨论词语形式的话语标记。而从功能和语法意义上区分，话语标记也有很多种分法。Hyland(1998；2004)对学术语篇进行了系统研究，从信息交互和人际互动的角度，区分了英语的话语标记，Fraser(2005)将话语标记称为话语小品词，并按照功能将话语小品词分成三类：连接小品词、指向小品词和停顿小品词。Schiffrin(2007)将话语标记分为六类：信息处理标记、应答标记、原因、结果标记、信息与参与和时间副词。

文献显示对汉语中的话语标记进行系统的研究为数不多。刘丽艳(2005)选择了口语交际中的话语标记，如“这个”“那个”“不是”，进行深入讨论。于海飞(2006)将研究视点集中在话轮转换中话语标记。李秀明(2011)根据Halliday的元功能思想，将汉语中话语标记分为两大类：语篇功能和人际意义的话语标记，下面各有九个次分类，如话题结构标记、衔接连贯、含糊表达、明确表达、评价态度等。由于篇幅有限，我们将基于系统功能语言学的人际意义思想和李秀明对汉语话语标记的分类，选取在仲裁员调解话语中出现频率较高的几类标记语，重点分析它们的评价和态度意义。

(1)“就是说”作为交际主体标记语，是语料中出现频率最高的话语标记，共出现49次。它的语篇组织功能是将一个不在当前状态的话题激活或将背景信息激活，包括确立话题、自我修正、标记迟疑和明示（史金生和胡晓萍，2013）。在语料中，“就是说”主要是体现了仲裁员激活背景知识，明示和自我修正的言说方式。

例 5-80 仲：（打断）我知道，这个中介费肯定是这样的，**就是说**[1]，中介机构一般都会想办法帮你加一些交易费用或者给你弄最低嘛。

例 5-81 仲：这在两天内都可以要求啊，是这样的，法律上给了保障的权利，**就是说**[1]两年之内，他随时可以要求他，**就是说**，应该得到的钱。就这个意思。

“就是说”最重要的语篇信息功能就是将背景知识前景化。从信息交换的角度看，例 5-80 和例 5-81 中“就是说[1]”后面的信息对听话人来说，并不是完全未知的信息，是介于新信息和旧信息中间的过渡状态，是仲裁员通过“就是说”将这种半活动的信息推到前面来，通过专业背景知识来进行普及法律知识、进行说理的功能。

例 5-82 仲：你看嘛，你自己写的。签字或盖章就生效。你并没有说，你可以另外写一条“如果说没有达到这个就不生效”。那可能就没问题。**就是说**[2]，我是说，你的东西呀。是，你当初，你肯定跟他们口头上这样谈的，但你合同条款并不是这样写的。所以说，作为我们，那我们作为裁判就只能根据这个合同的。

例 5-83 仲：那个当时没有这个约定，**就是说**[2]，没有这样说，我不给你钱，你就不办事。你也没这种，我给你办了，就是说，我最后再找你要钱，也是可以的。

例 5-84 仲：这个都是按这个约定，而不是口头上说的。所以我们为什么调解？**就是说**[2]，这个案子当中，从目前的证据来看的话，对你确实，就说裁决下来，有可能你，**就说**[2]，我想这样的后果啊，对你说实话，倒不是钱的问题，但是我建议，为什么要调解呢，你也不要为了一口气，因为到这个地方来的话，这个气你可以通过其他途径去出，但是从这个，对这个仲裁案本身，我觉得你这个调解最好。

仲裁员在传递和交换信息时有意识地使用话语标记语“就(是)说[2]”，限制和制约了被调解方的语境假设，其目的不在于要改变前面命题的内容，而是要促进话语理解的过程，减少误会，同时也可以减少听话人理解话语时所付出的努力，保证调解的正常进行。

例 5-85 仲：你们有这个想法，你要调解的话，那么我就建议，就说，考虑一半。**就是说**[3]如果说他接受，因为我还得听下他的意见，是不是？

例 5-86 仲：(打断)**就是说**[3]，这个写的 35 万之内，如果发生 20 万就给 20 万。

自我修正是“就是说[3]”的另一种语篇组织功能，在上面两个例子中，仲裁员在调解中不断地监控自己的言语行为，即时检查其言语是否准确传达了要表达的意思，如果发现自己的言语表达不够恰当或者出了差错，就及时使用“就是说[3]”来自我修正，这是一种追求良好表达效果的积极的言语行为(史金生和胡晓萍，2013)。

在语料中，仲裁员还使用了其他类型的交际主体标记语，如“我是说”“你知道”来召唤听话人，表达信息状况的标记语“说老实话”“不瞒你说”“你知道(哈/吧)”和“我知道”等。

⑵后话语标记语“这样(吧)”。根据话语标记语和前后话语之间的关系，它可分为指前话语标记语和后话语标记语。前者表示该话语与前面语篇之间所存在的某种关系；后者表示后续关系(Lenk，1998)。在语料中，“这样吧”也是一个高频话语标记语。在对语料的检索中，我们发现在语步 1、5 和语步 2、4 中，仲裁员使用这个话语标记语最多。“这样吧”前面的话语成分是提出这一建议的背景或语境，而它作为后话语标记语，具有阐发性功能(卢英顺，2012)，仲裁员通过它来明示他对被调解方提的建议，从语篇结构上看，它具有修辞功能，并在语篇中起到承上启下的作用，具有衔接的功能。

例 5-87 仲：**这样吧**，双方有意向开始谈没得？你们下来双方调解没得？

例 5-88 仲：**这样吧**，调解的话，咱们是不是可以分开做一下工作？现在我们先休息一下嘛，休息十五分钟，我们调解下。

例 5-89 仲：（打断）**那这样吧**，我们这样写，双方确认，被申请人尚欠申代理费，律师代理费 40 万元。申请人承诺被申请人给付 34 万。

从以上几个例子可以看出，仲裁员选择“这样吧”从修辞动因来看，是想引起被调解双方的注意，让双方领会“这样吧”在上下话语中逻辑上的联系，并引出后面的建议内容，而仲裁员更倾向于使用问句（例 5-87、例 5-88），委婉提出自己的建议，在情感上更易于被听话方接受。当用陈述句时，仲裁员提出的建议一般是自己去实施的行为，如例 5-89 中“我们这样写”，实际上也明确表明了仲裁员的主观态度。

(3) 话题选择标记语“如果说”“（你）比如说”。话题选择标记语是话题结构标记语中的一类，它标示着说话人从诸多话题中，选择其中一个或若干个凸显的对象作为话题的焦点。这种标记语在句内可被看作聚焦资源，在句际间则被视为话题选择标记语。在语料中，“比如说”出现了 39 次，“如果说”出现了 33 次，都是使用频率较高的标记语。

“如果说”是一种“隐喻推理”（李晋霞，2005），被仲裁员放在推理语境中。它引导表示断言的假设句，后面也可以跟断言或断言之外的言语行为，如提问、命令、请求、建议、许诺、提醒等。前后小句之间具有“假设—结果”的推理关系，隐性地表达了自己的立场和态度。在例 5-90 中，仲裁员在“如果说”的假设分句中，用代入式的第一人称“我”来作为推理假设，从前面的假设到最后的断言，实际上是表明了仲裁员的个人观点，其目的是使被调解方认识到自己的房产已经增值，损失降低，所以另外一方的要求并不是很高。而例 5-91 中，仲裁员这种隐喻式的推理，从听话方不接受调解会带来后果的角度，给她分析她的信用记录会受到影响的后果，从而达到了劝说的功效。所以“如果说”这个标记语，在调解话语中既起到了选择和聚焦话题，同时也达到了推理说服的目的。

例 5-90 仲：只主张其中一部分嘛。好嘛，我有一定的过错嘛，我主张一部分利息损失，还不算损失。而是你，可能房产增值了。**如果说，如果说**我来做证哎，我就把南川的地价做一个评估，所以这个他不高，

例 5-91 仲：你不调解我只有写裁决书。那裁决书就要经过仲裁庭来审，仲裁庭认为这个是吧，你该给，你仲裁庭到时候这个仲裁委他认为，结果下来你是仲裁委的一个意见了，**如果说**判你输了，你不执行，就到法院去。你说法院告出来，这报上说实话，我觉得，这是你个人的一个信用记录，我个人认为这个很重要，比钱都重要。

"（你）比如说"是口语中常用的多功能话语标记语，它兼具举例标记、话题选择标记和假设标记的功能。在下面例 5-92 中，"你比如说"引导的是仲裁员举例和假设，传递了对听话方行为的消极判断和对另一方当事人的肯定判断，正反两面的举例假设起到了明显的语篇功能和交际互动功能。而例 5-93 中，仲裁员使用这个标记语，对双方接受调解带来的诸多好处进行举例说明，在推动听话方接受调解方案上具有积极作用。同时，这个标记语中的第二人称"你"不但提请听话人对后续话语给予关注，实现交际互动，同时也减轻了仲裁员对命题所承担的责任。

例 5-92 仲：**你比如说**授权书，别个只要他认。别个认了，你、你现在又找不到其他证据说没得那些东西。别个，你、别个没有否认呀，证明没说，哦，这个女婿不是，没得我同意，没经我同意，现在没得了这个证据得啊。所以说你是说这个合同无效诶，还是有点勉强。

例 5-93 仲：**你比如说**对你申请人来讲，你要尽早过户，啊，尽早过户。（重复）对申请人来讲。对被申请人来讲，你也了了一档事儿，啊，了了一桩事（重复）。现在双方哈，既然都同意由仲裁庭调解，我就需要双方有一个的姿态。

二、幽默

幽默是一种能够激发起人类某种情感和智慧的特殊修辞手法，它最富于感情(林语堂，2002)。尽管仲裁庭审话语是一种严肃和正式的机构话语，但仲裁员也会通过多种语言手段，来营造幽默的效果，缓解气氛，并传达他积极或消极的情感态度。所以，仲裁员调解话语中出现的少量幽默应被视作一种语域偏离。

其实任何话语本身并不幽默，只有当语言与具体的语境结合起来，与幽默所传达的不和谐中的和谐结合起来，我们才可以真正理解幽默(王金玲和闫铁煜，2005)。我们在日常交流中的幽默话语其实是语言的游戏，一种"非真诚的交流"，其目的是为给听话者创造一种特殊的幽默效果。话语实践总是以协调会话者的关系为导向的，所以除了表面上的娱乐功能以外，话语中的幽默都潜藏有一定的人际意义和交际目的。

幽默话语传达的含义可分为显性含义和隐性含义。前者就是我们常说的字面意义，它是通过具有特点意义的词和相应的语法手段来表达的。显性含义是表层的，而真正起决定性作用的是幽默话语背后的真正意图，即逗乐、讽刺，并传递隐性主观意义，引发具有讽刺性、联想性等各方面的情感评价。所以在评价系统中，幽默可被看作一种隐性的、"引发性情感资源"。

仲裁员在整个调解互动中使用的幽默手段并不多，但在有些情境下，仲裁员使用这类偏离语域的话语来润滑人际关系，起到化解矛盾、说服劝诫、缩小距离的作用。在调解中，仲裁员的幽默话语通过以下两种特定的语言形式来实现。

(1)概念隐喻的反常规使用达到的幽默效果。南佐民(2000)指出幽默的产生与人们言语活动中的概念化思维有关，幽默语言是在概念范畴之间产生的一种语义超常规过渡。在社会符号学中，语言符号指代我们所认识的客观现实，它们之间的关系有一定的稳定性，而且这种稳定关系进一步明确了言语意义。在与被调解方的互动中，仲裁员挖掘特定的语境要素，故意打破了语言符号和客体之间的稳定性，让调解话语中的一些语言符号在指代一种常规客体的同时，也指代另一种反常规的客体，把毫不相关的两种语义范畴关联起来，这就是概念隐喻达到的幽默效果。

例 5-94 仲：（打断）你现在到底说……（语速加快）好，你表个态，表个态，不说了。我们都听得很清楚，我对你们的情况也很理解，好不好？因为我们都是……都买过房子，都遇到过这些情况，但是这个确实是你……你自己，当时这么多人，你要签字。诶，签了字就是说，就说这个是，就说**别个说得难听的话，就是这坨屎你吃都吃了，再大的这个亏都吃了**。好，你们现在就说啥诶，你幸好来……你这又不违法，别个哪在违法嘛，又不违法。你说骗，你骗他的证据在哪去了诶。你白纸黑字的，你又不是认不到字。

例 5-95 仲：（打断）好！所以，**你们那个当事人可能想诶**，（语速加快）**龟儿**这个好过分哦，**妈哟！**哈先拿个图给我看，妈这个图没得问题，接着**龟儿偷梁换柱**，重新拿个图，**老子**晕咚晕矬的豆恁个签了字盖了章（伴有笑声），**把我套个呼啦圈**，好！头就很不舒服，斗觉得自己在这个诉讼中，不仅不拿钱，可能，啊！（伴有笑声）还**扬眉吐气地帮他修理**，就是原来当时可能有这个想法，但是现在通过诉讼的进程，再加上啊这个，（音调上升）法律真实和事实真实是两码事。

例 5-96 仲：好，然后你对他这个证据的真实性、合法性，最要命的是这个关联性，都是予以认可。所以这个东西，还是有点儿……（停顿）有点儿麻烦。说至少，这是，这是我们**事后诸葛亮哈，马后炮**，现在是，就是作为……交流。如果我在庭上我肯定当时不说这句话，我说这句话别个都不认。

在例 5-94 中，仲裁员用了一个比较粗俗的概念隐喻“这坨屎你吃都吃了”，来指代一个不可辩驳的事实：不管听话方是否承认合同签订的合法性，但作为有行为能力的被调解方既然已经签字，就必须接受合同真实有效的法律事实。幽默的方式增强了仲裁员话语的语势，产生了更强烈的效果。例 5-95 中，在单独调解时，仲裁员用假设的命题，分析纠纷发生的前因后果。其中他使用了“偷梁换柱”和“套呼啦圈”这两个概念隐喻，指代另一方有意隐瞒事实，让听话方陷于被动的局面。在仲裁员拉近与听话方距离的同时，也以间接的、隐蔽的方式表达自己的思想，试图给被调解方以思考、回味的机会，使其领会他的真正意图，除了指出不在庭的当事人过错以外，也暗示了听话方的过错，并应承担的责任。在语料的其他调解案例中，仲裁员也使用了诸如“遭忽悠”“整旷了”“整得顺风顺水”这样的概念隐喻来传递自己的情感，并达到幽默的效果

(2)用第三声和称谓语来转变角色，并在投射小句中用恶意语言符号达到幽默的效果。许多具有讽刺意义的幽默来自于语言符号施用对象范畴中的角色替换(南佐民，2000)。在调解中，仲裁员一反常态，使用外部声源的投射或其他称谓语，适时调整双方在言语交流中的位置，并使用一些不恭之词来讽刺一方，使语义效果发生本质变化，恶意语言符号的行为人成为其讽刺承受人。

在例 5-94、例 5-95 中，仲裁员用“别人说得难听的话”“你们那个当事人可能想”来引出外部声源，这种方式可以减轻仲裁员对命题假设的责任，确立自己的独立身份。在例 5-95 的投射小句中，他不但使用了角色代入的方式，而且打破常规的机构身份和权威专家身份，使用了一些恶意语言符号，如“妈哟”“龟儿”等，起到了讽刺不在场的另外一方当事人的效果。这对消除他与被调解方之间的陌生感、增加自然亲切感和拉近彼此间的距离起到了积极作用。仲裁员使用类似恶意语言符号的例子，如“不球晓得”“妈哟”等，在语料中也屡见不鲜。

三、仲裁员调解话语中态度韵的人际意义

态度韵，顾名思义是指人际意义的韵律结构。Halliday 首先借用 Pike(1982)在其法位学理论中提出的韵律结构观：首先，从行动上我们把序列切为粒子，然后，从感知上我们把细微的事物组在一起形成经验的波浪。最后经验的交叉属性在场中聚集起来形成经验模式(Martin，2006：10)。Martin(2006：21； Martin & White， 2008：18)将这三个韵律结构与系统功能语言学的三大元功能对应起来，认为概念意义与粒子结构相关，人际意义与韵律结构相关，语篇意义与格律结构相关。韵律结构指建构语篇的语调和语气时，评价资源形成一种特定的模式。随

着语篇的展开，评价资源之间产生的共鸣就犹如音乐的旋律在语篇中流动，从而加强或减弱作者的态度(Martin & Rose，2003：48)。Martin进一步区分了态度韵的三种类型：渗透型、加强型和主导型。它们共同流动于整个话语之中，使之成为连贯的统一体。

仲裁员调解话语中，这三种态度韵并不是孤立存在的，它们相互交织在整个话语中。仲裁员通过各类评价资源，注入自己积极或消极的态度，时而抬高，时而降低自己的身份，拉近或拉远与听话人的距离，使句际之间形成一个跌宕起伏、纵横交错的织体。

图 5-9 选取的语料是在单独调解时，仲裁员批评和反驳被调解方要赖的一段话。从图中分析看，仲裁员反驳被调解方的想法或观点，主要使用的是主导型的态度韵。仲裁员首先用外部声源的介入资源引出听话人的想法“你的意思是不服欺骗”，来隐性表达自己反对的立场。紧接着，仲裁员用介入资源中让步手段提出反驳的三个观点。话语标记“第一”“第二”和“第三一点”使他的观点组织有序、逻辑缜密。他对听话人主导型的消极态度贯穿在整个话语的句际之间，形成了三条平行的态度链条。

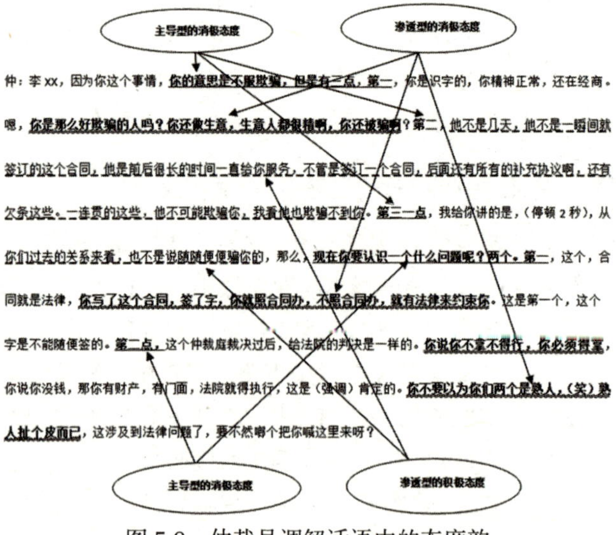

图 5-9　仲裁员调解话语中的态度韵

除了使用主导型态度韵以外，仲裁员还使用了渗透型的态度韵来否定对方的不切实际的想法。仲裁员首先用收缩对话的否定结构“不要”“不得行”，来打消听话方错误的认识或想法。然后一连串的高量值情态词，如“要”“必须”等，明确了听话方应承担的义务或责任，同时表现了仲裁员的身份，并隐性表达了自己的观点和立场。

除了表达对听话人的负面态度以外，仲裁员也使用渗透性的态度资源，来表达他对不在场的另一方当事人的积极态度，从反面的角度批驳听话人的行为和态度。仲裁员从分析另一方当事人长期提供咨询业务的客观事实，到他和听话人的朋友关系两方面，从理性和感性的角度肯定另一方当事人已经尽到合同义务，间接批驳听话方耍赖行为。

而在主导型态度韵的每个情感链条里，仲裁员使用了加强型的态度韵，使他的态度或情感像波浪一样，层层推进直至波峰。下面图示(图5-10)展示了第一条情感链中的加强型态度韵。其中，仲裁员使用三个鉴赏资源、三个判断资源、四个级差资源和一个单声判断。而且感叹句“生意人都很精啊”，以及“你是那么好欺骗的人吗？”“你还被骗啊”两个反问句是仲裁员表达情感最强烈的三个句子，将仲裁员对被调解方的批评，以及不满情绪展现得淋漓尽致。

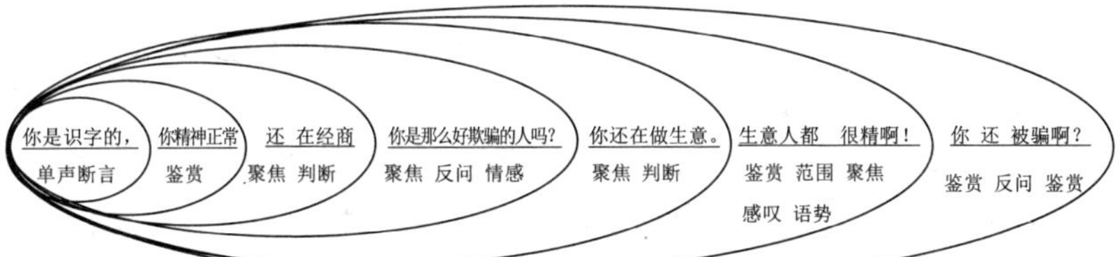

图 5-10　调解话语中加强型态度韵

从以上分析我们可以看出，作为口语体的调解话语所呈现出来的态度韵主要是在句际之间逐渐推进、加强和渗透的。仲裁员交替使用情感强度不一的态度资源、语气程度不同的小句类型和上下波动的级差资源来实现统一的、具有韵律性的话语，以达到说理和劝说的目的。

综上，Martin 的评价系统框架下的三大子系统——介入、态度和级差，以及其次子系统，是本章节赋码和分析数据的理论框架。该系统能比较全面地从这三个层面和下一层级的语言范畴，多维度地考察仲裁员在调解中如何通过评价系统实现其人际意义。我们首先考察了仲裁员调解话语中评价系统的总体特征。通过总体数据和呈现的例子，我们可以看出，语步 3 是仲裁员使用评价系统较集中的阶段。当调解进入到实质性阶段，即三方调解和背靠背调解的时候，仲裁员不会刻意回避使用显性的评价资源，相反，他会调用各类态度、级差资源来摆事实、讲道理，突显他的主观态度和立场，拉近与被调解方的距离。

在态度子系统中，尽管情感资源占据最小的比例，但仲裁员往往用积极、正面的情感投入来评判听话人的行为，不仅弱化了自己的机构身份，而且拉近了与被调解方的距离，润滑了交际关系。鉴赏和判断资源可以直接或间接地表达仲裁员自己的立场或观点。这两个资源可以综合运用，一方面，仲裁员可以用正面、积极的鉴赏或判断资源来表达自己肯定的主观态度；另外一方面，他也可用反面的、消极的鉴赏和判断资源来对被调解方的行为或观点进行反驳、推理，从而达到说理的目的。

尽管从直观的数据上看，介入系统是仲裁员使用最少的一种评价资源，但我们统计的介入总体特征只是多声介入，而单声系统并没有计入统计中。实际上，仲裁员通过语气系统中的四种语气类型，用断言或者假设命题，间接地表达了自己的立场和与听话方的权势关系。在多声介入中，让步资源是一种有效的说服手段。仲裁员通过使用“但是”“当然”“反正”和“还是”这些高频副词，制造了反预期的效果，有效地监控着调解的进行，从而保证互动的进行。从声音来源上看，仲裁员使用的一声、二声和三声的频率依次从高到低，直接或间接地表达了自己的观点和态度。而且背靠背调解阶段是仲裁员使用各种声音资源最多的阶段。仲裁员既倾向于使用内部声音来表达自己的立场，承担对命题的责任，也常常引用外部声源来反驳对方观点，保持自己独立、公正的调解员身份。

级差资源渗透于仲裁员调解话语中的整个评价系统。它对仲裁员使用的介入和态度资源进行分级，从锐化和柔化两个方向调节仲裁员对命题的投入程度。从语势上看，仲裁员更多地使用锐化手段，对表数量和质量变化的范畴进行分级，模糊仲裁员的命题的推测，缓和语气，并拉近了彼此的距离。对不可分级的范畴，同一种聚焦资源，如“也”“很”或“那么”，在不同的语境中，可分别起到锐化或柔化的作用，以此来缩小或扩大仲裁员和被调解方的对话空间，体现不同的态度意义。

仲裁员的评价意义不仅表现在词汇层面，而且也渗透于语篇中。首先，各类人际意义话语标记除了起到语篇连贯的作用，还能帮助仲裁员激活交际方的背景知识（“就是说”），明确表达（“这样吧”“就是说”）、选择话题（“如果说”“比如说”）和隐喻推理（“如果说”）等功能。幽默是语篇层面上一种隐性的、引发性的资源。作为一种语域偏离，幽默出现在机构话语中的特别之处就在于它和语境的结合。仲裁员调动各类词汇层面的评价资源，让调解中的幽默话语既润滑人际关系，又能化解矛盾、说服劝诫、缩小距离。为了在调解中更好地实现说理、劝诫等功能，仲裁员会调用各类词汇层面和语篇层面的评价资源，形成主导型、渗透型和加强型三类态度韵，而且它们相互交织在一起，如韵律一般，在调解话语中流动，使之成为一个有起伏和动感的整体。

第六章

仲裁员调解话语中情态系统的人际意义

语言的基本功能是描述我们对客观世界的认识和调节我们的人际关系（Halliday，2000：52）。我们用语言既可以描述客观世界，也可以表达主观情感。在交际中，语言不仅起到了传递信息的作用，还自始至终在起着调节人际关系的作用。一方面，由于我们对客观世界的认识是有限的，所以，当我们用语言来描述自己对客观世界的有限认识时，我们往往会显得不那么确信，通常会在话语中给自己留下一定的回旋余地，同时也尽可能地确保信息的准确传递。另一方面，当我们表达态度、观点、情感时，也会依据语境，以及交际各方的身份地位关系等因素，或为“润滑”交际关系，或为减轻自己承担的责任，“模糊”态度，而使用婉转、间接的语言。要达到以上两种效果，就要涉及情态。

情态是语法中的一个重要概念，它传达了说话人对一个状态在认知上、情感上、意愿上的态度，也是一个复杂的功能领域。在系统功能语言学的人际元功能中，情态是主要实现手段之一。因此，我们将在本章结合系统功能语言学的情态系统理论和汉语中情态的特点，重点考察仲裁员的调解话语中情态系统使用特征，并探讨仲裁员对话语命题真实性的不同主观态度，以及实现的不同人际意义。考察情态系统可以帮助我们更好地认识仲裁员是如何重构调解话语的。

第一节　情态系统概述

一、情态的定义

长期以来，情态意义一直是逻辑学家、哲学家及语言学家研讨的热点。早在公元前，学者们就开始关注情态，只不过当时重点关注的是情态的哲学意义，即可能性和必然性的逻辑关系。

符号学家们认为符号交际中符号传达信息的可靠性非常重要，句内组合关系中涉及的情态是情态符号学关注的焦点。人际符号系统反映了语句的组合关系，并体现在句内人际修饰关系中，其中包括言外修饰、态度修饰和修辞修饰。而社会符号学理论是将情态这一范畴运用到所有的符号现象。Hodge(1988)将情态定义为“用于描述在符号过程中参与者对于模拟层面的分类系统的地位与状态的立场”的一个范畴。因此，社会符号学把情态看作是能指与所指世界之间的一种表征关系。情态的高低与现实的距离呈反比，即离客观现实越近，越是高情态，反之亦然。而高情态和低情态之间的变化是一个连续的、变化的行程。

从语言学领域来看，传统语言学把情态看作是说话人对一个状态的认知上、情感上和意愿上的态度(Asher，1994：2516)。到了20世纪后半期，随着语言学纵深发展，对情态意义的语言研究可谓是百家争鸣、百花齐放，涉及的领域涵盖了符号学、语义学、语用学、传统语法、转换生成语法、系统功能语法和认知语法等，且成绩斐然(梁晓波，2002)。同时，研究方法也在向更新、更系统化、更多样化、更贴近语言的实际使用的方向发展。

二、情态的分类

语言学对情态的理解源于情态逻辑，即一个命题相对于一系列可能世界的有效性和相对性(Bybee，1995：4)。传统情态逻辑中唯一的情态和必要性与可能性有关。“情态的实质在于把句子意义相对于一系列可能世界的有效性相对化，因此人们就可以像谈论几个不同的世界那样来谈

论那些可能的世界。”（Asher，1994：2515）

语言学家关于情态的定义和分类，尽管有着一定程度的共识，却从未完全一致过。传统语法是在语气范畴之下来讨论情态的范畴的（彭利贞，2005：53）。传统语法将语气分为三种——陈述、虚拟和祈使，有时也分为思维语气、意志语气和事实语气。不管何种称谓，这些语气主要表达了说话人对命题所持的某种态度，而非主语与谓语之间的不同关系。李战子（2000）认为，传统语法中的情态就是一系列情态动词所表达的意义，情态被等同于在句法上或语素上的情态表达法。所说的内容（diucutm）和如何说的（mdous）两部分组成了每个句子，而语言学家的任务就是区分情态部分和内容部分。当以高一级的述位表达情态时，区分相对容易；但当情态表达是简单句的一部分时，区分就显得复杂了。在这种情况下，情态表达有多种形式，如作为副词、情态动词或作为动词上的标记（语气、时态）等。传统语法将情态放在助动词范畴下研究，并将助动词分为三类：基本助动词，情态助动词和半助动词。Quirk 等（1985：219）将情态看作一个句子语义的限定成分，它反映了说话人对命题成立可能性的判断。在传统语法中，情态就是一系列情态助词所表达的意义。就意义而言，情态动词分为三组，即意愿和预见、允许和可能、强制性和必要性。在每一组情态中，前者都对应于人的心理对事态的控制，即英语的内部情态；而后者都对应于人们对事态可能与不可能发生的判断，即英语的外部情态（Quirk，1985：137，219-221）。从句法作用看，传统语法不仅关注了情态动词的词形变化，还关注其在各语气类型中的位置及搭配特征。

Palmer（2001：7-8）把情态分为命题情态和事件情态。前者包括认知和实据情态，后者包括道义和动力情态。Palmer（2001）在 *Mood and Modality* 中指出情态和语气两者无对应关系，不是语法形式和语法意义的两个对立面，情态的概念大大地超过了传统语法里语气的概念。他认为情态是个语法范畴，也可以作为语言类型的一个标度，对不同的语言进行对比和分类。他还把情态分为知识情态和义务情态两大类。知识情态涉及说话人对命题的信仰、知识等的态度和观点，包括宣告、命令和询问，不仅适用于可能性与必然性这些概念，而且适用于显示说话人对他所说的话的承诺程度。义务情态不但涉及主观性和非事实性，而且只涉及说话人或他人的行动，包括指令、承诺、愿望和评价。

语义学对情态的研究可分为两类。在形式语义学中，对情态的研究就是模态逻辑的研究，即对必要性和可能性的研究。而普通语义学主要关注对认知情态和道义情态的研究。Lyons 是对情态研究最深入的语义学家。他基于逻辑的两分法，把情态分为两种：责任的和认知的。前者是关于道德上的责任主体行为的可能性和必要性，而后者是关于知识和信念。同时他还指出，认识情态涉及话语表达的命题内容是已知的还是相信的，并可分为两类，即客观的和主观的。同一认识情态语句可能会有客观和主观两种解释(Lyons，1995：793)。

虽然话语与语境的关系是语用学关注的焦点，但语用学家们对情态也展开了一些研究。语用学对情态的研究主要体现在含义和预设的研究中(梁晓波，2002)。Levinson(1983：133-134)认为，在含义类型中有一种级差含义，它是建立在级差谓词基础上的。在级差阶上，从较高的项可以推出较低的子项，或者位置较低的项可以成为较高位置的含义子项。

转换生成语法对情态的研究局限于情态助动词，这是缘于传统语法的影响。转换生成语法对情态的划分，首先集中在动词范畴的讨论中。实义动词具有过去分词、动名词及第三人称单数形式，而情态助动词没有。这三项特点是区分实义动词和情态助动词的标准。所以，根据这一标准，转换生成语法对情态助动词做了如下划分，如图 6-1 所示。

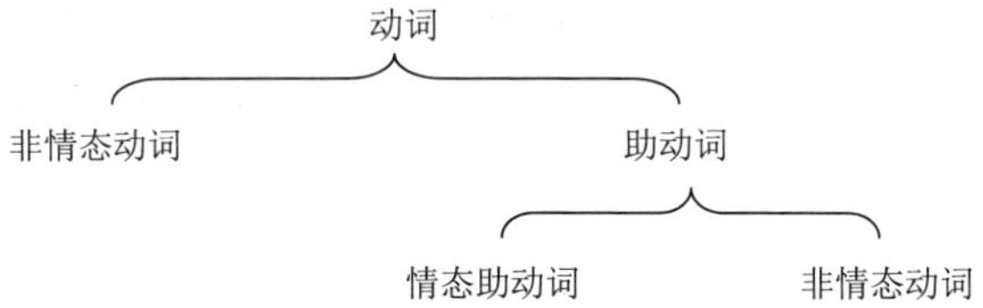

图 6-1　转换生成语法的情态分类

同时，情态助动词也被当作测试动词的标准，因为紧随其后的成分只能是动词。换言之，对进入情态动词后边位置的成分，可以确定它的动词身份。在转换生成语法中，情态动词被看成是一类助动词，其特征可被描写为：情态助动词=[+V，–N，+AUX，+M]。

认知语言学对情态的研究也很重视。Talmy 开辟了情态认知研究的新思路。他将情态分为道义情态和认识情态，并尝试着用图式理论来解释(Talmy，1988)，该理论由三部分组成。基本图式为某一外力作用于物体时，该物体会沿着作用力的方向继续前进，即力的强制作用；另外两个相关部分为阻碍和阻力消除。阻碍指当外力遇到阻碍时，该力会发生转向或造成障碍物沿着力的方向继续前进，阻力消除指当障碍物消除时，该作用力会沿着既定的方向继续前进。受 Talmy 的影响，Sweetser(1990：49-51)也从认知角度来研究情态，并向前迈了一大步。她将情态分为根情态和认知情态。根情态，即道义情态，是指涉及现实世界的情态，如义务、允许或能力等；而认知情态指的是理性世界中的必要性、概率性和可能性。根情态(道义情态)的语义延伸就是认知情态。Sweetser(1990：59-61)认为理性世界领域和言语行为领域可以投射我们的真实世界，并在语言中表现为情态。由于我们的内部心理世界可以反映到外部世界的语言运用中，且这种应用经常呈现出一种隐喻性结构，是与外部世界并行的。同时这种投射又是建立在以上作用力图式的基础上的，如单词 may 就表明了物质世界与人类社会中一种潜在而又未出现的障碍图式。

三、情态的功能

系统功能语言学认为语言具有三大元功能：概念功能、人际意义和语篇概念。其中人际元功能关注的是说话人如何用语言表达自己的态度，并影响听话人的态度和行为，即说话人和听话人的互动关系。Halliday(2010：25)指出人际元功能承载着很重的语义负荷，它在整个话语中实现的手段主要集中在语气、情态种类、人称表达和其他评价性手段。而情态作为人际元功能的主要语义载体，具有超越逻辑和传统语法的重要地位，体现了说话人在认知上、情感上、意愿上对一个命题的态度。换句话说，说话人通过情态系统表达自己的态度，并影响听话人的态度和行为。胡壮麟等(2005：145)也指出情态作为人际系统中的一个子系统，是表现语言人际意义的重要手段之一。情态主要用来表达话语的人际意义，即说话人对自己所述命题的成功性和有效性所作的判断，或在命令中要求对方承担的义务，或在提议中要表达的个人意愿。

在系统功能语言学理论框架内，情态被看作是表达说话人对命题或提议的判断和态度。Halliday 把“情态”定义为“代表说话人对断言的有效性或提议的对与错的观点”（Halliday，2000：362）；“说话人对所说话语的可能性和义务性的判断”（Halliday，2000：75）。所以情态的概念指说话人对所提供信息的成功性和有效性的判断。它由情态助动词、副词和形容词等语法范畴来表达“必须”“可能性”及“义务”等人际意义。

不管在书面体还是口语体中，情态都是一个普遍存在的特征，体现了作者/说话人对所涉及命题的主观态度。传统语法注重情态动词的形式和意义，从句法-语义的途径理解情态，这无疑是重要的。但在语篇层次上，需要用更多、更广义的情态手段，来表示作者/说话人的确定性、疑问、承诺、默认、必要性、责任等系统功能语言学把情态看作说话者的一种视角，主要涉及说些什么及该说什么。它对情态的描写更加精密、更具有系统性，这种多维描写比较有效地体现了情态的多样性和模糊性（李基安，2008）。它由四个子系统构成（Halliday & Matthiessen，1999：558）：①类别：概率、频率、义务和意愿；②量值：中、高、低；③取向：客观、主观；④归一度：肯定、否定。胡壮麟等（2005：50）用图 6-2 总结了 Halliday 对情态的归类。

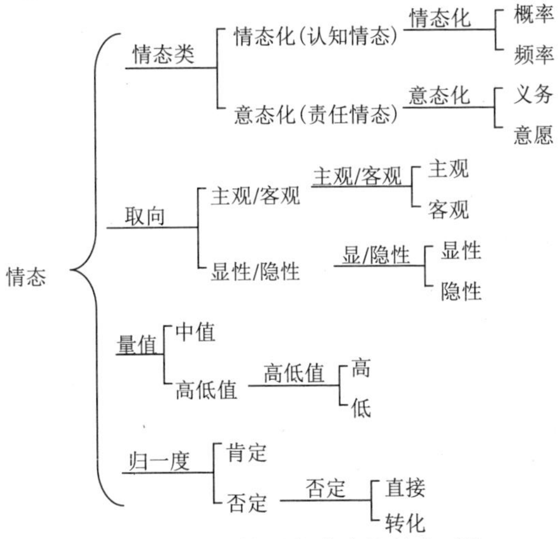

图 6-2　系统功能语言学中的情态系统

由此看出，系统功能语言学认为情态意义是心理认知的体现手段，体现了说话人一定的认识程度。情态不仅反映了说话人对所涉及命题的主观态度，而且反映了说话人的有关可能性、惯常性，以及责任、意愿等。

对汉语的情态研究一直是汉学家们关注的焦点。吕叔湘(1982)提出的一些概念，与西方语言学中的“情态”概念有密切关系，如实说与虚说、确定与测度、命令与禁止等。王力(1985)认为，同英语一样，汉语的说话者也喜欢对事情的可能性、必然性、必要性等加以判断或推测；当陈述某一件事时，也常着重于说话人的心理状态，如期待、羞愧、勇气等。胡壮麟和张德禄(1989：132)指出，汉语和英语情态系统有很多相同之处：首先，汉语和英语都有表示情态和意态的情态操作语；其次，汉语中的状语也是表情态的重要手段；最后，在句法层面上，汉语也有表示情态和意态的句子或结构。

汉语中对情态动词的研究可分为两类：传统的汉语情态研究和直接借用西方语言理论。第二类研究虽然起步较晚，但现在呈逐渐上升之势。如王伟参照 Bybee 的研究，对情态动词“能”，把将传统的情态二分，“认识”与“道义”，重新划分为“行者情态”“言者情态”和“知者情态”。鲁川对汉语的语气和情态作出区分，并分出判断和评议两大类的情态范畴(鲁川，2000)。朱冠明(2005)以 Palmer 的分类为参照，把汉语情态分为知识情态、道义情态和动力情态。但是由于汉语情态动词与英语的情态动词有很多意义上的差异，因此完全照着西方的情态分类进行汉语情态动词的研究并不多(王飞华，2005：39)。下面我们将基于 Halliday 对情态系统的分类，并结合汉语情态的独特性，对情态系统下的四个子系统进行分类解释。

(一)情态类别

因为情态具有主观性，它可以对事物的发展趋势进行判断，表达说话者的愿望，要求他人承担义务等。因此，系统功能语言学把情态系统看作实现人际意义的主要手段之一。

根据交换物的不同，Halliday(2000)首先从类别上区分了两种情态：情态和意态。也就是说，涉及信息的是情态，涉及物品和服务的是意态。

在以交换信息为语义功能的命题中，说话人对命题的可能性判断即情态。它包括可能性阶和通常性阶，表现形式为陈述或疑问。而在以交换物品或服务为语义功能的提议句中，说话人对命题的希望性的判断就是意态，包括责任性阶和倾向性阶，表现形式为给予或指令（Halliday，2005：147）。

在系统功能语言学里，情态是介于绝对的断言和否定、规定与禁止两极之间的意义区域。命题中的归一度表现为肯定和否定而表达归一度之间存在的不同等级的可能性就是情态。换句话说，在绝对肯定和绝对否定之间，存在许多非绝对的、中间类型的句子，它们便是“情态化句子”。句子情态化可以通过上述两种类型中的四种方式来实现：概率、频率、义务和意愿。所以说话者通过情态系统，可以在陈述和疑问语气中，对命题作有效性的判断，也可在祈使语气中要求对方承担义务，或在提供中表达自己的个人意愿。

不管在英语还是汉语中，情态动词是表达主观隐性情态的主要手段。从意义功能上看，汉语的情态助动词和英语的情态动词很接近，“它们都是表现说话者对命题的主观态度，即语气或情态”（王飞华，2005：25）。一直以来，汉语中对于情态助动词的名称及归类有很多的分歧，但从《马氏文通》仿照西方的“auxiliary verb”使用“助动字”的名称开始，一直到齐沪扬的《语气词与语气系统》，许多学者都沿用这一称呼。为了便于叙述，避免歧义，并与英语中的称呼保持一致，本书就继续使用“情态动词“来指称英语和汉语中的情态核心词。尽管英汉情态动词在时、体、态等方面有明显的差别，但从语气表达的角度来看，英汉情态动词有很多共性，简要归纳为五个方面：①从结构上来看，两者都要接动词，构成“情态动词＋动词”的结构；②它们都可以单独回答疑问句，但在英语的回答中，主语必须要出现，而汉语中主语可以不出现；③英汉情态动词都可以直接与否定词结合，以改变句子的归一度，但是在英语中，否定词在情态动词之后，而汉语的在情态动词之前；④在语气表达功能上，二者作用都重在表达说话人对某个命题的主观态度等情态意义；⑤英汉情态动词都能与陈述、疑问、祈使等功能语气共现。

相对于英语而言，对于汉语的情态助动词的具体归类，还没有统一的看法。但在形式特征上，朱德熙（1982：61）提出了一套行之有效的划分助动词的标准：①只能带谓词宾语，不能带体词宾语；②不能重叠；③不能带后缀“了”“着”“过”；④可以放在“不”的格式里；⑤可以单说。根据这些形式特征，朱冠明(2005)确定了 24 个现代汉语的情态助动词：能、能够、可以、会、可能、敢、肯、愿意、情愿、乐意、想、要、应、应该、应当、该、值得、配、别、甭、好、一定、得(dei)、必须。如表 6-1 所示，我们在提取语料中的高频情态动词时，也参照此标准。

表 6-1　英汉情态动词类别对比(朱冠明，2005)

类型		英语	汉语
情态	可能性	must, can, could, may, might, ought to, should	能、会、应该、应当、该、能够、可能、肯定
	通常性	will, would, must	
意态	责任	must, need, have to, should, ought to, can, could, may	应该、应当、该、必须、得、能、准许、要、一定、可以、允许、务必
	倾向	might, will, would, must	甘心、宁可、急于、愿意、愿、肯、懒得、要、会、自愿、情愿

(二)主客观取向

除了类别，情态还可分为两种取向：主观和客观。情态意义的体现由情态的取向系统决定(Halliday，2000：357-358)。说话人涉入命题程度的多少决定了情态主客观取向。一方面，显性的客观形式可以淡化说话人的观点，为主观的命题增加了客观确定性。另一方面，说话人为了突出自己的主观观点，将情态隐性地编码在一个显性的主观句子中。所以，主观和客观取向、显性和隐性表达可组合成四种情态取向：显性主观、显性客观、隐性主观和隐性客观。隐性主观和隐性客观处于两个极性之间，隐性主观情态由情态动词体现，而非通过人称指示语，如“我”等明示态度来源。隐性客观情态通过情态副词将说话人与其态度分离开来，降低情态责任(张曼，2008)。

在功能语言学里，带有情态词表达的情态被看作无标记的，而隐喻方式表达的情态被称为有标记的。但话语中还有其他方式也表示情态。

情态通常被认为是语法的一部分，且只跟情态词相关。但实际上，实义词诸如动词、名词、形容词、副词中，也有很多具有类似情态词的意义。这两种取向都是情态一致式的表达，也是我们在这一章讨论的重点。而主要由小句体现的显性主观情态和显性客观情态，均是情态隐喻式的表达(胡壮麟等，2005：148)。前者强调主观性，后者强调客观性。所谓“情态隐喻”，指说话人用一个单独的主句构成主从复句，而不是用情态操作语来表达情态意义。以可能性为例，显性主观情态通过“我认为……”等投射小句明确指出说话人是态度来源，责任情态最高。而在“很可能……”等投射小句中，态度的客观性通过显性客观情态来表明，进一步减少情态责任和隐藏态度来源。

(三)情态量值

情态量值表明说话人对命题或提议有效性的承诺，说话人可以对命题的有效性表示较高或较低的肯定，如“他可能喜欢它”；或者施加较高或较低的压力使其他人完成指令，如“你必须完成这项工作”(Thompson & Hunston，2006:69)。因此，说话人可以调节情态动词的量值来改变其话语态度。有关情态的量值变化，Halliday(2000：47)认为情态化和意态化有高、中、低三个量值。在情态命题的两个极性之间——肯定和否定，或是和不是，还存在着中间或然性：①可能性程度——可能的<很可能<确定的，这相当于“大概是(否)”，并伴有不同程度的可能性；②经常性程度——有时<通常<总是，它相当于“有时是(否)”，并伴有不同程度的惯常性。而在意态命题中的两个极性之间，也存在中间或然性：责任程度的允许、料想、要求；意愿程度的愿意、渴望、决意(Halliday，2000：89)。

Papafragou(2002：3)指出，我们用情态表达方式来谈论事情，而这些事情此刻并未出现，或许在现实世界中根本不会发生。既然事情未出现或不会发生，人们就会赋予一定的期望性。说话人对事物不同程度的期望，或说话人从怎样的愿望视角来谈论事情，都可以通过不同量值的情态动词来实现。情态类别中的义务型情态动词，表明说话人对所谈事情的义务性。选择不同量值的情态动词可表达不同程度的责任，并显示说话人从什么样的职责角度去叙述事情。情态动词在“必须”

到"宜于"再到"可以"的高、中、低量值变化，体现了从最大责任，到中等责任，再到低值义务的语义选择范围。而人们对事情的不同期望程度决定了对意态情态动词不同量值的选择，它反映了人们不同程度的心理动力。当说话人具有强烈的主观意愿时，就会选用高值的意态情态动词；当期望性较低时，他就会选用低值的意态情态动词。

因此，在交际中人们为了避免或减少不必要的冲突，使人际交往相对融洽，必须要注意语言使用方面的技巧。高量值情态动词具有绝对态度的功能特征，给听话人留下的回旋余地较小，并拉远彼此距离，甚至让听话人产生抵触心理。相反，中、低量值的情态动词具有相对态度的功能特点，因此说话人能以商榷性的语气，给听话人留有充分的余地。因此，说话人选择何种量值的情态动词来表达自身的话语态度的过程，不仅是情态动词话语功能的选择过程，也是选择情态动词语义功能的过程(魏本力，2005)。说话人选择不同量值的情态时，应该从对他人和自己两个角度出发加以选择，需要考虑责任与期望程度、语义的相对性和不同语体识别三个方面的语义功能，以保证交际的顺利进行。

(四)归一度

从系统功能语言学的角度来看，情态是介于是与否两极之间的程度，其功能是"识解是与否之间的不确定区域"(Halliday & Matthiessen, 2004: 147)。系统功能语言学认为情态所具有的归一度就是指情态涵盖的是"是"和"否"之间的意义领域。命题往往表现为是与非的逻辑判断，而不同量值的情态动词参与否定命题转换。说话人对所表达的命题赋予了不同程度的可能性和合意性。Halliday(2000：358)认为，中值可由极性系统与另外两个"外部"量值截然分开，可以使否定在命题和情态之间自由地转换。另一方面，外部量值在否定转换之后也会随之转换。他的表述隐藏了两层含义：①归一度可以改变高、低量值情态动词的量值；②归一度可以借助中值情态动词，构成不确定性否定。否定转换中，情态量值变化制约了命题。从归一度的变化中，听话人觉察到情态量值转换，并与以往的情态程式进行认知对照，从而感受到说话者细微的态度变化。

英语极性由限定成分体现，即肯定或否定。极性是除时态和情态外的限定成分的一个基本的伴随特征。限定成分由时间助动词或情态助动词表达，它们有肯定和否定两个形式：is/isn't，do/don't，can/can't，must/mustn't 等(Halliday，2000：88)。情态助动词有肯定和否定两个形式，其限定成分也有极性特征。

在汉语中，情态的归一度表现形式很多，而且表达不同的含义。归纳起来，汉语情态动词的否定形式主要有三种。

(1)否定词+情态助动词+VP：他不愿意上学。

(2)情态助动词+否定词+VP：他能不喜欢吗？

(3)否定词+情态助动词+否定词+VP：他不可能不喜欢这本书。

这些否定陈述多出现在陈述语气，也偶尔见于疑问语气中。"不"和"没(有)"是汉语中最常用的否定词。以上三种否定形式和这两个否定词共现组合，就可以产生多种多样的否定式。例如：

(1)不+M+VP

(2)M+不+VP

(3)不+M+不+VP

(4)没(有)+M+VP

(5)M+没(有)+VP

(6)没(有)+M+不+MP

汉语与英语的情态否定的另一显著差异体现在与单双音节否定词结合表疑问上。单音节的情态动词构成否定疑问结构更加灵活些，如"不能不""能不能""不能"等。但双音节情态动词，一般只以双音 X 的"第一语素+不+双音 X"表示，如"可不可以""愿不愿意"等。

基于 Halliday(2010：99-103)对英语情态系统的分类，我们再结合彭宣维(2000：124-126)对汉语情态词的归类，从量值和归一度两个层面归纳出英汉情态动词的对比表(表 6-2)。

表 6-2 英汉情态操作语对比

		英语情态操作语	汉语情态操作语
低	肯定	can, may, could, might, dare, be allowed	可能，会/能/能够，可以，需要
	否定	needn't, don't+need to, have to	可能不，不必，不须/不需，难免/不免

续表

		英语情态操作语	汉语情态操作语
中	肯定	will, would, should, shall, be supposed	愿意，乐意，敢于，适于，善于，宜于
	否定	won't wouldn't, shouldn't	不乐意，不愿，不情愿，不善于，不适于
高	肯定	must, ought to, need to, have/had to, be required	得，必须，应该，应当，务必，要
	否定	mustn't, oughtn't to, can't, couldn't, mayn't, mightn't, hasn't/hadn't	不可能，不可，不可以，不能，不得，不应，不该，禁止，严禁

我们结合了系统功能语言学中的情态系统和汉语情态的特征，对四个子系统进行了分类说明。下面我们将重点考察仲裁员在调解各阶段使用情态系统的情况，并讨论其传递的不同主观态度。我们将从情态动词、情态副词、情态附加语和语气词四个方面加以讨论。

第二节　仲裁员调解话语中情态动词的人际意义

我们从语料中提取相应赋码值的情态成分，共获得 871 项情态动词索引项，如图 6-3 所示。

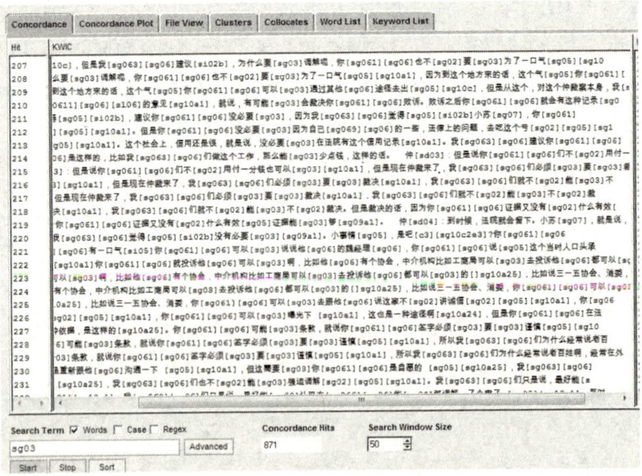

图 6-3　情态操作语索引行

下面我们将分步考察各语步的情态系统使用情况。为了便于讨论，我们合并调解首尾的语步 1、5，因为它们都是比较程序性的阶段，语步 2、4 同为三方调解阶段，也合并检索。而语步 3 的两个步骤作为单独调解阶段进行独立考察，见表 6-3。

表 6-3　仲裁员调解话语中情态系统动态分布特征

语步 1、5	使用次数	所占比率/%	语步 3	使用次数	所占比率/%	语步 2、4	使用次数	所占比率/%
愿不愿意 2	7	15.2	要 1	217	27.5	要 1	36	9.3
同不同意 2	4	8.7	可以 1	101	12.8	可不可以 2	21	5.4
是否愿意 2	4	8.7	可能 1	65	8.2	可能 1	20	5.2
可能	4	8.7	肯定 1	60	7.6	肯定 1	17	4.4
要 2	3	6.5	不能 1	38	4.8	不愿意	17	4.4
能不能(够)2	3	6.5	能(够)1	36	4.6	能(够)1	15	3.9
会 1	3	6.5	应(该/当)1	33	4.2	应(该/当)1	13	3.4
愿意 1	3	6.5	不要 1	26	3.3	不要 1	13	3.4
是否可以 2	2	4.3	愿意 1	20	2.5	愿意 1	11	2.8
是不是愿意 2	2	4.3	有可能 1	17	2.2	必须 1	10	2.6
可以哈 2	2	4.3	必须 1	16	2.0	不可能 1	10	2.6
能够 1	2	4.3	不可能 1	14	1.8	有没得 2	9	2.3
是不是可以 2	1	2.2	该 1	14	1.8	不要 1	8	2.1
有……没得 2	1	2.2	不(得)行 1	13	1.6	能不能(够)2	7	1.8
			能不能 2	10	1.3	对不对 2	6	1.6
不要 1	1	2.2	不会	10	1.3	一定 1	5	1.3
没得必要 1	1	2.2	对不对 2	9	1.1	不一定 1	5	1.3
可以 1	1	2.2	一定 1	8	1.0	总要 1	4	1.0
有可能 1	1	2.2	不一定 1	8	1.0	非要 1	4	1.0
应该 1	1	2.2	只能 1	8	1.0	没得必要 1	3	0.8

续表

语步1、5	使用次数	所占比率/%	语步3	使用次数	所占比率/%	语步2、4	使用次数	所占比率/%
			会1	7	0.9	需要1	3	0.8
			才会1	7	0.9	同不同意2	2	0.5
			不愿意1	6	0.8	不用1	2	0.5
						行不行2	2	0.5
						好不好2	2	0.5
合计	46			743			245	

注：“语步”栏中的1代表陈述句或祈使句；2代表疑问句

为了更直观地观察仲裁员使用情态系统的情况，我们根据 Halliday 的情态系统，把以上37个情态表达式和情态附加问句进行归类整理，得到以下特征，如表6-4所示。

表6-4 仲裁员使用情态系统分类

类型		情态类别				取向				量值			归一度	
		情态化		意态化		主客观		显/隐性		高低				
		概率	频率	义务	意愿	主观	客观	显性	隐性	中	高	低	肯定	否定
非疑问句	要				+	+			+		+		+	
	一定			+		+			+		+		+	
	必须			+		+			+		+		+	
	可以			+		+			+			+	+	
	可能	+					+		+			+	+	
	应该			+		+			+		+		+	
	肯定	+				+			+		+		+	
	应当			+		+			+		+		+	
	必然	+				+			+		+		+	
	能			+		+			+			+	+	
	有可能	+				+			+			+	+	
	需要				+	+			+			+	+	
	非要				+	+			+		+		+	
	愿意				+	+			+	+			+	
	能够	+				+			+			+	+	

续表

类型		情态类别				取向				量值			归一度	
		情态化		意态化		主客观		显/隐性		高低				
		概率	频率	义务	意愿	主观	客观	显性	隐性	中	高	低	肯定	否定
非疑问句	非得			+		+			+		+			+
	不要			+		+			+		+			+
	不一定			+		+			+	+				+
	不能			+		+			+		+			+
	不该			+		+			+		+			+
	没必要			+		+			+		+			+
	没得可能	+				+			+		+			+
	不会				+	+			+		+			+
	不太会				+	+			+	+				+
	不得行			+		+			+		+			+
疑问句	是否可以			+		+			+	+				
	能不能			+		+			+	+				
	是否愿意				+	+			+	+				
	同不同意				+	+			+	+				
	可不可以			+		+			+	+				
	要不要			+		+			+	+				
	好不好				+	+			+	+				
	是不是	+				+			+	+				
	有没得	+				+			+	+				
	对不对			+		+			+	+				
	行不行			+		+			+	+				
	要不要得			+		+			+	+				
合计		8		20	7	37			37	15	16	6		

从表 6-4 可以看出，仲裁员在调解中使用的情态系统呈现以下显著特征。

(1) 仲裁员在调解中采用的情态资源形式多样，多达 37 种，而且覆盖情态的各子系统。

(2) 从动态分布看，在调解各阶段，仲裁员使用的情态子系统呈现显著差异。在调解初始和结束阶段，仲裁员主要在疑问句中使用情态资源，而在调解实质阶段的语步 2、4 中，仲裁员更倾向于在陈述句、祈使句中使用高量值的义务型和概率型的情态资源。作为一位法律专业人士，仲裁员从给被调解方分析他应当承担责任的角度，帮助被调解方认识到他在纠纷发生过程中的过失或者过错，以达到说理功能。同时，这样类型的情态用法也体现了仲裁员的权势地位。

例 6-1 仲：是这样的。我觉得你有各种渠道，如果对他不满意的话，但是你现在这个法律啊，它是讲究证据的，这种依据，是这样的。你可能条款，就说你签字**必须要**谨慎，所以我们为什么经常说老百姓啊，经常在外面去，是吧？签个字都不看内容，也不看那个条款怎么说的，经常写什么担保、保证金什么的很多，是吧？就说你签个字，你签个字我给你多少钱，你签嘛，没事，有些老人就签了，签了最后就告上法庭，然后去，最后是吧？他就说我说不知道怎么回事，但是都是成年人啦，你说你不知道，就行吗？那是不行的。

例 6-2 仲：其实说实话，现在闹起来很烦，因为她不懂法律，她就讲理，比如她就认为，你这个当初魏经理或者哪个、哪个，你就是这么跟我说的，你现在都是条款，都是怎么怎么样的，是吧？她也不懂法，她也没有东西，比如这个条款她也没提啊，等等，什么告知义务啊，本来这**应该**有个条款，那**肯定**，也**应该**有个注意事项的等等嘛！

在这两个祈使句里，主要都是第二人称，仲裁员使用了高量值的义务情态词“必须”，强调了被调解人应该承担的责任或履行的义务。作为法律专家，仲裁员在这个机构会话场合中扮演的是权威角色，因此他用这类高值责任型情态词，也体现了他的权势和身份。

在例 6-1 中，仲裁员明确指出听话人作为一个有行为能力的成年人，在签合同之前必须谨慎，认真审查合同每项条款，才能避免上当受骗。其实仲裁员使用该情态的真实目的是指出对被调解人签合同草率马虎的过失。在例 6-2 中，仲裁员从被申请人的角度，指出申请人作为一个中介机构，并没有在合同签订时履行相应的告知义务。这种说理过程主要帮助被调解方认识到自己的过错，这为接下来的调解工作做好铺垫，更有利于被调解方接受退让的调解方案。

例 6-3 仲：我再给你澄清三点。第一，这个，你的合同是有法律效应的，不存在欺骗和威胁，这是第一。第二，如果调解不成，仲裁庭的裁决是有法律效力的。第三，裁决书一旦发给你们，这个(强调)法院是要执行的。该拿钱就拿钱，没得钱就拿财产抵。这三点你一定要说清楚，(提高声调)不然到时候到了法院，你说仲裁庭没有说清楚哈，我又要遭误骗了，又误入一个歧途了。(继续强调)好，这三点你<u>**一定**</u>要给我清楚。

在例 6-3 中，仲裁员面对比较胡搅蛮缠的被调解方，就采用比较强势的话语方式，因此在祈使句中使用这样的高量值的责任型情态词“一定”，让被调解方感受到了仲裁员调解的不可协商性，再次凸显了仲裁员的权势地位，拉远了与对方的距离。

例 6-4 仲：我还说句实在话，我还不太该欸个给直接认定啦。我们都清楚债权人要对债务人放弃债权，他<u>**必须**</u>要对债务人本人放弃。债权人对第三人说，我放弃对债务人的债权了，万一他龟儿没放弃唉？这个、这个事情，就恼火了哈。

在例 6-4 中，仲裁员用陈述句向被调解方讲述一个法律要求，即民事权利的放弃，其包括：一要明示，即明确说出来，不能推导，也不能以沉默的形式出现。二要对由债权人对债务人作出，这是因为债权债务具有一种相对性，是在特定的债权债务人之间存在的。所以，债权的放弃，也必须由债权人对债务人说，才有放弃的效力，否则，没有法律效力，就是说了也不算。尽管在陈述句里，主语是无关被调解双方的第三方“债权人”，但仲裁员在前后语境中，变换人称指称，其实是把被调解方代入到债权人的位置上，并用“必须”来强调他要放弃债权所要履行的程序，这样更能让被调解方接受，起到了摆事实、讲道理的作用。同时也保证了仲裁员客观、独立的第三方地位。

例 6-5 仲：她**肯定**也不是为了这个钱，她**肯定**付得起这个钱，但她**确实**是对你们很不满意。有些工作人员啊，当然不是你，**肯定**是你们的工作人员跟人家解释，或者跟人家做些工作，我觉得贵公司这个信誉也是很重要的。就说，一方面**肯定**要你们**应该**维护对她的一个承诺。在社会上怎么立足啊？是要讲一个社会信誉问题，是吧？一个中介机构，现在也特别多是吧。现在你们牵扯里面，是吧？她也可以说“哎呀，这个中介机构……”这个说实话，目前没必要。她同意和解。但你和解**肯定**要妥协，你**应该**知道。因为现在，是吧？如果说你不妥协，那**肯定**是意味着这个调解不成立，这**肯定**。当然我个人希望是调解。

在以上调解话语(例 6-5)中，仲裁员运用了三种情态表达形式：六个高量值表或然率的情态词“肯定”、三个高量值责任型情态词“应该”和一个高量值的概率情态副词“确实”。表概率的情态动词和副词表现了仲裁员对被申请人行为的确信态度，和一种设身处地的理解，同时，也保护了听话人的面子，对润滑交际起到了积极的作用。在另外一方面，仲裁员又用高量值的责任型情态词“应该”，不仅指出申请人没有尽到遵守承诺的义务，而且也提出了个人期望，就是为了达成调解，申请人应该作出妥协。所以，这两种情态表达在调解中充分发挥了说理和劝说的功能。

(3) 高量值责任型情态词“要”使用频率最高，尤其在单独调解(语步 3)中远远超过其他情态词。情态词“要”不仅是个语义丰富的词，也是一个搭配力很强的情态词，和不同量值的情态词搭配使用，形成新的量值的情态词，如“一定要”“可以要”“必须要”“可能要”“非得要”“应该要”等。在“要”出现的大部分索引项里，它的情态语义和功能主要分为两种。

①意图情态。

例 6-6 仲：你们双方要[1]达成个意见。那么说，申请人你说，(停顿)这一方就是按照固定保管价谈，这个价格谈的，(音调降低)确实有点差距太大了。差距好多万嘛，差距 4 万。4 个万，合同价格你肯现在才 159 万。

例 6-7 仲：(打断)刚才那个就说被申请人，我给你说明一下哈，就是对于这个罚息，如果说你认为要[1]主张利息，你认为他们的罚息是认为太高，你在还本金和利息的基础上是不是要求要降低或者是什么，有这个，有这个意思没有?

例 6-8 仲：我想诶，下回儿喃，你们就说要[1]调解是你们做得到主的时候，你们做主有难处，你们法人代表也难。

例 6-9 仲：不，实际上他们一开始都，都承认，客观情况。哪个说要[1]拖了这么久嘛！我们都看到这几个图，结构不一样，结构跟这个报价不一样，然后那个更不一样。肯定是可以清楚判断哩撒！但是他不承认噻，非要鉴定撒！拖久了啊。

在以上四例中，情态词“要[1]”都是表意态词，表示对将要实施行为的计划或打算。在调解语步 3 和语步 4 中，仲裁员将它用于主语是被调解单方或双方的陈述句中，旨在猜测或预测被调解方的主观意愿，并指出他们必须为此作出的让步或努力。如在例 6-6、例 6-7 中，仲裁员站在第三方客观、公正的角度上，用情态词“要”强调被调解方的主观意图：想要达成调解或者主张利息，要实现这个目标，被调解方就必须在价格上作出适当让步。而在例 6-8 中，仲裁员不仅用“要”来推测被调解方的想法，同时也站在他们的角度，分析他们“做主的难处”。在例 6-9 中，仲裁员还用了反义疑问句来强调；尽管事实和判断都是清楚的，但案子拖了如此久，并不是双方的初衷或者主观故意。从这个角度看，仲裁员是放低了姿态；站在与听话人同等的角度上，寻求听话人的一种被认同感，这样更利于对方接受，以达到说服的目的。

②**责任情态**。责任情态一般用于祈使语气中，主语都是非第一人称。

例 6-10 仲：我这个调庭的时候，双方一定要[2]互谅互让，心平气和，凡事跟调庭无关的话尽量少说，对不对头?不要刺激双方，是不是？没得必要得，双方讲道理。

例 6-11 仲：好，这个情况大家应该是基本了解了，下来过后就这个×律师做哈工作，你们这个呢，我觉得你们也要[2]配合一下，这个东西要[2]配合一下(重复)。(音调升高)这个没得一个诚意，不可能走到一起。

例 6-12 仲：你们要[2]说个新的合同价，最终的合同价，我想这些专业问题诶，我不想多发表，因为我相信专家意见，要[2]听专家的。

例 6-13 仲：他的实际支出，还有律师费，那都还没算。现在就说律师费的话他也要[2]支付，就说他自己投入的。

当仲裁员使用责任型情态动词“要[2]”的时候，责任情态的说话人与行为人是分离的，意愿力来自仲裁员，而责任力是指向听话人的。因此在以上四例中，“要[2]”都带有“确定”语义特征，表示被调解方必须做的行为。因此，在前两个例子中，仲裁员用责任型情态词“要”突出“互谅互让，心平气和”或者“配合一下”是双方达成调解的基本条件和前提，因此被调解方应该遵循。

在例 6-12 中，仲裁员强调“要听专家的”既表达了仲裁庭和当事人在最终合同价上都没有最终的发言权，只有审核机构的专家意见才最权威，所以仲裁庭和被调解双方都得尊重，同时这也摆明了仲裁员作为第三方独立、客观的态度。

当进行单独调解时，仲裁员也会用这种责任型情态词，向听话人分析另一方的责任和义务。如例 6-13 中，在主语是第二人称单数的陈述句里，仲裁员使用“要[2]”，旨在客观分析申请方确实有责任承担各类费用，如前期投入、实际支出和律师费用，其言下之意是希望被申请方在调解金额上做适当让步。因此，仲裁员使用带有情态的表述方式，达到了间接的说理和劝说效果。

(4) 在说理过程中，仲裁员倾向于使用低量值的责任型情态词“可以”和低量值的概率型情态词“可能”。

在调解中，为了避免或减少不必要的冲突，使调解气氛相对融洽，调解顺利开展，仲裁员必须要注意语言使用方面的技巧。如果仲裁员全部使用高量值情态动词，就会带有绝对态度的特征，给被调解方所留的回旋余地较小，并拉远彼此间距离，甚至让听话人产生逆反心理，不利于调解的开展。而中低量值的情态动词具有相对态度的功能特点，因此仲裁员能以商榷的语气，给听话人留有充分的余地，在此情况下，展开协商是人际融洽的重要话语手段，而且比断然的盖棺定论更合理。

例 6-14 仲：(打断) 你撤销合同，那你**可以**提出撤销，但关键是撤不撤得了。

例 6-15 仲：这在两天内都**可以**要求啊！是这样的，法律上给了保障的权利，就是说两年之内，他随时**可以**要求他，就是说，应该得到的钱。就这个意思。

例 6-16 仲：对你说实话，倒不是钱的问题，但是我建议，为什么要调解呢？你也不要为了一口气，因为到这个地方来的话，这个气你**可以**通过其他途径去出，但是从这个，对这个仲裁案本身，我觉得你这个，最好，为什么呢？比如说你最后裁决下来了，就说，当然我不是，现在我们不代表仲裁庭的意见，就说，有可能会裁决你败诉。

例 6-17 仲：包括刚才刘总说的，你说那个大公司欺负啊，或者那个，我们在其他场合都**可以**讲，但是在法庭上面你没得必要。

例 6-18 仲：就说这个意思，你个人签都签了，你签了如果这个，你白纸黑字写起的。我们说这个是，这个是白纸是写起的。你现在说，你说不付，这个**可能**吗？写得这么清楚。可能也不大好。也站不住脚。但是我觉得我建议你这个，我提供建议要不要得？就说你现在说完全不付 (停顿) 可能有点困难 (提高音调)。

例 6-19 仲：如果要裁，我现在因为没评，我也不好说得更多，至少我个人意见，可能是要解除，可能是要解除(重复)。那么这个对方的请求哎，他也没有提更多的请求，(语速加快)如果从商业开发的角度，他可以提更多的请求，我如果把资金摆到哪个地方，如果这一年如果有三四个流转的话，那他**可能**利益更大，他只提了这个资金利息，而这个资金(停顿)不管是在你那里，(音调下降)还是你拿切买老地票，哎，它总在发挥作用，是吧？

从上面的例子可以看出，在调解中，仲裁员选择低值的情态词“可以”(例 6-14、例 6-15、例 6-16、例 6-17)或“可能”(例 6-18、例 6-19)，以商量的口吻表达意愿，这要比选择高量值的情态词更合适，更有可能得到听话人的友好回应。同时，这样的低量值情态词让谈话表现出随和的风格特点，具有口语化倾向、灵活自然。

(5)在归一度里，仲裁员倾向在陈述句中使用高量值的责任型情态的否定结构“不/没×”，对被调解方的行为进行强烈否定，或进行主观推测。

例 6-20 仲：(打断)这些道理不要讲……讲了，反复说来这个事情。你们现在到底，就说，认不认……认不认这个合同是存在的？好，我给你们说清楚，你们现在是什么嘛？你们要面对现实，**不要**扯这些，这些……你们都已经签了字，怎么都……你都不是十岁小孩。

例 6-21 仲：啊，是个问题。所以我觉得，诶，有些甚至**不一定**要在这个理由上去斤斤计较，甚至都不一定。啊，当然调解也、也莫得啥子，当事人的失职。那么我觉得，从调成这个角度上来看哩话，你们这个就是期待降低一点儿。

例 6-22 仲：第一，这个(强调)合同就是法律，你写了这个合同，签了字，你就照合同办，不照合同办，就有法律来约束你。这是第一个，这个字是**不能**随便签的。第二点，这个仲裁庭裁决过后，给法院的判决是一样的。你说你不拿**不得行**，你必须得拿，你说你没钱，那你有财产，有门面，法院就得执行，这是(强调)肯定的。

例 6-23 仲：(打断)商量里面约定了的，即使是包干范围内的减少，你都**不能**再减。不调整这个。

例 6-24 仲：人家这个中介费是说了(停顿)签了合同就要付，所以这个问题现在你要说喃，嗯……有一些不同的看法，或者你有一些……嗯……觉得这个钱**不该**出，也可以理解，是吧？

同时，仲裁员也会在高量值的概率情态词前加入否定词“不”“没”或“不太”，改变了该情态词的量值，表示了仲裁员不太确定的主观猜测。

例 6-25 仲：现在两个，一是(笑)你觉得他拿不拿得出 10 万元？(继续笑着说，强调)好久拿得出来？他家庭经济条件，这个案情，是非常非常之简单的。实际上就是付多少钱，怎么付法的问题。等于说看你的想法，你是律师专业我就不说了。(笑着说)这个他拿钱呢确实要拿得出来。并且，这个钱就是任何人现在打工的话 3 年也**不一定**能拿出来，现在打工族也得行。(笑着说)嘿嘿嘿，他现在离婚没有嘛？没离婚噻？

例 6-26 仲：我觉得，建议你没必要，因为我觉得小×，你还是，是吧？不是这种不讲信用的人。但是你**没必要**因为自己的一些，法律上的问题，去吃这个亏，像就是说，本来我是有理的，但是法律上的东西和条款确实对我不利，是吧？以后我们就多个教训，交点学费，但实际上这个学费对你来说，并不昂贵。

例 6-27 仲：这个事情有点儿模糊。我说那你摊点儿。(音调上升)他摊点儿勉强，多了就**不太会**接受。所以我想如果你们能够拿出一个姿态。把这个 50 万块钱弄、弄一个、等于说有点儿不太明朗哩，(语速加快)因为毕竟不像建川儿这么明朗。而且现在，他不好说话噻！给我提出异议噻！

(6)而在疑问语气中，大量使用“×不×”结构，表委婉征求意见。

例 6-28 仲：(打断)这个，李××，你们这些话后面还有机会说哈。我们就是刚才我们通过质证、调查、辩论耶，我们就辩论结束。我就问一下哈，双方当事人，这个，申请人这边，嗯，**愿不愿意**调解？

例 6-29 仲：(打断)和那个什么律师的什么的一些费用，你就可以不还本金，他们的意见就是这样的，你看**行不行**，你**同不同意**？

例 6-30 仲：看**能不能、能不能**实在点儿？(打断)那么这个事情呢，他们呢，现在的情况是不想出更多的钱，他们愿意出点儿钱。

第三节　仲裁员调解话语中语篇层面的情态意义

一、情态附加语

系统功能语法认为传统语法着重考虑情态动词的形式和意义，这无疑是重要的，但到了语篇层次，就需要那些更广义的可以表示确定性、可能性、必要性、道义、漠然等情态功能的手段(李杰和钟永平，2002)。尽管情态系统实现的核心手段是情态操作语，但在语篇层面，情态也是表达人际意义的中心概念。所以我们对情态的理解应从词汇的层面拓展到语篇的层面。

在语篇中，情态实现方式丰富多样，多种语法范畴也可以表达情态意义。各种情态表达手段可以在数量上或质量上具有显著特征，而这种显著性是理解语篇的人际意义关键之一。情态系统的多样性决定了情态的表达不仅有一致式，还有非一致式的表达。在超越词汇语法层面的情态手段中，情态附加语作为人际意义成分，是说话者插入个人对命题或提议的态度或评价的重要手段之一。根据语义的不同，情态附加语包括两类：语气附加语和评价附加语。

(一)语气附加语

在英语中，语气附加语与语气、情态、归一性、时间等意义建构密切相关。根据功能的不同，语气附加语可细分为两种类型：可能性附加语和通常性附加语。在汉语中，这类附加语被称作事件情态副词，但它们在句中的作用与它们的英语对等词一样。与英语语气附加语一样，汉语语气副词不只是影响就近的句子成分，还对整个句子语气产生影响。不同的是，汉语语气副词更受制于句法规则，位置相对更固定，只有少数可以位于动词之前或句首。表 6-5 是英语语气附加语与汉语语气附加语的分类对照。

表 6-5　英汉语气附加语的分类

类型		英语	汉语
语气附加语	可能性	probably, possibly, certainly, surely, maybe, perhaps	可能、或许、也许、大概、肯定、好像、准、一准、恐怕
	通常性	usually, frequently, sometimes, always, never, ever, often, seldom	通常、时常、常、有时、总是、反复、再三、一再、屡次、再也、一向、很少

除了情态类的语气附加语外，汉语中还有大量表达态度和关系的情态副词。这类词不仅对命题产生了影响，而且在语篇层次上更大程度地反映了说话人的态度。Martin 把这类情态资源纳入评价系统。因此，为了避免混淆和保证情态系统的统一性，我们将在评价附加语部分讨论，本章节主要关注仲裁员调解话语中事件情态副词：表示可能性和通常性的情态副词。

从表 6-6 中我们可以看出，仲裁员的调解话语中表经常性的语气附加语类型多于表可能性的语气附加语类型。但从使用频数来看，表可能性的附加语高于经常性的附加语。

表 6-6　调解话语中语气附加语的分布特征

类型		语步 1、5	语步 2、4	语步 3	统计
可能性	大概	1	7	4	12
	恐怕	0	2	4	6
	也许	0	0	1	1

续表

类型		语步1、5	语步2、4	语步3	统计
经常性	经常	0	0	5	5
	有时	0	1	5	6
	总(是)	1	0	5	6
	反复	0	1	1	2
	一再	0	1	1	2

频数最高的是可能性情态副词“大概”，它不但可以对事件总体情况的或然性进行判断，也可以对时间、数量等进行客观估计，同时也可以表示委婉的肯定。而频数排名第三的可能性情态副词“也许”是表主观猜测，表示说话人对已经发生或将要发生的事情的可能性的一种猜测。虽然这种猜测表示的是客观事件的概率，但它明显具有主观性，介于肯定和否定之间，通常表示“不很确信”的语气。有时“也许”表示委婉的语气，这时它带有肯定的意味，可以和“大概”互换。而当副词“恐怕”表示推测和估计时，相当于“大概”“也许”，它和前两个副词互换，同时也表示委婉的语气，说明说话人已有想法，但是用委婉的语气来表达，以免过于直率。所以仲裁员使用这三个可能性情态副词，表示对事情不太确信，表达委婉语气。

例 6-31 仲：原来我是只有 50 万噻。(音调上升)你不能说做完了只赚得到 50 万，就推定没做完损失就不可能超过 50 万。(伴有笑声)这个、这个逻辑不一定，**恐怕**，有点儿断层了。啊，他做完啦，我觉得就是这个样子了。到最后，也没得人罚我的定金，那我就……最后我就赚了，啊，就是你觉得该少点。

例 6-32 仲：老大之所以在这一点上他……他解不过来，他还不是有这个情结。他说诶个存在是完全码实在了哩。他现在跟你说，没有码实在。(语速减慢)恼火啊，不实在。我想**也许**还是有可能哩。如果你现在哈，就是……不好做主诶，比如说我们就建议，比如说跟你老大说，恐怕要在 30 万左右考虑，这个调解才好做。当然，我、我、也、也会跟这个申请人马上跟他沟通，那如果呢打个电话好、好问诶，当然今天下午达成协议更好。

例 6-33 仲：我算了一下，按 20%算，**大概**就是 76 万，762 714，就是这么多。

在例 6-31 中，仲裁员在分析被调解方推算损失总价存在的问题过程中，表达了他的主观态度，认为被调解方推算的有逻辑断层，但为了缓和语气，他使用了“恐怕”，这样更易于对方接受。

在例 6-32 中，仲裁员推测被调解方领导的消极情绪，在判断句中已经用了表可能性的情态词“有可能”，但他在之前加上了“也许”，加强了他的主观猜测性，让听话人觉得仲裁员的判断不是非常武断和强硬，这样更能起到缓和气氛的作用。而在例 6-33 中，在数目前加上情态副词“大概”，表达了仲裁员对数目做了一个客观的估计，这样也让被调解方更能接受他的结论。

系统功能语言学里把表频率的情态词也分成高、中、低三个量值，胡壮麟等(2005)认为汉语中表频率的情态表达也可以按照等级划分。史金生(2002：38)根据频度量的大小和语义，把汉语中的频度(频率)副词分为高频、中频、低频三个等级。他认为，高频是指某个动作或事件在单位时间内持续不断或极度频繁地出现、发生，有“老”“总”等；中频是指某个动作或事件在单位时间内比较频繁地、时断时续地出现、发生，有“常常”“经常”等；低频是指某个动作或事件在单位时间内很少或极其偶然地出现、发生，有“有时”“不时”等。

从表 6-6 中，我们可以看出仲裁员倾向于使用高量值的表经常性的语气附加语，即频率情态副词，如“总是”“一再”“反复”和“经常”。而“有时(候)”是唯一一个低值频率语气附加语。

例 6-34 仲：那就调解嘛！(伴有笑声)**总是**在一种友好的氛围当中结束这个纷争。

例 6-35 仲：(语速减慢)这是另外一个问题哈，我**一再**跟你强调。

例 6-36 仲：（打断）这些道理不要讲……讲了，反复说来这个事情。

在例 6-34 中，仲裁员表达了对调解结果的美好愿望，在陈述句中加入了高量值频率副词“总是”，既表达了自己基于以往经验的判断，也传递了对被调解方友好协商、解决纠纷的一种期待。然而，在例 6-35、例 6-36 中，两个高量值频率副词“一再”和“反复”蕴含了消极的语义，透露出仲裁员的不耐烦或对被调解方的不满情绪。

例 6-37 仲：是这样的。我觉得你有各种渠道，如果对他不满意的话，但是你，现在，这个法律啊，它是讲究证据的。这种依据，是这样的：你可能条款，就说你签字必须要谨慎，所以我们为什么经常说老百姓啊，经常在外面去，是吧？签个字都不看内容，也不看那个条款怎么说的，经常写什么担保、保证金什么的很多，是吧？就说你签个字，你签个字我给你多少钱，你签嘛，没事，有些老人就签了，签了最后就告上法庭，然后去，最后，是吧？他就说，我说不知道怎么回事，但是都是成年人啦，你说你不知道，就行吗？那是不行的。

在例 6-37 中，仲裁员在给被调解方举例分析问题时，使用中量值频率副词“经常”三次，除了表示对这种中介骗消费者的现象进行客观估计以外，也表达了对被调解方的同情，这样可以团结被调解方，拉近距离。

例 6-38 仲：有时候可以让步一下子嘛，有的时候甚至是这样的。诶那些金额比较大哩，几百万，（音调下降）唉，算了，不要了这几百万。但就是快速要把钱给我，不要拖起来吃起撒，这么的话，吃起很烦。

在例 6-38 中，仲裁员使用低量值频率副词“有时候”和“有的时候”，是对被调解方作出让步的可能性做了较客观的判断，同时也给被调解方充分选择的余地，让他倾向于接受仲裁员提出的各种调解方案。

(二)评价附加语

评价附加语在小句中表达的是说话人对命题整体的立场、态度或评价。它是表达说话人对整个命题或部分命题态度的一个重要的词汇语法资源手段。较之语气附加语，评价附加语常更能凸显评价意义。作为一种情态的非一致式表达形式，评价附加语的主要类型包括观点、推定、合意性、评估、预测等(Halliday，2000：49)。从功能的角度解释，评价附加语作为信息的起始点，不但具有明确的人际意义，同时也是表达评价意义的一种手段。Halliday(2000：83)认为，尽管评价附加语与语气语法的关联不是很密切，但是它在语篇的组织上发挥着重要的作用。从语法域转换的角度看，评价附加语及其依附的小句其实是一种隐喻形式，它通过小句的层面表现说话人的态度。有时评价附加语还对说话人谈话或交流的风格本身作出评价，是表达说话风格最主要的语法手段(常晨光，2008：12)。

从主客观取向来看，情态评价附加可以分为客观性评价附加语和主观性评价附加语，它们也是隐性和显性表达说话人主观态度的手段之一。英语中，客观性评注附加语表现形式由副词短语或介词短语体现或投射小句“It is possible that...”“It is probable that...”“It is certain that...”。在汉语中，常用的客观性评价附加语通常是以短语的形式出现，如“(就)……而言”“(就)……而论”“就……来说“和谈及”等，清楚表明这是说话人的插说。而主观性评注附加语是以人称做主语的动词短语构成，如“我觉得……”“我认为……”等。根据主客观取向，我们对仲裁员调解话语中的评注性附加语进行赋码、归类，如表 6-7 所示。

表 6-7　调解话语中评价附加语使用频数

	表达形式	出现频数	表达形式	出现频数
主观评价性附加语	我觉得	151	我建议	4
	我想	45	我个人认为	4
	我(们)说	43	我相信	4

续表

	表达形式	出现频数	表达形式	出现频数
主观评价性附加语	我给你说	30	我知道	4
	希望	29	我意思是说	3
	我看	23	我就是说	3
	我估计	14	以我来看	2
	我认为	10	(从)内心来讲	1
	我给你讲的是	10	这么跟你说吧	1
	我在想	8	我跟你讲	1
	个人的	5	个人觉得	1
	统计		431	
客观评价性附加语	应该说	17	在客观上	2
	实质上	16	根据仲裁法的规定	2
	等于说	13	从道理上	2
	从法律上(讲/说/来裁判说)	11	从专业人士来说	2
	事实上	11	从严格而言	2
	说穿了	9	××说明规定了	2
客观评价性附加语	严格讲/而言、最严格地说	4	老实来说	1
	说白了	4	从调成这个角度上来看	1
	客观地说	3	从你们过去的关系来看	1
	按理说	3	从整个履行来看	1
	实事求是地讲	2	至少来讲	1
	统计		131	

我们通过赋码值，对仲裁员使用主客观评价性附加语的频数进行统计，发现仲裁员使用主客观评价性附加语主要集中于背靠背调解阶段(语步 3)，而且两者的表达形式与使用频数呈反比。从表达形式上看，客观评价性附加语共有 44 种表达形式，高于主观评价性附加语。由于篇幅限制，表中只呈现了主客观评价性附加语主要的 22 种表达形式。但从使用频数看，主观评价性附加语远远高于客观性评价附加语，前者(431 次)

是后者（131 次）的三倍之多。

以上数据说明，在调解阶段仲裁员并不会刻意隐藏自己的主观态度。相反，他会调整自己的身份，主动表达自己对被调解方行为的看法或建议。

例 6-39 仲：你不调解，我只有写裁决书。那裁决书就要经过仲裁庭来审，仲裁庭认为这个是吧，你该给，你仲裁庭到时候这个仲裁委他认为，结果下来你是仲裁委的一个意见了，如果说判你输了，你不执行就到法院去，你说法院告出来，这报上说实话，**我觉得**，这是你个人的一个信用记录，**我个人认为**这个很重要，比钱都重要。

例 6-40 仲：**我想**这样的后果啊，对你说实话，倒不是钱的问题。但是**我建议**，为什么要调解呢，你也不要为了一口气，因为到这个地方来的话，这个气你可以通过其他途径去出。但是从这个，对这个仲裁案本身，**我觉得**你这个，最好，为什么呢？比如说你最后裁决下来了，就说，当然我不是，现在我们不代表仲裁庭的意见，就说，有可能会裁决你败诉。败诉之后你就会有这种记录，比如以后到法院审理，那时候你就会有案底。我觉得，建议你没必要，因为**我觉得**小×，你还是，是吧？不是这种不讲信用的人。但是你没必要因为自己的一些，法律上的问题，去吃这个亏，像就是说，本来我是有理的，但是法律上的东西和条款确实对我不利，是吧？以后我们就多个教训，交点学费，但实际上这个学费对你来说，并不昂贵。

例 6-41 仲：没买，但是这个确实是说，是吧，房子也没买，还付 7000 块钱，而且 7000 块钱还不小，肯定是心里面是不太（停顿）能够接受。但是**我觉得**当时你也另外想一想，你要、你要、你要是……诶，我说重庆话哈（伴有笑声）。**就说这个意思**，你个人签都签了，你签了如果这个，你白纸黑字写起的。我们说这个是，这个是白纸是写起的。你现在说，你说不付，这个可能写得这么清楚。可能倒是也站不住……也不大好，也站不住脚。

例 6-42 仲：我觉得这里面呢，确实作为这个中介机构，因为它也是格式条款，也是一种，作为你们来说，肯定也是要落实的。

从以上四例中可以看出，仲裁员在调解时，降低自己的身份，拉近与被调解方的距离，试图从一个朋友或拥有专业知识的专家的角度，帮被调解方分析问题，晓之以理，动之以情，促进调解的达成。在例 6-39、例 6-40 中，仲裁员主要从如果调解失败，对被调解方造成的影响，如影响听话方个人信用的后果，借此推动听话方接受调解方案。而在例 6-41、例 6-42 中，仲裁员从被调解方没尽到义务的角度，直接表达自己对听话人失职的负面态度，让听话人认识到自己错误的同时，也感受到来自仲裁员的压力。

有时，为了达到说理的效果，仲裁员会隐藏自己的观点和态度，通过援引法律法规、他人的观点等手段，增强调解话语的言据性，并借此来定位自己的立场，促进被调解方接受自己的观点。

例 6-43 仲：(打断)不是，张镇长，从法律上讲，因为我们要做裁定的话，我们就可以讨论那些问题。但是我是希望大家协商。

例 6-44 仲：我们这个合同啊……一百一十三条说明它规定了一个预期利润，这个预期利润，我、我们从仲裁庭的角度看，除非有不利的证据证明，一般很难支持，那可以到人民法院去，(伴有笑声)估计椤个也好不到哪哩。

例 6-45 仲：没得施工图，你整啥子耶？呵！呵！没得法整嘿！(伴有笑声)而建设施工图没得标明，严格而言是这么回事。所以在这个事情上双方，双方错误大了，怎么能签字呢，这个合同！

例 6-46 仲：从调节做成的角度，恐怕，你这个数字要提升一点儿。(音调上升)那么我是希望调解，因为其实现在调不调解对我，从某种意义上看哈，夸、夸张一点儿的话哈，也意义不大了，呵呵！

当仲裁员调解话语中涉及的命题具有争议性的时候，仲裁员加入客观性评价附加语，从客观事实或法律法规的角度，为说理提供外部资源，使其具有更强的言据性和说理性，并隐藏了自己的立场和态度。所以在例 6-43 和例 6-44 中，仲裁员转述法律规定，说明听话人不接受调解产生的后果或影响。同理，仲裁员也可从客观事实的角度，给听话方分析自己应在纠纷中承担的责任（例 6-45），或从调解结果的角度，向听话人提出委婉的建议（例 6-46）。所以，仲裁员通过客观性评价附加语及其投射小句传达的命题，增加了命题的权威性，同时也加强了调解话语的客观性和说服力，对调解起到了积极的作用。

二、情态附加问句

附加问句是一种普遍的问句构成手段，其典型功能是征求听话人根据直陈内容进行确认或否认。在是非疑问句中，情态附加疑问句是疑问程度较低，但支配力最强的，也是低级语法化形式，传达轻微的征询语气，倾向于相信命题的真实性，缺少强烈的质疑色彩（高华和张惟：2009）。因此，仲裁员在调解开始（语步 1、5）和调解阶段（语步 2、4）中，把意态型情态词“行”“愿意”或“可以”放入这种疑问句形式中，构成“×不×”的情态附加问句，不但表达了委婉的征询语气，而且也传达了自己的主观态度。

例 6-47 仲：一周时间。你只要往前走一步。你不能说这个地方摆起，**好不好**？一周，仲裁庭等你们结果。

例 6-48 仲：你们两个看，最后再磋商一下看。看还有没有磋商的余地。就是说，申请人还愿不愿少点，被申请人**愿不愿**加点？要不你们两个单独出去商量一下也可以啊，没得啥子得。**可不可以**嘛？你看你们两个**愿不愿意**单独磋商一下？

例 6-49 仲：今天，是调解……诶……因为诶，可能方式方法有些变动，楞个嘛，被申请人嘛，你们先休息几分钟嘛，听到没得？坐到起听哈，我们听哈申请人的意见，然后申请人再出去，再会儿被申请人又进来，**行不行**？

在例子 6-47 到例 6-49 中，“可不可以”“好不好”“行不行”这些情态表达不仅是责任情态，也是现代汉语中的构成附加问的主要标记。这三个结构也可以由“×吗”（可以吗、好吗、行吗）替换，基本意义相当。它们多用于祈使句之后，目的是询问对方是否同意做某件事，其功能是“通过疑问形式征求对方意见，有表示商量的语气”（高华，2009a）。当这些结构附加在仲裁员对被调解方的要求之后，用疑问形式表达祈使语气，就使“要求”变成了礼貌的“寻求允可”，它使仲裁员单方面的命令或要求，变成了给予听话人作出肯定或否定回答的权利，不仅启动了新的话论，而且提高了仲裁员话语的礼貌层级，拉近了彼此的距离。

但是当这类附加问出现在否定祈使句语气中，其功能已经不在于寻求听话人的回答了，而更多是出于礼貌策略。如在“你不能说这个地方摆起，好不好？”中，前面的祈使句谓语部分带有一定的“道德负面语义”（高华，2009b）。因此，仲裁员提出“不能说这个地方摆起”会让听话人感觉仲裁员的要求是正当合理，应得到认可或接受。因为对这个附加问句的预计回答是唯一的、肯定的，所以它并没起到启动新话论的作用。从表面看，仲裁员使用这样的情态结构，起到了礼貌地“寻求允可”效果，但同时他也占据了“道义优势”，让被调解方感到一种压力。

三、语气词的情态意义

在汉语中，情态还有一个非常重要的组成部分——语气，而语气助词也是语气实现的重要手段。我们将在第七章对各语气类型中的语气词作较详细的分析，在这里重点讨论语气词和情态的关系。

在语气部分，我们分别统计了在陈述句、祈使句、疑问句中语气词的使用情况，以下我们统计 23 个语气词在这几类语气中的总体使用频率（表 6-8）。

表 6-8　仲裁员调解话语中情态语气词的语法分布

	陈述句	祈使句	疑问句	感叹句	合计
语气词使用频数	363	122	87	16	588

从上表看，仲裁员使用语气词的频数在陈述句中最高，其次是祈使

句，然后是疑问句和感叹句。

在仲裁员使用的23个语气词里，使用次数最多的三个语气词是“哈”“嘛”和“啊”，我们将结合前面语气部分，简要归纳下这三个语气词在不同语气中体现的情态意义和人际意义。

(1)“哈”是一种直陈情态，它的功能是让仲裁员以委婉、缓和的语气，向听话人证实命题的真伪，或者摆明自己的主观态度，寻求听话人的认同。同时，它也是仲裁员与被调解方互动的要求，所以它是仲裁员调解话语中交互主观性的标记之一。

(2)“嘛”在陈述句和祈使句句末充当表态、表意和表情语气词，它既向听话人传达某种信息，也能表明说话人的立场和态度，同时也传达自己对周围事物或对方的说话内容的轻微不满、任性、赞叹或其他情绪，起到了传递多种感情的功能。“嘛”用在一般疑问句中，能起到加倍强调说话人对命题的态度，表示确定。在特指疑问句中，起到了降低疑问度、缓和语气的作用。它同时也可以改变听话人的义务级差。

(3)“啊”是疑问句中常用的一个增加疑问度的疑问词。在特指疑问句中，它能增加疑问度，表示说话人索取信息的主观意愿很强。而在否定是非疑问句中，疑问程度很低，通过归一度来改变语气，表反诘，能起到弱化命题态度，表示说话人的态度或情感的作用。

综上，作为一个重要的语法概念和人际意义的体现手段，情态在仲裁庭审中扮演着举足轻重的角色。在本章中，我们回顾了情态的概念，梳理了语言学中各学派对它的分类，并详细阐释了系统功能语言学中情态的定义及它下面的四个子系统：情态类别、主客观取向、情态量值和归一度。我们结合系统功能语言学中的情态系统框架和汉语情态特征，对仲裁员调解话语中的情态系统进行分类统计，得到以下六点发现。

(1)从总体上看，仲裁员使用的情态资源丰富多样，多达37种，说明仲裁员可以利用各类情态资源显性或隐性地表达自己的观点和态度。

(2)仲裁员在调解的不同阶段会使用不同类型的情态资源，并配合不同的语气类型，实现不同阶段的交际目的。在调解首尾阶段(语步1、5)，他的机构主体身份特征很突出，多使用高量值意图型情态资源。而在三方调解阶段(语步2、4)，他的角色转换为拥有专业知识的专家，倾向于使用高量值的义务型和概率型情态资源，从当事人各方应承担责任的角度分析问题，同时也体现了他的权势地位。在背靠背调解阶段（语步 3），仲裁员扮演了不同的角色，来表达认可、劝说、建议和反驳等各种语义，并通过情态资源隐性或显性地传达自己的观点和态度。

（3）在调解阶段，高量值责任型情态词“要”、低量值责任型情态词“可以”和低量值概率型情态词“可能”是仲裁员使用频率最高的三种情态动词。它们通过与之共现的其他情态词的合力，表达不同的语义和情态。

（4）仲裁员使用情态的多样性也延伸到了语篇层面。超越词汇层面的非一致式情态表达也是仲裁员插入个人态度和立场的主要手段。在调解话语中，仲裁员更多使用高值、表事态的语气附加语，表示对事件发生可能性的模糊猜测，以不确信的态度来避免直接表达带来的冲突或误会。仲裁员在背靠背调解阶段更倾向于使用主观性评价附加语，直接表达自己的观点和态度。当遇到争议性的话题时，他用客观性评价附加语援引客观现实或法律法规，增强调解话语的言据性和客观性，达到说理的功效。

（5）情态附加问句在调解初始阶段和三方调解阶段的人际意义主要体现在委婉征询意见、礼貌策略、拉近距离并表达说话人主观态度。语气词也是仲裁员改变句子情态意义的调节器，它们既表意、表情，又传递了仲裁员的立场和态度，是语气系统和情态系统中举足轻重的语法成分。

（6）评价附加语可以帮助调解话语实现和改变不同的语义，如恳求、推测、期望、保留、表达意见、证实、认可、劝说、评价和预测等。

第七章

仲裁员调解话语中语气系统的人际意义

第一节　系统功能语言学中的语气系统和人际意义

人在社会中扮演着不同的角色。在交际中，说话人不仅给自己确立了一个特定的言语角色，也给听话人分配了一个相应的角色。同时说话人也要根据语境的变化，不断转换他的言语角色。尽管言语角色多种多样，但归结起来，表现为两种基本任务：给予和索取。讲话人给予听话人某种东西或者向他索取某种东西，都具有一定的期待性：给予—期待对方接受；索取—期待对方给予。而给予或索取的交换物也分为两类：物品和服务、信息。当说话人给予或索取物品和服务时，他往往是邀请或命令听话人作出一定的行为。当他要给予或求取信息时，对方只用语言作答即可。把两个交际角色和两种交换物组合起来，可以构成四种言语功能，即提供、命令、陈述和提问。

Halliday（2010：77）认为当语言用来交换信息时，小句是以命题形式出现的。小句在成为一条消息的同时，也被看作一个交际互动事件，在交际中小句作为交换的意义所体现的语法系统就是语气系统（朱永生，2005：59）。语气是一种语法特征，表达说话者对所说的情况或事物所持的主观态度。语气包括直陈语气和祈使语气。直陈语气次分类为陈述语气和疑问语气。陈述语气又分为肯定和否定两种极性；疑问语气分为一般疑问语气和特殊疑问语气。祈使语气有时是交流双方一起作出行动，有时只是讲话人要求交流的对方作出行动给予回应。语气的选择在很大程度上受到话语基调的制约，而这种制约又是与说话人和听话人的社会地位、相互关系和交际目的紧密联系的(朱永生，2005：59)。所以，在小句层面，它的次范畴——情态和归一度——是实现言语角色的主要渠道。

系统功能语言学将人际意义看作语言的参与功能，是说话人作为“干预者”的“意义潜势”。通过人际意义，说话者能够参与到某一特定的语境中，表达自己的观点、态度和立场，并试图影响听话人。Halliday(2005)认为人际意义主要通过话语基调、语气系统、情态等几方面实现，其中，语气是人际意义的主要成分。

人们把认知的言语角色归纳为两大基本类别：给予和索取。在言语活动中，给予或索取的东西可能是具体的物品、信息、服务，说话人通过言语，可能自己做事，也可能要求听话人做事、接受或给予，这种言语行为就是“互动”(Halliday，2000：68)。在言语互动的过程中，会话双方交换的语法就是人际意义的语法。从语法的角度看，交际方的每个话语都是通过语气来实现小句的言语功能的。根据交际过程中言语角色和交换物的不同，可以归纳出四个主要的言语功能：提供、陈述、疑问和命令(Halliday，2000：68-69)。这四个最主要的言语功能是由语气系统来体现的。一般说来，陈述句体现陈述语气，疑问句体现疑问语气，命令小句体现祈使语气，提供功能则没有典型的体现形式(表7-1)。

表7-1　言语功能及其语气的一致式(Halliday，2000：68-69)

言语功能	陈述	疑问	命令	提供
陈述语气	He is giving her the teapot.			
疑问语气		What is he giving her?		Would you like this teapot?
祈使语气			Give me that teapot.	Let me help you with this trunk.

系统功能语言学家们用了大量的篇幅描写了英语中小句的语气系统，揭示了小句是如何通过交换或对话来实现人际意义的。小句中语气

的语法类型可以投射各种人际意义，反映交际方之间的权势、亲密程度、态度或判断，进而解释语旨。Eggins 和 Slade(1997)认为语气的功能在于揭示了交际中各个角色之间的关系，是描写会话中人际意义的基本路径。

本章将结合汉语语气系统的特点和系统功能语言学的人际意义，重点考察在调解的不同阶段，仲裁员如何根据语境的变化，使用不同的语气类型来认可、否定、反驳、坚持、调和等等，以此实现语境和交际各方的互动，以达到调解目的。

第二节　汉语语气系统与汉语语气词

一、汉语语气系统

目前的汉语语法概念体系中，语气的内涵和外延都很模糊(赵春利和石定栩，2011)，这和汉语中“语气”这一概念的历史继承和发展有关。汉语语气系统的发展经历了借鉴与参照英语中 mood、sentence type 和 modality 三个阶段。无论怎么界定汉语的语气系统，汉语和英语一样，都有体现人际意义的语气和情态系统，但是它们的表现形式是不同的。英语语气系统主要体现在两个方面。首先，在英语的小句中，主语具有举足轻重的地位，因为它是“为命题的成功与否负责的成分，是使命题有效的成分”(齐沪扬，2002)。因此，语气类别的变化总是涉及主语的出现与否，以及其出现的位置。其次，英语的语气是由动词的形态变化来表示的。

但是，在汉语中，交际事件的焦点一般落在事件本身上。所以，汉语的语气并不是以主语在交际中的有效性为特点的，而是由谓语、谓语动词极性或者整个命题，以及对它们的评价的中介程度的有效性为特点的。因此，谓语动词的效力变得尤为重要。汉语的语气主要通过以下四个方面来体现。

(1)语调的升降。在句子结构不发生变化的前提下，语调的升降可以实现陈述句变为疑问句。例如：

他喜欢这本书。↘

他喜欢这本书？↗

(2)语气助词。作为改变语气的一个可选范畴，语气助词放在句末，也能改变句子的语气。例如：

我们一起去食堂吧！↘

我们一起去食堂吗？↗

(3)谓语或谓语的一部分存在与否。

(4)特殊疑问词及主语的出现与否。

胡壮麟(1994)归纳了汉语的语气系统有如下特点：①汉语中没有限定成分，并且主语总是出现在首位；②语气词“吗”“啊”“呢”“吧”出现在句子的尾部来表示其语气的范畴；③汉语中的疑问词不移到句首；④相对英语而言，汉语小句中的主语作用要小很多。汉语语气系统的这些特点是由其在汉语文化语境中的交际功能和汉语作为分析性语言的特点决定的。

对汉语语气系统的理论框架，目前很多汉语学家们都提出了自己不同的诠释，齐沪扬(2002)对此做了归纳对比(表 7-2)。

表 7-2 不同学者对汉语语气系统的划分(齐沪扬，2002)

王力的分类		吕叔湘的分类			高明凯的分类	
确定语气	决定语气	语意	正与反	肯定	否定命题	
	表明语气			不定	确定命题	
	夸张语气			否定	询问命题	
不定语气	疑问语气		虚与实	实说	疑惑命题	传疑命题
	反诘语气			虚说		反诘命题
	假设语气		与认识有关	直陈	命令命题	强制命令
	推测语气			疑问		非强制命令
意志语气	祈使语气	语气	与行动有关	商量	感叹命题	
	催促语气			祈使		
	强受语气		与感情有关	感叹、惊讶		
感叹语气	不平语气	语势	轻与重			
	伦理语气		缓与急			

张德禄(2009)结合了前人的研究和系统功能语言学理论，在贺阳(1992)的理论框架的基础上提出了新的汉语语气框架(表 7-3)。

表 7-3 新汉语语气框架(张德禄，2009)

功能语气	陈述语气		句末用句号，而不具有祈使语气
	疑问语气	询问语气	句末用问号，而不是反诘语气
		反问语气	句末有句号，句中有语气副词“难道、何尝”及“不行、不成”等词语，或句末带问号的否定句
	祈使语气		句末用句号或感叹号，而不具有陈述或感叹句
	感叹语气		句末用感叹号，句中有“太、多么”等程度副词，或有“这么、那么”等表程度的指示代词
评判语气	认知语气	确认语气	句末没有问号，也没有语气词“吧”
		非确认语气	句末有问号，而不是反诘语气，句末无问号，但有语气词“吧”
	模拟语气	或然语气	助动词“会、可能”等或语气副词“也许、或许”等
		必然语气	语气副词“一定、必然、可以”等
	履义语气	允许语气	助动词“能、能够、可以”等
		必要语气	助动词“会、可能、要”等或语气副词“必须、一定、务必”等
	能源语气	能力语气	助动词“能、能够、可以、会”等
		意愿语气	助动词“肯、愿意、情愿、想”等
情感语气	诧异语气		语气副词“竟、竟然、居然”等
	料定语气		语气副词“果然、果真”等
	领悟语气		语气副词“难怪、原来、敢情”等及叹词“噢”
	侥幸语气		语气副词“幸亏、幸而、幸好”等
	表情语气		不属于上述四种还必须有感语气的，并用叹词或语气副词表达

从表 7-3 中，我们可以看出功能语气就是系统功能语言学中的语气，评判语气等同于情态系统，而情感语气则是评价系统。本章中，我们将立足于该汉语语气系统框架，关注功能语气部分。而情态语气和评价语气已在前面章节作了详细讨论，在此不做交叉讨论。

二、汉语语气词

汉语中表达语气的手段丰富多样，但语气词是仅次于语调的重要的“专职”语气表达手段(王飞华，2005：53)，它们在小句中可起到句标记、完句和凸显情感的作用。作为一种专表语气的词类，它的丰富性和多样性是其他汉语语气手段不可比拟的。

和英语不同，汉语语气助词本身没有形式标记，但是它们在句中有功能标记和较明显的位置标记。汉语有 12 种语气词和 9 种语气副词，它们在意义上没有明显的界线，但在位置上有明显的区别。语气副词位于谓语之前，而语气词作为一种后置虚词，依附在词、词组或句子之后，表达不同的语气。具有语气功能标记的词是语气词和语气副词。任何类型的小句都可以不依赖任何语气词来表达语气。作为改变语气的语法范畴，语气助词是一个可选项，也就是说它不是出现在所有类型的小句中。如果陈述句没有语气词，它就被称为无标记的陈述句，而带有语气助词的陈述句就是有标记的。当它们出现时，每一个范畴都有一个典型语气词，使用其他的非此类标识的语气词主要是为了表达附加的人际意义。

汉语语气词在语法功能上有着各自明确的分工，可以用来分别表达汉语中陈述、疑问、祈使、感叹四方面的语气。在人际意义上，能够表达同一语气的语气词之间又有着细微的差别，说话人可以借助它们准确地表达出它针对句子命题、事件乃至听话人的不同态度。这种助词代表的是全句的语气，而不是谓语动词的语气。因此，我们把语气词看作是在词汇层面的语法化结果，把它从词类范畴移入句法范畴，从句子整体来研究汉语语气。因此，我们在分析语料中各语气类型时，将同时讨论与其共现的各类语气词，并解释其背后隐藏的人际意义。

第三节　仲裁员调解话语中的语气系统

一、调解话语中语气类型分布的总体特征

我们按照系统功能语言学的语气类型，对转写的每个句子进行赋码，

统计出各种类型句子的出现总频数，得到以下分布特征(表 7-4)。

表 7-4　调解中语气类型动态分布特征

	完整小句				非完整小句				省略句	程式化句子	合计
	陈述句	祈使句	疑问句	感叹句	陈述句	祈使句	疑问句	感叹句			
语步 1	17	2	19	0	4	2	16	6	2	3	71
语步 2	284	34	36	1	45	52	74	14	10	3	553
语步 3 步骤 1	550	40	87	11	104	53	117	30	1	8	1001
语步 3 步骤 2	386	40	30	10	489	53	90	13	3	1	1115
语步 4	131	32	27	2	48	55	96	18	30	1	440
语步 5	7	0	0	0	3	12	0	4	1	8	35
合计	1375	148	199	24	693	227	393	85	47	24	3215

由于统计的语气类型的总频数不同于词汇层面的统计，因此，为了便于讨论和观察，我们计算了它们各自在不同语步的标准化频数，进而得到以下标准化频数表(表 7-5)。

表 7-5　调解中语气类型动态分布的总体特征

	完整小句				非完整小句				省略句	程式化句子
	陈述句	祈使句	疑问句	感叹句	陈述句	祈使句	疑问句	感叹句		
语步 1	23.9	2.8	26.8	0.0	5.6	2.8	22.5	8.5	2.8	4.2
语步 2	51.4	6.1	6.5	0.2	8.1	9.4	13.4	2.5	1.8	0.5
语步 3 步骤 1	54.9	4.0	8.7	1.1	10.4	5.3	11.7	3.0	0.1	0.8
语步 3 步骤 2	34.6	3.6	2.7	0.9	43.9	4.8	8.1	1.2	0.3	0.1
语步 4	29.8	7.3	6.1	0.5	10.9	12.5	21.8	4.1	6.8	0.2
语步 5	20.0	0.0	0.0	0.0	8.6	34.3	0.0	11.4	2.9	22.9

为了更直观的观察它们的标准化频数形态，我们用柱形图来呈现上表(图 7-1 和图 7-2)。

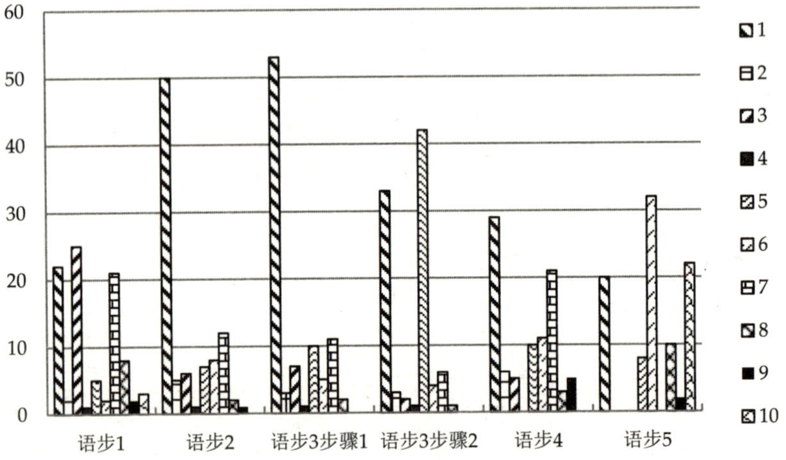

图 7-1 各语步的语气类型分布特征
(注：图例数字 1~10 代表表 7-5 中各语气类型)

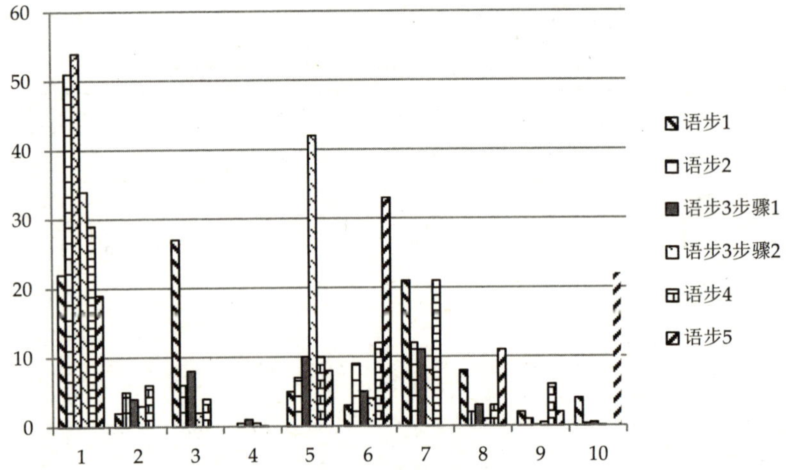

图 7-2 语气类型的动态分布特征
(注：图例数字 1~10 代表表 7-5 中各语气类型)

综合表 7-1、表 7-2 和图 7-1、图 7-2，我们可以看出，在仲裁庭审调解的不同阶段，仲裁员使用了不同的语气类型组合，这些语气系统组合具有以下特征。

(1) 从各语步的语气类型分布上看，各语步使用的语气类型存在一个共性，即完整陈述句位居首位，尤其是调解进入实质性阶段的语步 2、语步 3、语步 4 中。

(2) 区别于其他庭审话语，在仲裁调解阶段，问句不再是仲裁员首选的语气类型，而是陈述句。从语步 1 到语步 5，陈述句的类型也逐步从完整陈述句向非完整陈述句过渡，这表明仲裁员的话语方式是从正式逐步向随意过渡，用非完整形式的语气更能拉近和被调解方之间的距离。

(3) 不管是完整疑问句还是非完整疑问句，在该阶段，仲裁员继续较多地使用这种语气类型，来调查法律事实、询问当事人意愿等，充分体现了他在整个话语中的话语权和主导地位。

(4) 祈使句是使用频率第三的语气类型。仲裁员用它来发出命令、委婉建议，充分体现了他的机构权势地位。

(5) 程序性句子集中在语步 1、5 中，因为作为调解的首尾阶段，这两个语步比较正式，仲裁员倾向于使用一些程序性陈述句、疑问句来确立自己的身份和维护庭审的秩序。

综上，我们可以看出在随着语境的变化，仲裁员选取不同的语气类型来满足不同的交际需要。下面我们将分别讨论各种语气类型在调解话语中的使用特点，以及各种语气类型中使用的语气助词。

二、陈述语气

如前所述，在交际中，人们关注的不是谁或什么为事件负责，而是事件本身。所以在汉语句子中交流的中心是谓语。汉语陈述语气体现陈述的言语功能。说话人使用这种语气，向听话人传递信息。这表明陈述语气表示说话人的交际目的在于向听话人提供信息或给对方存储信息。陈述语气大多是单纯的陈述事件，不过，有时也会带上感情色彩，尤其是口语。表达感情最重要的一个手段是句末使用相应的语气词，这些语气词在传达各种情绪时，不仅自身意义起作用，而且也起到了强调的作用。从形式上看，汉语陈述语气分为无标记的陈述句和有标记的陈述句，无标记的陈述句主要依赖于整个小句的语义，而有标记的陈述句的体现则依赖于句末添加语气标记，如“了”“的”“呢”等。

我们将语料中所有的陈述句进行分类，先从结构完整与否，分为完整陈述句和非完整陈述句，然后再从有无标记，进行分类统计。结果发现仲裁员在调解中使用这种语气类型具有明显的倾向(表 7-6)，主要表现在以下五个方面。

表 7-6　仲裁员调解中陈述句使用频率

类型		语气词	完整句	非完整句	合计
陈述句	无标记陈述句		1007	445	1452
	有标记陈述句	的	152	34	186
		了	115	32	147
		哈	28	18	46
		嘛	20	15	35
		噻	14	1	15
		啊	11	4	15
		过	6	0	6
		哦	5	3	8
		的了	1	1	2
		的嘛	1	0	1
合计			1358	553	1913

(1)无标记完整陈述句是仲裁员使用最多的语气类型，它的使用次数为 1005 次，是有标记陈述句的一倍多(表 7-6，图 7-3)。仲裁员在调解过程中使用大量的完整陈述句，来实现说理和劝服的功能。

图 7-3　无标记陈述句的检索图

在这 1005 个无标记的完整陈述句中，仲裁员调用了各类词汇语法资源，如归一度、情态、评价等，以实现不同的人际意义，并推动调解顺利开展。无标记陈述句的功能大致归纳为以下七种。

A. 终止话轮，发起新的话轮，并控制庭审秩序，体现仲裁员的身份和权势地位。

例 7-1 仲：刚才我们通过质证、调查、辩论，我们就辩论结束。

例 7-2 仲：好，现在这个程序已经全部结束了。

例 7-3 仲：仲裁庭可以组织双方进行调解，我先征求一下双方当事人的意见。

B. 确认事实，表明自己独立的第三方地位。

例 7-4 仲：刚才双方已经表达了你们的意愿，也举出了相关的证据，那么现在就是当然

例 7-5 仲：大家有些不同的看法。但是现在我们从这个仲裁庭看来，你

们也签了这么一个协议。

例 7-6 仲：反正你们过去也是认识。

C. 提出自己的建议、期望或调解方案，竭力促成调解达成。

例 7-7 仲：现在双方哈，既然都同意由仲裁庭调解，我就需要双方有一个姿态。

例 7-8 仲：(打断)我是建议你们调解。

例 7-9 仲：那既然是这样，我觉得(停顿)你们最好的结果是调解。

D. 解释说明仲裁意义、程序、法律法规。这体现了在三方关系中，仲裁员在掌握专业知识和信息方面占主导地位，从而也确立了他的权势地位和专家身份。

例 7-10 仲：那么调解就是你们双方来研究一个双方可以接受的方案、一个意见，不同意的话就由仲裁庭出一个意见。

例 7-11 仲：作为仲裁来讲，他和我们普通最大的区别，就是不得，非得一定要掌管啥子是非，但是一定要力求公平合理地来处理这个事情，争取能够做到啥子诶，我们仲裁中介完成了，双方也和谐，这是我们最大的目标。而且通过调解，双方达成协议，更有利于达成你们的仲裁目的。

例 7-12 仲：你作为代理人，作为律师你也少操心。不仅仅是少操心的问题，这个东西是亲缘关系，作为我们法律工作者来讲，(语速加快)我们要小心托付这个亲缘关系，社会稳定的事。

E. 以独立的第三方身份，给被调解方分析问题，提出自己的个人观点或主观判断，以达到说理功能。

例 7-13 仲：所以在有些问题上面，尽管各个仲裁员的认识不同，我们还是要考虑到一个全盘利益问题，会照顾到其他。可能也要参考其他的裁决情况，结合其他案子的实际情况。我建议你们最好是调解，调解是最好的。

例 7-14 仲：你们当然材料要多一些。所以我觉得毕竟大的方面没有什么，就是下面一些小问题。你说是该赔不该赔的问题上发生了争议(提高声调),可能是固执己见,分歧很大,这种就很难调。

例 7-15 仲：事实上，在这里说，渝中区的房子，70 个平方卖 20 万，我还真的说太过……有点低廉。

F. 举例说明，以达到说服功能。

例 7-16 仲：今天上午一个案子也是，两边看起来闹得很凶，裁完了我对两边说了基本的看法，很快就调解了。

G. 对各方努力的充分肯定。

例 7-17 仲:看出来在一些问题上面,这个申请方是……(停顿)让了一步,作出积极的姿态。

从以上实现的各类人际意义，我们可以发现仲裁员使用大量的无标记陈述语气，目的是想确立自己超脱于双方当事人的独立身份，不仅能控制调解的进程，也能替各方客观分析问题、解释专业问题、说服对方，以促成调解。从这个意义上，也证明了在调解话语中，仲裁员在权势上占据显著的主导地位。

(2) 在有标记的陈述句中，“的”是使用频率最高的语气词。作为汉语里语法作用最强的语气词之一，“的”的用法和位置也变化多端。在仲裁调解中,仲裁员在陈述句中使用“的”,可归纳为两种功能:事态和情态。

例 7-18 仲：你个人签都签了<u>的</u>，你签了这个<u>的</u>，你白纸黑字写起<u>的</u>。

例 7-19 仲：你这个上头都是写了<u>的</u>，别个是女婿代签<u>的</u>。你自己还认了<u>的</u>。

以上两个例子中的“的”都是事态助词。因为有了这个事态虚词“的”,该句与没有“的”的一般句子在表义功能上有着很大的差别。一般陈述句子的典型语序是 SVP，其中 S 是已知信息，而 VP 是新信息。但加了“的”后，VP 就从新信息转变为已知信息，S 才是句子的新信息。这种语气词的独特功能是对现实事件的责任者进行断定，并对整个命题进行了确认。

例 7-20 仲：诶，有、有些人就整得顺风顺水的，比如说像，像我们这种人去……去做生意，就是属于**肯定**赚不到**的**。

例 7-21 仲：嗯……这么跟你说吧，如果说最后我们要裁决的话，对你的这个费用方面的承担**肯定**是更不利**的**。因为你这个，双方签订的这个合同**肯定**是真实有效**的**。

在例 7-20、例 7-21 中，句末“的”作为一个带有情态意义的语气词助词，往往和高赋值的情态词“肯定”“一定”等搭配，表示是对非现实事件的肯定。仲裁员根据目前情况或自身条件，对假设或未来的状况进行肯定的判断，把自己的确信态度置于话语之中，通过句末语气词“的”字把自己的态度判断实现出来。

⑶语气词“了”是在汉语中使用频率最高的、具有完句功能的语气词。它可跟附着在动词后，也可出现在句末，表示行为动作已经开始进行或完成。在肯定句中有明确的表现。如汉语的“V+N”往往是不自足的，一旦加上语气词“了”就变得完整了。

例 7-22 仲：(提高声调)他有个清单，有个清单上。他交了你什么东西，你交了什么东西，在清单上签了字的。

⑷语气词“哈”是从北京方言中衍生出来的一个语气词(贺阳，1994)，现在已经普遍用于我们的日常话语中，尤其是四川方言里。崔希亮(2011)认为它具有较强的情态意义和语篇功能，同时也是一个“高礼貌层级”的语气词。在日常交际的语境中，“哈”不表达命题意义，只表达情态意义，其核心意义就是寻求证实或认同、赞同或附和、表示惊异。这些都是说话人与听话人互动的要求。“哈”表达的是说话人的一种主观态度，它是汉语对话语篇中交互主观性的标记。在语料中，“哈”改变语气的功能可归纳为三种。

A. 哈[1]：向听话人证实命题的真伪。

具有这类功能的“哈”可以同义替换法来求证，用“是不是”或者“对不对”这种有实在意义的话语形式来替换。例 7-23 中的“哈[1]”是仲裁员对已经发生的法律事实进行委婉的确认。如果我们去掉“哈”，该句变成“那毕竟双方在那签了字，还盖了章”，这会给听话人一种很强势的感觉。因此“哈”这个语气词在缓和语气的确认事实上起到了关键的作用。

例 7-23 仲：我觉得实际上这个情况还是比较清楚**哈**[1]，这个事情。照目前来看**哈**[3]，当然大家可能有一些理解**哈**[2]。当然，这些理解有可能是对法律啊、经验啊，会有一些担心啊，有些东西。所以我觉得这个案件，实际上我觉得双方还是有这个基础的。

B. 哈[2]：寻求听话人的认同。

这是语气词“哈”最重要的情态意义（崔希亮，2011），它往往与评价资源共现。仲裁员在使用它时（例 7-24、例 7-25、例 7-26），把自己的主观态度摆出来，如“有一定难度”表示征询认同，期待听话人在某一话题上与自己有共识，唤起听话人的同感，得到认同。

例 7-24 仲：这个合同尽管有点、有点问题**哈**[2]，那毕竟双方在那签了字，还盖了章**哈**[1]。

例 7-25 仲：就凭你们现在的那个情况和你们双方争议的情况来看的话，被申请人喃，你要证明他没有履约耶，有一定难度，你单凭那个证据来的话，有一定难度**哈**[2]，你自己考虑一下。

例 7-26 仲：呃，这样嘛，现在双方都愿意调解，呃……那请申请人你们先出去一下，我们跟被申请人交换下意见。这样呐，有利于大家的调解**哈**[2]。

C. 哈[3]：发起新的信息链。

在例 7-28 中，仲裁员用“刚才那个，就说被申请人，我给你说明一下**哈**[3]”发起新的信息链，陈述被调解方在本金和利息上的主张是否得当，如果仲裁员直接用“我给你说明一下”，就会显得态度比较强硬，没有任何协商余地。而为了保持与被调解人的互动关系，仲裁员把听话人拉进来，有时也会用第二人称来引出互动关系，让对方感觉到说话人有一种商量的语气，实现平等、有效的沟通。

例 7-27 仲：（语速减慢）这是另外一个问题**哈**[3]，我一再跟你强调。

例 7-28 仲：（打断）刚才那个，就说被申请人，我给你说明一下**哈**[3]，就是对于这个罚息，如果说你认为要主张利息，你认为他们的罚息是认为太高，你在还本金和利息的基础上是不是要求要降低或者是什么？有这个，有这个意思没有？

总之，语气词“哈”在调解话语中起到交互影响的作用。在仲裁调解中仲裁员的角色是不断变化的，随着话轮的转变，他在说话人和听话人两个角色之间转换，也在机构话语主体角色和第三方调解员之间转换。语气词“哈”能在调解中起到“交互润滑的作用”（苏小妹，2008）。

(5)语气词“嘛”在陈述句句末充当表态、表意和表情语气词。它既向听话人传达某种信息，也能表明说话人的立场和态度，同时也传达自己对周围事物或对方的说话内容的轻微不满、任性、赞叹或其他情绪，起到了传递多种感情的功能。

例 7-29 仲：别个签了合同了毕竟出了力气**嘛**。哦，电话费要花点**嘛**，我意思说适当，不说给**嘛**，作为一种……(停顿)他都设备好了，两个一闹何必**嘛**？

例 7-30 仲：这是单方交换意见，你也是律师，我也是律师。客观地说，这里面他们也没有主张更多的损失。如果作为一个(停顿)开发商，他要主张，他可以，他可以(重复)举出很多证据来，我一块儿钱几百万，我投到另外的房产开发项目去，可能是怎么样的情况，是不是哈？我只主张其中一部分嘛。好**嘛**，我有一定的过错**嘛**。

例 7-31 仲：你们方也是说得很清楚了，我们也当然是按法律来裁定，我们也不可能强迫你们说不调解，不调解也总要公平**嘛**。

在以上三例中，“嘛”置于陈述句末尾，表示肯定的语气，表达了仲裁员认为这些事实理应如此，或者道理不言而喻的态度和立场。除此之外，仲裁员在说这些陈述句的时候，可以拖长了发音，降低说话音高，表现出一种轻度不满的口气。

三、祈使语气

祈使语气实现的是“命令”的言语功能。当说话人对听话者下指令时，使用祈使语气。汉语祈使语气的结构分为两种，一种是出现主语的祈使句，如“你”“你们”和“我们”，来表达请求、劝告、敦促和命令等。第一人称单数是不能出现在祈使句里的。我们在下表中将之划分为完整形式的祈使句。第二种形式是在主语位置不出现主语，并在句首使用“把”“让”“叫”引导的动词短语结构。我们把它归为非完整的祈使句。除了直截了当的祈使语气外，即无标记的祈使句，汉语祈使句还可通过使用语气词“嘛”“哈”“噻”等，有时还在句首加上主语，来实现缓和语气、表达不满，对事情预期的判断等功能。

我们将语料中所有祈使句，按照完整和非完整、有无标记两个维度来划分，分别赋码，得到以下数据(表 7-7)。

表 7-7 调解话语中祈使句中语气词使用频数

类型		语气词	完整句	非完整句	合计
祈使句	无标记祈使句		100	157	257
	有标记祈使句	嘛	23	31	54
		哈	14	10	24
		了	0	26	26
		噻	5	2	7
		吧	2	4	6
		啊	2	0	2
		哆	2	0	2
		呢	0	1	1
合计			148	231	379

从表 7-7 中我们可以看出，在调解过程中，仲裁员使用命令形式的无标记祈使句次数最多，其次是有主语引导的祈使句。在由语气词附着的祈使句中，语气词“嘛”使用次数位居第一，起到了一定的表态作用。

紧随其后的是能对交流起到积极作用，缓和语气的语气词“哈”和“了”。

我们从是否对仲裁员作为第三方独立的调解员身份确立、推进调解顺利进展起到积极作用的角度，将祈使句类型分为两类：有提升作用的祈使句与有下降作用的祈使句。

（一）有柔化作用的祈使句

1）有主语的祈使句

在表 7-7 中，我们可以看出仲裁员使用频率第二高的祈使句形式是以第二人称单复数做主语的祈使句，如：

例 7-32 仲：他这个是，李××，**最后你思考一分钟**。最后你愿意（停顿 2 秒）要承担好多？

例 7-33 仲：**你给×秘书直接说**，呵呵（笑声）

例 7-34 仲：**那你跟你们领导再说下**，这个，从目前来看的话，是吧，很多问题，因为什么，我们现在还没有，还没有闭庭，我们现在只是休庭，很多东西都还可以。就比如我们为了查明我的一些事实，我也可以继续申请开庭，也可以继续让他补充证据，这个我们可以这个，主动审查证据的权利，是这个意思。

例 7-35 仲（打断）：但你是特别授权的话……**你跟你们领导请示哈**。

在例 7-32，例 7-33 中，如果将仲裁员用“最后你思考一分钟”和“你给×秘书直接说”两个祈使句中的“你”去掉，会让这句话命令性加强，有一种不容商量的语气。而加上了主语“你”，缓和了祈使句强硬的语气，并表达了仲裁员敦促被调解方的功能。

在例 7-34、例 7-35 中，仲裁员用带主语的祈使，是较委婉提出建议的一种方式，比无标记的祈使句显得更温和一点，让听话人易于接受。

2）带有语气词“噻”“哈”和“了”的祈使句

语气词“噻”和“哈”是四川方言中常用的两个语气词，在很大程度上有舒缓语气、表示建议或劝告的功能，让听话人更易于接受。

例 7-36 仲：还是和解**噻**，你这个还是。(伴有笑声)嘿，能够解决就解决**噻**，你这个问题，又不是好大，好大个案子。

例 7-37 仲：但是，还是，我们还是双方协商解决这个事情**哈**。大家都作点儿让步**哈**。

祈使句中的语气词“了”与陈述句中的作用类似，附着在动词后面，在结构上具有完句的功能，把不自足的事情变成完整的。所以，以下三个例子中的语气词“了”都不能去掉，否则句子就是残缺的。同时，它在一定程度上也有缓和语气的作用，使被调解人感觉仲裁员在和自己协商或提出建议，在心理上更能接受。

例 7-38 仲：和和气气把这个事情解决了，我觉得。你说跑这么远，你说交通……

例 7-39 仲：你们两个在搓一哈，把它，把它讨论了，把它处理了。

例 7-40 仲：对对对，先把问题解决了。

(二)有锐化作用的祈使句

1)无标记祈使句

这类祈使句主要实现了仲裁员对被调解方命令、维护庭审秩序的功能，保持了他和被调解方之间的距离，并充分体现了他在调解过程中的主导地位和机构主体身份特征。例如：

例 7-41 仲：去订货。

例 7-42 仲：喊他拿东西来说话。

例 7-43 仲：把那两个喊进来，跟他们说下。

例 7-44 仲：把这个张××喊进来。

在这种无标记的祈使句中，也会与高量值的情态词“必须”“一定”等共现，说明该命令的不可协商性，更加体现了仲裁员的权势地位。

2)带有否定和情态的无标记祈使句

使用命令式的祈使句中使用了归一度和情态，使得被调解方即使在调解阶段言行都受到了比较严格的控制。在例 7-45、例 7-46 中，仲裁员说“不扯了”“不去争了”和“都不说了”，来结束前面的话轮，控制仲裁庭审秩序，体现了他的主导地位。而在例 7-47 中，仲裁员在讲到调解的原则时候，用四个“不要”明确规范了被调解方在调解阶段的言行，而且也直接透露出他的话语权威性。

例 7-45 仲：(打断)诶，**不扯了**。

例 7-46 仲：(打断)那些都**不去争了**，那些都**不说了**。

例 7-47 仲：在下来谈的时候保持意见，你**不要**双方就。过激行为就**不要**说，过激言语就**不要**讲(音调下降)。**不要**伤害对方(音调上升)。

3)短促、重复的无标记祈使句

在表达此类祈使句的时候，仲裁员往往会重复两次以上，并且加快语速、提高声调，起到了命令、催促的作用，同时也让被调解方感受到仲裁员的轻微不满或不耐烦的情绪(例 7-48、例 7-49)，这无疑对拉近双方距离起到了负面作用。

例 7-48 仲：(打断)不，你愿意拿好多？(重复，语速加快)**快说，快说，快说，快说**。

例 7-49 仲：(语速加快)**问！问！问！**(重复)**做工作！做工作！**真的是，这个官司打起点意思都没有。

4)带有语气词“嘛”的祈使句

正如前面对陈述句中“嘛”的分析，它是一个能传达多种情感功能的语气词，但仲裁员在祈使句后面，添加这个语气词，更多地传达了他不满或者不耐烦的情绪。

例 7-50 仲：那你们说**嘛**，你自己现在，自己说同意再协商，是吧？

例 7-51 仲：快点说**嘛**，愿意拿好多？

例 7-52 仲：你回答一个问题，你赶忙回答**嘛**。

例 7-53 仲：(打断)既然是侄女啊，那你有些事情嘛，(伴有笑声)从敬老的角度，还住到一起的，不管怎么说嘛，多多少少，照顾到嘛。

在例 7-60 到例 7-62 中，每个祈使句中的语气词“嘛”会传达出仲裁员的不耐烦，并有催促被调解人尽快作出决定之意。在例 7-63 中，仲裁员虽然是从敬老的道德角度，给被调解方分析道理，但这个带有第二人称的祈使句加上了“嘛”，透露出仲裁员在这个道德原则上对被调解方没尽到义务而感到不满。从这点上，对仲裁员树立独立、公正的形象是不利的。

四、疑问语气

当说话人想寻求信息时，往往要向听话人提出问题，疑问语气便体现了疑问的言语功能。根据说话人求取的信息内容，疑问可分为一般疑问句、选择疑问句、是非疑问句和特殊疑问句。在汉语中，是非疑问句也可以用谓语或助动词的肯定和否定形式，如“是不是”“会不会”等来体现，供听话人选择其一并回答。从这点上看，汉语的形式和语义结合得更加紧密(胡壮麟等，2005)。和英语一样，汉语的特殊疑问语气是通过特殊疑问词(组)来实现的。而它们的不同体现在特殊疑问词的位置和句子顺序。英语的特殊疑问词必须移到主语前，句子顺序也要改变。而汉语的特殊疑问成分仍出现在原来的位置，其疑问性是由语气词和升调来表示的。在其他句子中，语气词“啊”“吧”等不仅可以强化疑问特征，而且还能增加其他人际意义，如“反诘”“怀疑”“赞许”等。

问话与问话人有着密切关系。这种关系在于问话人的身份地位是决定问话形式、内容和效力的重要因素。身份地位与权力密切相关，因此研究问答现象必须考虑权力和社会角色因素。在机构话语中，问句长期以来被看作实施权势的一种典型手段。仲裁调解是通过话语进行的，而问句又是仲裁员实施权势、体现自己角色的主要语言形式，因此本节将讨论调解中仲裁员问句的使用状况。

(一)仲裁员使用疑问句的总体分布特征

王晋军(2006)基于语料库，阐明了问句在英语会话中，尤其是在机构会话中，是一种实施权势的手段。占据主导的一方使用问句的不对等导致话轮分配的不对等，而且问句制约着序列话题，并控制着会话话题。

是非问句和特殊问句在不同程度上实施着权势。王晋军(2010)紧接着对汉语机构话语展开了研究，对比分析了医患对话、师生课堂话语和新闻采访，研究发现也再次证明了前面的论点。作为一种特殊的机构话语，仲裁员使用疑问语气是我们考察语气系统和人际意义的一个重要方面。

廖美珍(2003)对法庭问答作了较系统的分析。他主要从语用学的角度，将法官在庭审中的问话从两个方面进行区别：所求信息的强弱和问话功能。因此，他所归纳的问话类别可用图 7-4 展现。

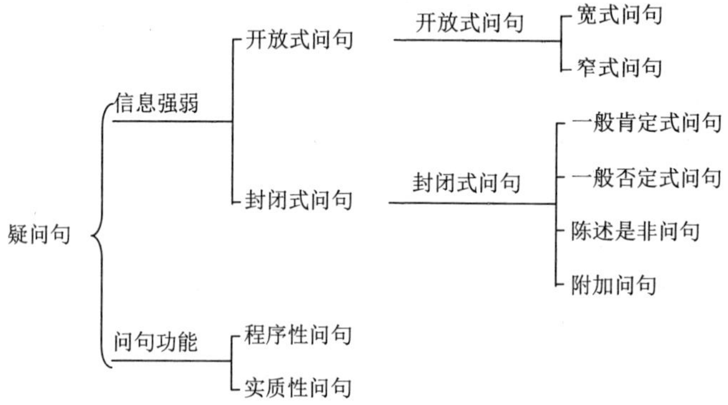

图 7-4　法庭庭审问话类别(廖美珍，2003：78)

本书关注的并不是类似法院庭审问答模式的庭审调查阶段，而是具有特殊人际意义的仲裁调解话语。因此，我们既要考虑汉语疑问句的传统分类，也要区分调解不同阶段疑问句的不同功能，从两个维度讨论疑问句，最后形成了仲裁调解疑问句类别框架(图 7-5)。

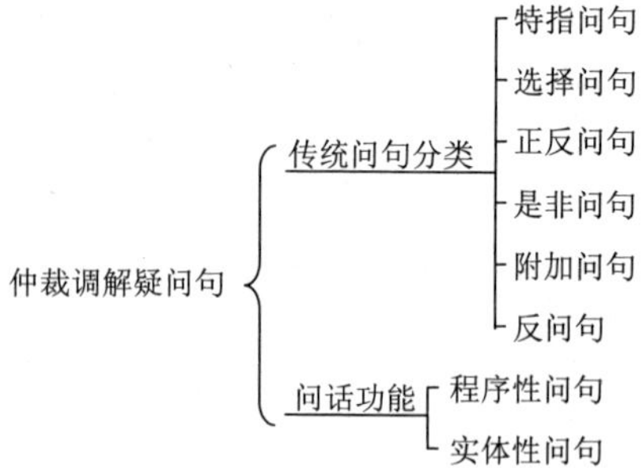

图 7-5　仲裁调解疑问句类别

另一方面，现代汉语疑问句的构成离不开疑问信息与疑问标记，二者是构成疑问句的主体。在疑问句中，疑问标记在词汇层面表现为语气词，因此我们对调解中疑问句构成情况的分析，实质上也是对疑问信息与疑问标记的分析。所以在对编制疑问句赋码时，疑问语气词也是一个考虑因素。同时我们也区分了有主语的完整疑问句和无主语的疑问句。

基于以上疑问句的分类和赋码标准，我们对 622 个疑问句逐一赋码，并提取统计，得到疑问句使用频数的总体特征（表 7-8）。我们将从完整问句与否、问句功能、分类和语气词使用情况四个维度，系统地考察仲裁调解话语中仲裁员使用疑问句的情况，并深入讨论仲裁员如何通过问句来实现人际意义。

表 7-8　疑问句使用频数总体特征

类型	总频数	百分比/%	类型	总频数	百分比/%	类型	总频数	百分比/%
完整句	372	59.8	程序性问句	21	3.4	是非问句	146	23.4
非完整句	250	40.2	实体性问句	601	96.6	附加问句	122	19.5
						反问句	117	18.7
						特指问句	116	18.6
						正反问句	102	16.3
						选择问句	14	2.2
						设问自答问句	8	1.3
合计	622		合计	622		合计	625	

为了便于讨论，我们将疑问语气词单独列表说明（如表 7-9 所示）。

表 7-9　疑问句语气词的使用频数

语气词	吧	嘛	噻	喃	啊	哇	哈	的	呢	唉	吗	呀	哟	唛	么	啦	嗦
次数	77	43	40	18	17	17	15	12	11	11	9	9	8	4	4	3	1
比例/%	25.8	14.4	13.4	6.0	5.7	5.7	5	4	3.7	3.7	3	3	2.7	1.3	1.3	1.0	0.3

从上表对四个维度的统计，我们可以总结出仲裁员在调解阶段对疑问句的使用倾向：

(1)仲裁员更倾向于使用不同类型的完整疑问句，以实现不同的人际意义。从表 7-8 中看出，仲裁员使用完整疑问句接近 60%，而非完整疑问句使用频率约 40%，两者具有明显的差异。在完成了仲裁庭审之后，进入到调解阶段，仲裁员和被调解双方三方之间的权势关系就不像之前那么明显和突出。仲裁员使用疑问句的类型上有更大的选择范围，主要归纳为五种情况。

A. 为了进一步验证法律事实，了解当事人对调解目标的追求，仲裁员在第一次寻求信息的时候，往往会使用完整的疑问句，以确保信息的准确性，以免产生歧义。比如在调解语步 1 中，仲裁员仍然会选用比较正式的完整疑问句来询问双方调解意愿。例如：

例 7-54 仲：我就问一下哈，双方当事人，**这个申请人这边，嗯，愿不愿意调解？**(语步 1)

例 7-55 仲：**李××，愿不愿意调解？**(语步 1)

例 7-56 仲：那好。我就问一下**双方是否可以进行调解**？(语步 1)

B. 进入到实质性调解阶段中，仲裁员通过完整的疑问句来确认之前庭审调查中的一些事实。例如，

例 7-57 仲：**他们是好久被查封的**？刚才听到说，又没听完。(语步 2)

C. 在和当事人进行单独调解的时候，仲裁员首先要询问被调解人对调解的最终意愿，所以这时候往往会使用完整的特指疑问句。例如：

例 7-58 仲：(打断)嗯，这样嘛，**老的说她是一个啥子心理价位？**(语步 2)

例 7-59 仲：合适的话马上定价，**你是啥子价格嘛？**(语步 2)

例 7-60 仲：那么，如果从调解的角度来看，(停顿，音调减弱)你们的意见**到底是什么**？(语步 2)

D. 当询问被调解人调解方案时，仲裁员也会选用完整的选择疑问句来表示。例如：

例 7-61 仲：(打断，音调上升)**你是卖你的这个房子来还，还是你通过借**

钱来还？你总要表达一个意见，对吧？你必须表达一个意见，才有一个调解的可能。

E. 随着单方调解深入，仲裁员使用不同类型的疑问句来达到不同的交际目的。使用具有情态意义的正反疑问句，表示礼貌请求，如"能不能"；表达委婉建议，如"还有没有可能再少一点儿"。

例 7-62 仲：(提高声调)他有个清单，有个清单上。他交了你什么东西，你交了什么东西，在清单上签了字的。啊，那么，**你能不能把清单拿出来？**(语步 3)

例 7-63 仲：你再想一下，**还有没有可能再少一点儿？**(语步 3)

通过使用否定是非疑问句，指出被调解方应尽而未尽到的义务或责任，语气词"啊"传递了仲裁员对当事人忽略的负面情绪，表明了自己的倾向性。

例 7-64 仲：刚才你们再答辩的过程中间也没有对这个进行说明啊？(语步 3)

附加疑问句"是吧"表示仲裁员对当前情况的判断或假设，表示自己对当事人情况的理解或同情，唤起对方的被认同感，以此拉近距离。

例 7-65 仲：可能我们把钱拿切买了地票了，**是吧？**(语步 3)

例 7-66 仲：(打断)过错它就是和损失接合起的嘛，由于过错导致造成你的损失，**是吧？**(语步 3)

(2)使用非完整的疑问句反映了仲裁员对信息的掌握程度，并与被调解方逐渐拉近的距离。当进入真正三方调解或者单独调解时，交际各方的话语就会变得更随意些，特别是仲裁员会选取更随意、更贴近生活的问话方式，来拉近和对方的距离，推动调解的进展。在充分掌握信息的前提下，仲裁员第二次确认信息的时候，就会使用非完整的疑问句，包括附加疑问句(例 7-67)，特指疑问句(例 7-68)、是非疑问句(例 7-67、例 7-69)和正反疑问句(例 7-70)。

例 7-67 仲：愿意，**是吧？**申请人愿意调解，**被申请人怎么样？**

例 7-68 仲：合同价还有**好多**没付齐诶？

例 7-69 仲：**这个对方意见喃？**

例 7-70 仲：（插话）**是不是能达到那个事实？** 呵呵（笑声）

（3）实体性问句使用频率远远大于程序性问句。从问句的功能上看，仲裁整个庭审是程序性问句和实体性问句交织在一起的系统。程序性问句的数量大幅降低，仅占所有疑问句总量的 3.4%，而且只集中于语步 1。

虽然在调解过程中，仲裁员使用程式化语言的比例不多，但它的存在也充分体现了仲裁员的身份特征和权势地位。它是话语社团在长期的语言交际过程中形成的固定或公式化的惯例语，这种程式化或预制的语言材料贮存于记忆中并在实际交际中可以复现。程式化表达的固定性和整体性具有两大功能：①压缩处理时间，为语言处理过程提供捷径。程式化语言的固定性使交际者在使用中把它们看作预制好的、现成的语言意义的建筑材料，方便使用。②维持社会交际和互动，实现交际目标（常晨光，2004）。所以，在仲裁庭审中，仲裁员话语中的程式化表达不但引出较为固定的意义和意义框架，有利于准确地表达，并消除歧义，而且也能帮助话语社团的成员迅速确立身份，维护权势。它同时也是一种体现程序正义的言语行为，这在对抗式的庭审中尤其重要。在仲裁调解中的程式化句子类型主要集中在语步 1 中的程序性问话，一般都是采用是非疑问句，结构虽然简单，但一定是完整严谨的，一般分为两种形式。

a. 名词/代词短语+是非疑问句

例 7-71 仲：我们**申请人这边同不同意**由仲裁庭主持进行调解？做做工作，达成一个解决方案。

例 7-72 仲：**双方是否**可以调解？

b. 呼语+完整是非疑问句

例 7-73 仲：我就问一下哈双方当事人，这个，**申请人这边**，嗯，**你愿不愿意调解**？

例 7-74 仲：**李××**，**你愿不愿意调解**？

在例 7-71、例 7-72 中，仲裁员在询问调解意愿时，不仅使用了固定的疑问句类型，而且在句子里，加入了仲裁庭独有的呼语和人称代词词组“申请人”“仲裁庭”，再次确认了仲裁庭中三方的身份、权势关系，并能让当事人能迅速地理解问句含义，并进入到下一步。

而实体性问句是为了查明法律事实的一种言语行为。但在调解阶段，交际各方的对抗性明显降低。这充分说明，在调解阶段，体现法律程序上的公平已经不再是问话的焦点，问话更多的集中了解被调解各方对利益的诉求，于是仲裁员会采用不同的问句类型和多种问句标记来实现交际目的。

（4）仲裁员更喜欢用支配力强和中低疑问度的问句类型。问句的形式，加以语调和说话人的身份或地位，会对听话人产生不同程度的胁迫力和支配力。反过来，这种效果也确立或增强了说话人的身份和地位。在调解中，仲裁员可以借助不同类型的问句，来实现对被调解方和回答信息的支配。一般而言，问句越是宽泛，问话人的支配力越小。在所有问句类型中，“对答话人支配力最大的是附加问话，因为它明确地要求答话人就附加问话前面的命题作出回答”（廖美珍，2002：48），其次就是是非问句。在表 7-8 中，可以发现是非问句的比例排第一，而附加问句则排在前两名。问话的支配力和控制力与问话要索取的信息密切相关。廖美珍（2002：49）认为信息量与问话的疑惑程度有关，疑惑程度与问话对答话人的支配力成反比，疑惑程度越大，则支配力越小。反之，疑惑程度越小，则支配力越大。邵敬敏（2013）根据疑惑程度把疑问句分为五等：特指问句>“吗”字是非句>正反问句>“吧”字是非问句>反问句。经过前面庭审调查阶段，双方相互质证、辩论和最后陈述，仲裁员对案情已有了比较全面的了解。因此，进入调解阶段，他更多地使用支配力强、疑惑度低的疑问句来进行各方磋商。结合问句类型表 7-8 和语气词使用频数表 7-9，我们可以发现是非问句和“吧”是出现频率最高的问句类型和语气词，其次是带“吧”的附加疑问句和正反问句。

在六个疑问句类型中，有两种问句，即设问自答和反问句，它们都是“无疑而问”的修辞性问句，并没有起到索取信息的功能，所以被作为语气隐喻，纳入到人际隐喻中讨论。下面我们将逐一讨论具有索取信息并使用频率高的三种疑问句：特指问句、是非疑问句和附加疑问句。

(二)特指疑问句

当说话者想从听话人那儿求取到具体信息时，就必须使用特指问句类型，它体现信息求取的功能。英语和汉语的特指问句都是主要依赖使用特殊疑问词。不同的是，英语中特殊疑问词在句中的位置是固定的，而汉语的特指疑问词是灵活多变的。它既可以出现在句首，充当主语的角色；也可以放在谓语后面做补语；当它介于主语和谓语动词之间时，它就充当状语；当出现在以上其他位置时，就形成了一种有标记的功能偏离，可以表示“怀疑”“好奇”“猜测”等。

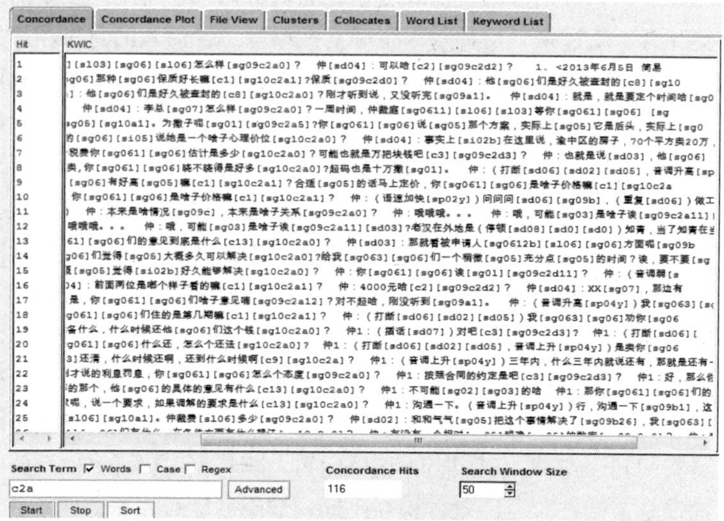

图 7-6　特指疑问句索引行

在提取的语料中，特指疑问句占了 18.4%，位居第四。从软件检索项中(图 7-6)，我们从其出现的语境中可以看出，仲裁员使用特指问句大多数都是在询问被调解方对调解方案的预期，所以搭配的特指疑问词一般是陈述性的疑问词“好多”“好长”“怎么个态度”“承担多少损失”“啥子意见”等。而且在 116 个疑问句中，有 75 个疑问句是没带疑问语气词的，占总数的 65%，这说明在仲裁庭审调解中，仲裁员充分了解当事人双方对达成调解目标的时间、方式和预期，这才更有利于接下来在单独交流中，和对方摆事实讲道理。因此，使用无功能偏离的特指疑问句是调解话语中的主要特点。

除此之外，仲裁员还在特指问句后附加了不同的疑问标记，如语调和语气词“呢”“啊”“喃”“嗳”等，以传达不同的语气。

在下面两个例子中的特指疑问句都带有升调，而且与承载着更大疑问度的语气词“呢”共现，传达了仲裁员希望听话方对疑问点作出明确的答复。

例 7-75 仲：我知道这个观点你可以不认同。但是我是说，作为一个法律上的东西，**是什么呢？**他是有不同的认识，是这个意思，当然我说的这个不代表整个仲裁庭的意见。

例 7-76 仲：就每个月还，是吧？**原来每个月是还多少呢？**

语气词“嘛”在特指问句中，加以提高升调，表示仲裁员带着一种强势的语气（例 7-77），给被调解方讨论调解期限长短，形成了他居高临下的、给对方所留余地不多的权势地位。同理，在例 7-78 中，打断、音调和疑问标记也显示了仲裁员的不耐烦和强势地位。

例 7-77 仲：不，就说，调解你们给一个期限。（音调升高）**怎么样嘛？**时间够不够？看你们申请人们愿意长一点儿，问题我想，问题也不是很大。

例 7-78 仲：（打断，音调升高）**你还有好多工程款没拿嘛？**

而在例 7-79 中，特指疑问句加上语气词“哟”，就变成了一般疑问句，表示反诘的语气，透露出仲裁员对被调解人在计算金额上犯比较“低级”的错误，表示一种轻视或瞧不起的态度，这无疑把听话人放在了较低的位置上。

例 7-79 仲：（打断）他出 3000 块钱，你出仲裁费，**唧个回事哟？**账都不会算啊？

(三)是非疑问句

作为疑问句的一类，是非疑问句在结构形式上，更接近陈述句，只是用疑问语调或兼用语气词“吗”“吧”等表示疑问。谓语中不能出现肯定形式和否定形式的并列结构(如“来不来”)，可以出现疑问代词但表示任指或者虚指。从语义上说，一般是针对整个命题的疑问，回答时用“是”“对”“嗯”等，或者“不”“没有”等表示对整个命题的肯定或者否定。以下我们将归纳整理仲裁调解中是非疑问句的使用特征。

(1)是非疑问句使用分布具有显著的动态性。从表 7-8 中我们可以看出，在 622 个疑问句里，有 146 个是非疑问句，占总数的 23.5%，是使用频率最高的疑问句类型。在调解的不同阶段，仲裁员会使用不同类别的是非疑问句，来行使不同的交际功能。比如，在语步 1 中，仲裁员会使用完整的是非疑问句来询问双方的调解意愿。如图 7-7 中，从语料中提取的九个程序性问句都是完整是非疑问句。

图 7-7 程序性问话中的是非疑问句检索行

而进入调解实质阶段，仲裁员则交替使用完整是非疑问句和非完整是非疑问句、无语气词是非疑问句和有语气词是非疑问句(图 7-8)，以此进行确认法律事实、询问被调解方具体调解目标等，进而推动调解工作的开展。

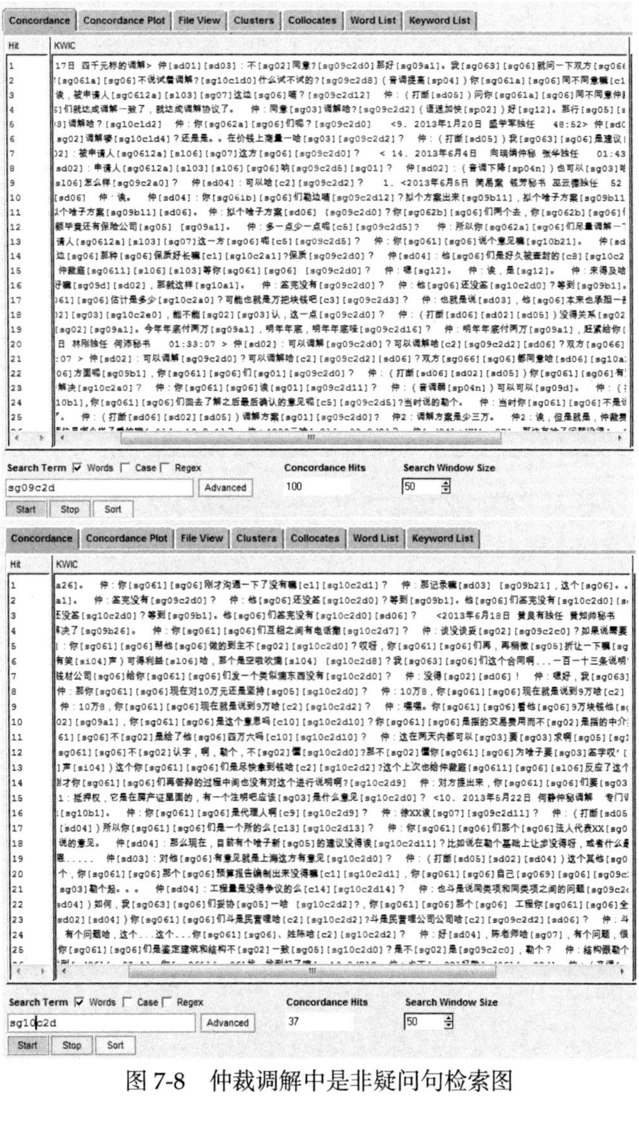

图 7-8 仲裁调解中是非疑问句检索图

（2）**不同类型的是非疑问句实现不同的人际意义**。从结构上看，是非疑问句可以分为完整是非疑问句和非完整是非疑问句，有语气词和无语气词的是非疑问句。从表 7-10 可以看出，仲裁员在程序性问话中，全部使用完整的是非疑问句，体现了这种机构性程序性话语的正式性和严肃性。而在实体性问话中，大部分倾向使用非完整的是非疑问句，占 68.5%。这充分说明了进入调解实质阶段，仲裁员的提问方式变得更随意，更贴近日常会话，易于沟通。

表 7-10　仲裁调解中仲裁员是非疑问句使用特征汇总

是非疑问句类型	完整是非疑问句		非完整是非疑问句	有无语气词	
	程序性问句	实体性问句	实体性问句	有语气词是非疑问句	无语气词疑问句
使用次数	9	37	100	87	59
使用频率/%	6.1	23.7	68.5	59.5	40.5
合计次数	146			146	

（3）**仲裁员更倾向使用带语气词的是非疑问句，实现不同的人际意义**。在所有是非疑问句中，59.5%的问句有语气词，仲裁员用不同种类的语气词，传达“惊讶”“疑问”“怀疑”等不同态度或情绪。从提取的 95 个带有语气词的是非疑问句中，使用的语气词多达 16 个（表 7-11）。

表 7-11　是非疑问句中语气词使用特征

语气词	使用次数	所占比例/%	语气词	使用次数	所占比例/%
哈	15	18.1	噻	4	4.8
啊	9	10.8	唉	4	4.8
呢	9	10.8	哟	2	2.3
嘛	8	9.6	么	2	2.3
的	6	7.2	嗦	1	1.2
喃	6	7.2	哇	1	1.2
吗	6	7.2	呀	1	1.2
唛	5	6.0			
吧	4	4.8	合计	87	100

从表 7-11 中，我们可以看出，在是非疑问句中使用频率最高的前三个疑问词并不是疑问程度最高的“呢”“吗”和“吧”，而是疑问程度较低，但能传达仲裁员对命题鲜明态度的语气词“哈”“啊”和“呢”。下面将举例说明。

例 7-80 仲：同意调解**哈？**（语速加快），那行，我们休庭，休庭十分钟。

例 7-81 仲：退给你的**哈？**

例 7-82 仲：你们都是民营的**哈？就是民营的公司哈**？

在以上三个是非疑问句中，“哈”表示仲裁员已经比较清楚地了解双方愿意调解（例 7-80）、钱已退还给被调解方（例 7-81）和被申请方是民营公司的事实（例 7-82），但他的提问主要是为了得到对方的认同，并开始新的话题链。因此，语气词“哈”的疑问程度很低，但委婉程度较高。

（4）用否定是非疑问句表示反诘。在使用频率上仅次于语气词“哈”的是“啊”，而仲裁员使用这个语气词，往往放在否定是非疑问句中，通过归一度来改变语气，表示反诘，并传递了自己对命题的态度。在例 7-83~例 7-85 中，仲裁员用否定是非疑问句并不是探寻信息的真伪，否定词和语气词共现，而是表达仲裁员对申请人拒绝电话沟通表示不满（例 7-83），或者对申请人作为房地产中介，居然没有客户电话这一事实的惊讶和不满（例 7-84）。

例 7-83 仲：不接**啊?**

例 7-84 仲：没得她的电话**啊**？

而在例 7-85 中，被调解方向仲裁委提交的申请材料中，遗漏了重要的结算资料，在仲裁员看来，是一种明显的失误，因此，他用的这种带有语气词“啊”的否定是非疑问句，就是反诘句，表达强烈的不满和责难。同理，在例 7-86 中，被申请人在明知申请人画的图有问题的前提下，仍然签了字，仲裁员用这种疑问句表达了自己对这种“明知故犯”的惊讶和不解。

例 7-85 仲：你那份儿没提交**啊**？

例 7-86 仲：好，双方我觉得在这个图的问题上，我、我的感觉是基本上都、都差不多。那一定要说哪个重点呢，(笑声)就只能说图是申请人画的，但是被申请人你……觉得不对，对不对？(音调上升)不该签字啊？

因此，语气词“啊”在否定是非问句中的疑问程度也很低，但能表达仲裁员强烈的情绪。

(四)附加疑问句

附加疑问句是一种提出说话者的个人看法，征询对方意见的问句。它由两部分组成，前一部分用陈述句形式，后一部分是一个附着在前一部分上的简短问句。汉语的附加疑问句一般构成是“×不×”或者“×+语气词”，它与前面的直陈部分结合得不如英语附加疑问句那么很紧密，而是比较松散。提问部分的形式不受直陈部分的选择限制，位置也比较灵活(牛保义，2001)。

作为一种特殊的一般疑问句，附加疑问句在仲裁员的疑问句使用总数中位居第二，共 122 次，占 19.6%。从语步分布情况看，它主要集中在语步 2 以后的调解阶段中，这说明仲裁员在调解实质阶段，会使用大量的附加疑问句来实现说服、推理，以达到“定纷止争”的目的。

我们对 131 个附加疑问句进行分类整理，归纳出仲裁调解中，仲裁员常用的七个附加疑问句形式(表 7-12)。而使用最多的是“×不×”的结构，共四种，而“×+语气词”结构是两种。但是从使用频数看，高居榜首的是“是吧”，占了总数一半以上，其次是“对不对(嘛)”和“是不是(嘛/哇)”。

表 7-12　仲裁庭审中附加疑问句使用类型构成

附加疑问句结构	是吧	对不对(嘛)	是不是(嘛/哇)	好吧	好不好	行不行(嘛)	懂没得	合计
使用总次数	73	16	14	13	8	6	1	131
所占比例	55.7%	12.2%	10.7%	9.9%	6.1%	4.6%	0.8%	100%

从实现的人际意义上，我们将这七种附加疑问句分为四种类型。

1. 信息确认型

一般而言，在获取他人对自己所疑虑的问题的看法，寻求对信息的确认但缺乏足够的把握时，附加疑问句常呈现为升调，并引出新的话题链。如在例 7-96 中，仲裁员用附加疑问句，再次确认申请人和被申请人之间是否亲戚关系这一事实。从对方微笑或其他身体语言中确认后，仲裁员继续就两个是亲戚关系的当事人，而引出调解是最好的方案。

例 7-87 仲：那个申请人这边哈。刚才问了起，结果(停顿)双方诶，(停顿)是亲戚，是吧？作为亲戚，所以今天双方今天都回避了，囊个好意思在这里见面嘛？诶，你说嘛。那既然是这样，我觉得(停顿)你们最好的结果是调解。

2. 探询与求证型

这类附加疑问句的疑问程度较低。当前面陈述句是双方已知的信息或不容否认的道理，或是双方达成的共识，附加疑问句用降调，表示进一步确认。同时仲裁员想邀请被调解方参与交流中，或附和，或质疑，使谈话继续下去，他并不需要被调解方做肯定或否定的回答，其交际目的就是寻求对方的认同。正如例 7-88，交流双方对合同的有效性、成交与否、金额的大小没有很大的异议。仲裁员在三个判断句后面加上附加疑问句，除了邀请对方参与到调解中，拉近距离以外，也表达了自己的主观看法。他认为不管合同是否有效，双方当事人双方为 7000 元的中介费，没必要闹到仲裁庭，可以尽早解决纠纷。

例 7-88 仲：你是说，一个说这个合同有效，一个说无效，是吧？一个说，那么说喃，不同意付这个 7000 块钱的这个中介费，那么我想是……反正从×××这边和这个申请人这边看，因为现在这个房子也没有成交，是吧？但你们能不能够，大家互相，啊，理解，互谅互让的话，把这个中介费的问题解决掉。实际上说这个金额说大也大，是吧？7000 块钱，说小也不是很……嗯，也还是算比较小，还算……大家能不能够互相能做点让步。啊，比如说这边你们也考虑下，看能不能够解决这个问题。

3. 强调型

当陈述部分为祈使句，表命令或提示时，仲裁员在后面添加附加疑问句，目的是为了缓和语气。这是一种比较礼貌的方式，来探询被调解方的意见，或是敦促对方接受请求并采取行动，所以这类附加疑问句对回答无特别要求，而是对行动提出了要求。在例 7-89、例 7-90 中，仲裁员用“好不好”，委婉地提出自己的建议，礼貌程度更高。在例 7-91 中，仲裁加重语调说“懂没得”，不仅表示强势的敦促，也表现出不耐烦的情绪。

例 7-89 仲：一周时间。你只要往前走一步。你不能说这个地方摆起。**好不好**？一周，仲裁庭等你们结果。

例 7-90 仲：25 号你无论如何都给仲裁庭(停顿)一个回复，**好不好，李总**？

例 7-91 仲：(语速加快)你尽快补，斗是这两天补，补啦好给人家，**懂没得**？

4. 唤起和激发型

附加疑问句的主要功能是唤起受话者对假设情况的想象，激发其对当前情况的理解或同情。这种附加疑问句引导听话人对当前问题作出思考，或反思自己或代理人的言行是否恰当，以达到唤起对方的义务感或责任感，打动对方，实现说服对方、接受意见或建议的人际意义。陈述部分是仲裁员对一些事情的主观判断，并有不容对方质疑的真实性，并用降调形式表达出来。

例 7-92 仲：那个小姑娘，刚刚踏入社会，可能一气之下，或者过去有很多东西，但是你喊她想一下，若干年以后，她来回忆这段亲情的时候，看他们朝夕相处的时候，会怎么样?**对吧**？20 万在渝中区的房子，的确是……

例 7-93 仲：诶，楞个样子，申请代理人你，你先这样，你先离哈场，我和被申请人代理人交流一下。**这个房屋买卖毕竟还是有双方熟人关系在穿针引线，是吧？**

例 7-94 仲：你考虑哈他们的苦处，他在这里做物管噻，他收不到钱，他也请不到水平高的物管人员，他只有越做越撇。那个实事求是地讲也是那个，你要喊他有好怎么样，那绝不可能，**是不是嘛?**

因此，仲裁员在调解过程中使用大量的附加疑问句，这些都是为了实现说服受话者这一最终目的服务，以达到核对事实、确认共识、询问情况、提供建议、引起注意、唤起想象和引发思考等人际意义，更加突出了仲裁以调解注重关系协调、多方参与、重协商、相互妥协、达成共识为导向的价值目标。

(五)仲裁调解中的疑问语气词

从以上各类疑问句的分析中，我们可以看出，在仲裁员所用疑问句中，带有疑问语气词的疑问句占了很大比例。因此有必要对这些疑问语气词的分布情况和人际意义进行归纳。

从系统功能语言学的角度来看，汉语疑问语气词具有说话人对一个特殊信息提问，或者期待听话人对一个陈述加以证实的概念功能。同时它也传递了说话人对某一事件表达自己的判断或估计，或期待对方证实自己的判断和估计的人际意义。在语篇和交际层面上，它也具有提示听话人将要提出的问题的语篇功能。

学界对汉语疑问语气词的划分问题也是见仁见智。朱德熙认为汉语疑问语气词有“吗”“吧”“呢”三个；胡壮麟指出，我国语法学家对汉语疑问语气词主要介绍“吗”“吧”“啊”三个；陆俭明论证的结果是汉语中只有两个半疑问语气词，它们分别是“吗”“呢”和半个“吧”；黄伯荣和廖序东(2012)的《现代汉语》指出，疑问语气词包括“吧”“吗”“呢”“啊”四个(陈俊芳和郭雁文，2005)。而在我们的语料中，如表7-13所示。带有疑问语气词的句子共有299个，占全部疑问句数量的48%，但语气词的数量多达17个，远远高于人们常用的疑问语气词，而且排在使用频率前六的，就有三个“噻”“喃”“哇”，是四川方言中独特的语气词，这和重庆发言中丰富的语气词资源是分不开的。下面我们将重点讨论使用最多的六个语气词。

表 7-13　疑问句语气词的使用频数

语气词	使用次数	所占比例/%	语气词	使用次数	所占比例/%
吧	77	25.8	唉	11	3.7
嘛	43	14.4	吗	9	3.0
噻	40	13.4	呀	9	3.0
喃	18	6.0	哟	8	2.7
啊	17	5.7	唛	4	1.3
哇	17	5.7	么	4	1.3
哈	15	5.0	啦	3	1.0
的	12	4.0	嗦	1	0.3
呢	11	3.7	合计	299	

1. 通用疑问语气词

(1) **吧**：这是仲裁员使用最多的语气词，它能起到更弱化命题态度，表示猜度或商量。仲裁员发出问句，并在之后加上该语气词，说明他对所问之事有所知，因此问话具有一定的倾向性。“吧”在所有 622 个疑问句中，最典型的用法就是附加疑问句，常见的搭配是“是吧”“好吧”和“对吧”。前面已经详细分析过，这里就不再举例说明。

(2) **嘛**：“嘛”用在一般疑问句中，能起到加倍强调说话人对命题的态度，表示确定。在下面三个特指疑问句中“嘛”，具有缓和语气的作用。如果去掉它们，特指疑问句变成“是哪一个”（例 7-95）、“是啥子意见”（例 7-96）和“你有好高”（例 7-97），这些问句的疑问度就会提高，而且语气显得强硬。所以“嘛”在特指疑问句中，起到了降低疑问度缓和语气的作用。

例 7-95 仲：你们那个法人代表××，<u>**是哪一个嘛**</u>，现在?

例 7-96 仲：另外一个……另外一个就是，根据你们那边，就是公司，<u>**公司是啥子意见嘛**?</u>

例 7-97 仲：(打断) <u>**你有好高嘛**?</u> 合适的话马上定价，<u>**你是啥子价格嘛**?</u>

(3) **啊**：这是疑问句中常用的一个增加疑问度的疑问词。在特指疑问句中，它能增加疑问度，表示说话人索取信息的主观意愿很强。如在例 7-98 和例 7-99 中，仲裁员问“你贵姓？”或“你是代理人？”后面加语气词“啊”，表示自己对所寻求信息的不确定性，所以希望首先获取被调解人的姓名或确认对方身份，以便后面可以用合适的称谓，同时也是打开话题、启动调解的手段。

例 7-98 仲：（插话）你，**你贵姓啊**？

例 7-99 仲：**你是代理人啊？**

在一般疑问句中，“啊”能起到弱化命题态度，表达说话人的态度或情感态度的作用。在例 7-100 中，在汉语否定的陈述句后，跟着附加疑问句“行不行啊”，已经暗含了仲裁员对双方没有找到鉴定机构，就审检这一做法，表示自己的反对或者不满。

例 7-100 仲：你问题是，你原先这个包干价，你……即使有变更，两……两个都没鉴定机构都要审检，**这个行不行啊？**

而例 7-101 中的是非疑问句中，仲裁员使用了评价资源的“还”和语气词“啊”，除了确认事实以外，也传递了自己对公安一直在监控被调解方应得款项这一事实的惊讶，和对当事人同情的态度。

例 7-101 仲：你们这个钱，**公安现在还在监控啊？**

而在下面的非是非疑问句中，仲裁员是用否定的形式表肯定，并添加语气词，言外之意是，仲裁员认为被调解人应该在答辩中报送结算材料，语气词传递了仲裁员强烈的不满。

例 7-102 仲：你们报送结算资料，**刚才你们在答辩的过程中间也没有对这个进行说明啊？**

例 7-103 仲：但是被申请人……觉得不对，对不对？（音调上升）**不该签字啊？**

2. 四川方言疑问语气词

目前对四川方言中语气词的研究不多，彭锦维（2001）认为在隶属于四川方言的重庆话中，语气词的一个显著使用特征是出现在是非疑问句成句中，必须要带疑问语气词，即重庆话的是非疑问句通常都是由陈述句+疑问语气词组成，该种句式能完成疑问的功能。而且他还发现大多数语言（方言）里均存在用升调的重庆话的语气词系统中，当用在是非问句和非是非问句中时语气词都是高平调，而其他表情态中的语气词则以低降为主。李科凤（2005）则从疑问句的类型，对比研究了四川方言中疑问句和普通话的异同。

通过对语料的考察，疑问语气词并不是重庆话是非疑问句的必要成分，它们附着在疑问句后面，起到了改变语气，实现某种人际意义的作用。下面我们主要讨论仲裁员在疑问句使用比例最高的三个词“噻”“喃”和“哇”，以及它们所承载的人际意义。

（1）噻：语气词“噻”在四川方言中是使用非常频繁的一个语气词，它可以用在多种语气类型的句子里。在疑问句中，“噻”出现在反问句中的频率最高。在系统功能语言学的理论下，反问句是“无疑而问”的疑问句，应该被看作一种语气隐喻，所以我们将在人际隐喻中讨论，这里不再赘述。

（2）喃：“喃”可以被看作语气词“呢”的变体，可以相互替换。它能加强疑问度和加强说话人对命题的态度。在例 7-104 中的两个“喃”的作用和“呢”一样，提高了疑问度，体现了仲裁员对信息的不确定性，寻求对方的回答或者确认。

例 7-104 仲：（插话）**他提好多喃？**128 还是 120 **喃？**

在例 7-105 中的反问附加疑问句中，“喃”表现出仲裁员的反对态度，并有劝谏之意，让对方在金额上作出适当让步，尽快达成调解。

例 7-105 仲：诶，小伙子。算了，我觉得，一哈儿裁下来不是个钱的问题，**何必喃？**

（3）哇：这个语气词是“啊”的变体。我们已对“啊”做了较详细的阐述，对其变体的语气词“哇”只做简要分类。

A. **在特指问句或是非疑问句中，寻求信息，增加疑问度**（见例 7-106）。

例 7-106 仲：我觉得(停顿)作为被申请人来讲，他应该诶……第一过户费，要先过户，要扯清楚。第二，金额，所有人的税费，由这个额……申请人承担，这个没有问题。第二，先过户。第三，追加额 4 万块钱，追加 4 万块钱。诶……但是诶，不是马上付。今年年底付 2 万，明年年底，**明年年底哇?**

B. **在附加疑问句中，缓和语气，拉近距离**(例 7-107、例 7-108)。

例 7-107 仲：坐到起听哈，至于交易在哪些地方，还需要有哪些地方的差异，**是不是哇?** 双方听哈意见嘛。

例 7-108 仲：我觉得总体要把握一下。说穿了你……基本的东西他也没有否定，**是不是哇?**

C. **在修辞疑问句中，表示反问，摆事实，讲道理，实现说理和劝解的功能**(例 7-109)。

例 7-109 仲：对方觉得我凭啥子要跟到你协商哎，那仲裁庭该唧个裁就唧个裁？裁了，我也拿不起，政府有时候就是这样，他没得钱得，他确实……你又不敢切查封冻结他的其他的(停顿)一些账户，哎。什么，那些农民的基金，**你敢动哇?** 不敢动!

五、感叹语气

英语中的感叹句是通过改变句子顺序和结构来实现的，而汉语的感叹语气是通过强化语和语气词来实现的。强化词，如“太”“真”“极”和“十分”等，一般都放在它们所修饰的实词之前，在系统功能语言学里，这类强化词被纳入评价资源来讨论，因此我们在这里不做讨论。我们将重点讨论带有如“啊”“啦”“呀”等语气标记的感叹句，这是汉语感叹语气的一大特点。“没有这类语气词，讲话者就不易将自己的情感生动地表达出来”。(徐晶凝，2003)

在仲裁调解的语料中，感叹句的数量较少，而且都集中在单独调解阶段。仲裁员在与当事人单独沟通时，采用正面情感效果的感叹句，表达自己对某些事情或者当事人某种做法的充分肯定，唤起被调解方的认同感或者引起共鸣，对缩小彼此距离起到了积极的作用。如下例：

例 7-110 仲：哦，**条件多嘛！效果好嘛！**增加我们仲裁的调解率。因为实际的情况，几乎就是这个情况。

例 7-111 仲：（打断）是啊，**仲裁没问题啊！**觉得你们这种是很能够通过这种正常途径解决问题，**我觉得是社会的进步啊！**而不是通过这种，是吧？吵吵闹闹的，找一个裁判机构来解决。

例 7-112 仲：**想保护你啊！但是我们裁判没办法啊！**比如说法官，他知道你这一条这一款，没跟他弄好，本来我相信你借了钱给他，你不借你不用去告他，但是你拿不出证据来，法官他只有说我没有办法帮你，我心里同情你。但是我裁判也确实帮不了你。

例 7-113 仲：好，我们跟他说，因为他现在对预期，到底是个什么情况，**说句良心话，他也不是那么地清晰嘛！**

例 7-114 仲：你们那个当事人可能想诶，（语速加快）**龟儿这个好过分哦**！妈哟！

在例 7-110、例 7-111 中，仲裁员提高声调，发出“条件多嘛！效果好嘛！”“仲裁没问题啊！”“我觉得是社会的进步啊！”感叹句，它们都是由具有积极意义的形容词或名词词组加感叹语气词“啊”构成，仲裁员借此来充分肯定和赞许当事人选取仲裁来解决问题是一种正确、明智的举动，这会大大激发被调解人的被认同感，对进一步推动调解起到了正面的效果。

在例 7-112 中，仲裁员发出“想保护你啊！但是我们裁判没办法啊！”这样的感叹，不仅表达了自己的主观愿望、诚意和一种无可奈何，同时也让被调解方感受到仲裁员降低了自己的身份，替当事人考虑问题，这也激发了被调解方的被认同感。在例 7-113 中，仲裁员用这种中度感叹句“说句良心话，他也不是那么地清晰嘛！”来批评对方当事人存在的问题，同样也达到了引起共鸣、激发认同感的效果。而在例 7-114 中，仲裁员采用了评价资源中的介入资源“你们那个当事人可能想”，把自己代入到被调解方，并配合语音语调的变化和变异性称谓语，发出“龟儿这个好过分哦!”的这样感叹句，一改仲裁员在当事人心目中权威、严肃的形象，拉近了彼此的距离。

然而，当面对受教育程度低、比较蛮横无理的当事人时，有些仲裁员使用一些负面的感叹句，对调解效果会起到消极的作用。请看以下实例：

例 7-115 仲：李××，因为你这个事情，你的意思是不服欺骗，但是有三点，第一，你是识字的，你精神正常，(强调)还在经商。嗯，你是那么好欺骗的人吗？你还做生意，**生意人都很精啊！**你还被骗啊？

例 7-116 仲：(插话)**犟啊！**

例 7-117 仲：你现在认了哩，因为认了的，**就肯定很严肃呀！**

例 7-118 仲：**那是你自己的事儿呀！**从你们过去的关系来看，也不是说随随便便骗你的，那么，现在你要认识一个什么问题呢？两个。第一，这个(强调)合同就是法律，你写了这个合同，签了字，你就照合同办，不照合同办，就有法律来约束你。这是第一个，这个字是不能随便签的。

在例 7-115 中，当事人李××不愿意给付申请人律师代理费，声称自己上当受骗，所以仲裁员交替使用带了语气词“的”的陈述句、问句和感叹句，都是为了证明被申请人李××的理由站不住脚。感叹句被置于“你还做生意……你还被骗啊？”这两个不同语气类型的评价中，已经暗含了仲裁员的预设：李××是个精明的生意人，是不可能上当受骗的，强烈地反驳了被申请人的观点。但在另外一方面，这种评价会让被申请人明显感受到仲裁员划清了彼此的界限，并对生意人进行了比较负面的评价。所以仲裁员使用这类的感叹句，刻意树立了自己区别于被调解方的身份和地位，很难让对方找到认同感。在例 7-116 中，感叹句中的形容词“犟”承载了负面意义，传达了仲裁员对当事人不听劝告的失望或者不满情绪。

在例 7-117、例 7-118 中的感叹句后面的语气词“呀”是一个语气强烈程度不是很高的感叹词，但它暗示了当事人不应该忽视一些显而易见的道理，比如“自己认定了的事情是不能反悔的”，或者“自己的事情，自己就该承担后果”。同时也传达了仲裁员对被调解方的轻微不满，这会疏远当事人与仲裁员之间的距离，对维护调解的友好气氛多少是不利的。

第四节　仲裁员调解话语中语气隐喻的人际意义

Halliday（2000：342）提出了“语法隐喻”这一理论，这是对语言学研究的一个重要贡献（魏在江，2003）。Halliday 认为，隐喻是意义表达的“变异”，它不仅存在于词汇层，也可以在语法层体现。根据系统功能语言学的三大元功能理论，语法隐喻可分为概念语法隐喻、人际语法隐喻和语篇语法隐喻。其中，人际语法隐喻下有两个次范畴：语气语法隐喻和情态语法隐喻。语气隐喻是语言的高级使用，它可以帮助创造特殊的语篇效果（范文芳，2000）。

如前所述，人们的言语交际功能因言语角色和交流物这两个变项，组成了四种最主要的言语功能：陈述、疑问、命令和提供。而言语功能范畴是由语气系统体现的。一般情况下， 陈述语气体现陈述，疑问语气体现疑问，祈使语气体现命令，而提供可以由几种不同的语气来体现。但在语言的实际使用中，语法类型与语义类型并不是简单的一一对应关系，也就是说，一种言语功能可以用几种不同的语气来体现。系统功能语言学里，这种一个语法范畴体现一个语义特征的通常形式被称为言语功能的一致式。但一种语气也可以同时体现两种或多种言语功能，这就是所谓的语气隐喻。Halliday（2000：39）将之定义为“被选用的语气不是表达它通常表达的意义，而是表达另一种意义”。语气隐喻实质上涉及了一种语法域向另一种语法域的转移（范文芳，2000）。如图 7-9 所示，魏在江（2003）将语气隐喻和句子类型的关系进行了形象地总结。

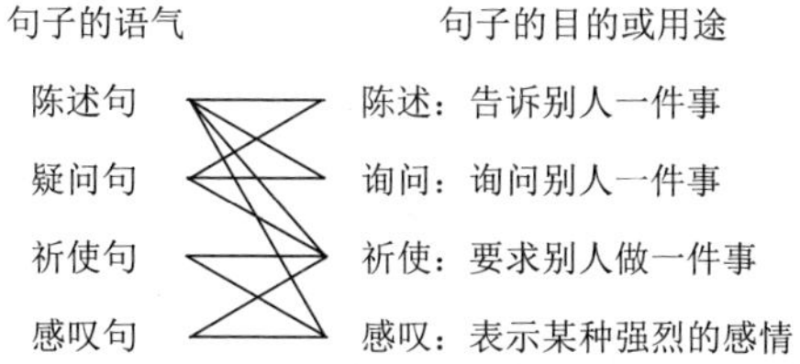

图 7-9　句子的语气隐喻体现(魏在江，2003)

汉语中也存在大量隐喻，同英语中的隐喻一样，汉语中的隐喻也存在语气形式、功能不对等的情况，但它更多采用的是意合的形式。在调解话语中，当仲裁员使用这种言语功能的复合体时，带有陈述语气的句子并不仅仅表示陈述事实或假设，而且还带有建议、命令的含义。例如：

例 7-119 仲：现在双方哈，既然都同意由仲裁庭调解，**我就需要双方有一个姿态**。

例 7-120 仲：(打断)**我是建议你们调解**。

在例 7-119、例 7-120 中，虽然句子类型是陈述语气，但该语气并不是告诉被调解方仲裁员的期望或想法，而是通过情态动词和介入资源，传达了仲裁员的建议，甚至是命令的口吻。如例 7-119 中，仲裁员用谓语“就需要”表明其较强硬的态度，即双方同意进入调解程序，就必须拿出积极配合调解的姿态。

同样，在前面的各种语气类型分析中，我们也关注了其他语气类型之间也存在这样的语法域转换关系。下面我们将重点关注在调解中的两种疑问标记衰变的疑问句，以及它们实现的人际意义。

一、调解中的反问句

反问句也是一种特殊的修辞性问句，具有三个特征：无疑而问、无需回答和表示否定(殷树林，2006：2)。它是“运用表达与命题意义相反的语义内容的疑问手段，对经由推理得出的某个言论或行为的前提发问，使得该言论或行为的前提不能成立，从而达到否定该言论或行为的目的的疑问句”(胡德明，2008)。反问句并不是直接陈述事实或直接表述说话人的观点和态度，而是通过问句的形式曲折地表达。说话人对一种言论行为的前提进行提问，从而引发听话人的思考，引导其作出否定性的结论，从而推翻自己以前的言论行为。所以反问句具有诱导性和隐涵性，是仲裁员在调解中用的最多的一种语气隐喻类型。对语料赋码进行统计后发现，仲裁员在调解整个过程中，共使用了117次反问句(表7-8)，使用频数与特指问句和附加问句相当。仲裁员在调解中使用如此多的这种“隐晦”的问句，一方面可以隐性地表达自己的观点和态度。另一方面，他把理解的空间留给了听话人，从而降低了自己承担的责任。我们来看以下例子。

例 7-121 仲：(音调下降)你们也不那么坚持。你们那个物管管得不好，别个不舒服也是很正常的，你说照他们那种收入状况，**一个月 100 多块钱算啥子嘛**？他不交是肯定有原因的。(音调上升)所以基于那个前提，我就说你们双方各自都让一点。

例 7-122 仲：我说这个建设施工是不是必须要有施工图哦？他说那，(音调上升)还用说，那必然的嘛！**那没得施工图你整个、整个啥子诶？**他们就说得好像狠，**没得施工图你整啥子也**？呵！呵！没得法整撒！

在例7-121、例7-122中，仲裁员根据已有的信息量，用特指反问句隐晦地来表示两个否定命题“每个月100多元的物管费对被申请人来说不算什么，他们不支付是因为申请人有错在先”(例7-121)；“没有凭证，这个事情双方都有责任，不好判定”(例7-122)。仲裁员并没有直接陈述自己的观点，而是通过质疑事实的真实性，引起了听话人的注意，并使其结合语境，反思仲裁员的提问目的，最后对命题或事实作出自己的判断，认清自己的责任。

例 7-123 仲：之前我、之前我没有把你们两个双方隔开哈，我们就是要共同地把道理说明白。那凭证都没得，**这个事情(停顿)恐怕很难说吧**？

例 7-124 仲：小伙子。算了，我觉得，一哈儿裁下来不是个钱的问题，何必喃？

尽管在调解阶段，仲裁员使用各种语言资源，尽量降低自己的机构身份，与被调解方保持平等的位置。但在很多情况下，他们之间的权势地位还是存在上下级的关系。所以在例 7-123、例 7-124 中，仲裁员从权势高的角度，采用是非反问句，从假设的角度，提醒被调解方认清现实，进而诱导被调解方作出和自己一致的判断，即“在没有凭证的情况下，要达到双方满意的结果太难，只能双方作出一定的让步，才能调解”。所以反问句和语境紧密地结合在一起，承载了仲裁员的主观态度和立场，实现了在调解中的说理功能。

二、设问自答句

设问自答也是一种“无疑而问”的修辞性问句，它分三种情况：强调型答语、释因型答语和致果型答语(殷树林，2006：69)。从言语功能上看，它并没有起到索取信息的功能，尽管有问句在前，但仲裁员是明知故问，目的是引起听话人的注意和思考，调动其积极性，接着再给出答案，从而使答案受到较多的关注。

例 7-125 仲：**它为啥叫购地协议，它的性质究竟是啥子？**实质上就是刚才黄总说了，你这个实际上是个预约，我如果说按照国家那里把地拿过来，这个开发项目经过规划后同意了，才拿来开发的。前期整治，后期开发，全部交给你们来做。反正我们国家有很多这方面的一些限制性的规定。

例 7-126 仲：就说像这种官司哎，**就说最好是啥子诶**？以事实这个样子，把这个事情解决了，以调解合理解决。

作为一个专业机构，仲裁委员会聘请的所有仲裁员都来自法律实践部门或研究单位，所以在调解中，仲裁员们相对于被调解方来说，是拥有信息或专业知识更多的一方，因此在调解中，他既担当调解员的角色，也要承担起普及法律知识的责任。从上面两个例子可以看出，仲裁员使用设问自答的疑问句，其目的不是在“索取”，而是“给予”。首先是达到提起听话人注意和思考的作用；其次，在例 7-125 中的设问自答句属于释因型。仲裁员通过回答中大量的法律知识，来普及法律常识，从而达到说理的功能。而例 7-126 是致果型设问自答型，仲裁员通过对最佳解决方式的提问和回答，间接表明了仲裁员的态度，推动被调解方接受调解。

在下几例中，仲裁员使用这种设问自答的疑问句，本来就是一种“无疑而问”，他已经知道被调解一方并没有去告申请人，“嘛”更加强了他对事实的确定，并表明了他对申请人反驳的态度。

例 7-127 仲：（打断）**他们去告没得嘛？**没告噻！

例 7-128 仲：（提高声调）他有个清单，有个清单上。他交了你什么东西，你交了什么东西，在清单上签了字的啊，那么，**你能不能把清单拿出来？**（语步 3）

例 7-129 仲：你再想一下，**还有没有可能再少一点儿？**（语步 3）

因此，基于功能语气系统框架，我们对仲裁员调解话语进行定量分析，发现各语气类型在调解的不同阶段使用呈现明显的差异，并实现了不同的人际意义，主要概括为六方面。

(1) 总的来说，调解话语仍然具有较强的机构话语色彩。仲裁员倾向于使用完整语气类型。各语气类型的使用频率差异表明，调查事实、核对信息并不是仲裁员话语的焦点，他使用大量的无标记的完整陈述句，实现确认、建议、解释、说理、劝说等功能，以表明自己独立的第三方身份。

(2) 尽管祈使句是表现权势差异最强烈的语气类型，但不同的祈使句类型在提升或下降仲裁员独立身份上起到了不同的作用。

(3) 仲裁员和被调解方之间的身份关系、亲疏关系主要通过疑问句来体现。索取信息的功能并不是疑问句唯一的功能。仲裁员还可以用不同类型的疑问句表达礼貌请求、委婉建议等，实现语气隐喻；使用完整与非完整疑问句与否取决于仲裁员对信息的掌握程度，以及是否愿意与被调解方拉近距离；程序性问句体现了特殊机构语境下，满足仲裁维护程序上的公平，保证话语社团交际互动的需要；支配力强和疑问度低的问句是仲裁员调动当事人双方，进行磋商的有力工具；使用无功能偏离的特殊疑问句使仲裁员充分理解当事人对调解的心理预期，为单独调解奠定了基础；是非疑问句具有显著的动态特征，在不同阶段，它呈现的完整性不同，而且实现的人际意义也不同；附加疑问句能帮助仲裁员确认信息、探寻对方意见、改变祈使句的强制性、唤起想象、激发听话方思考等。

(4) 在背靠背调解阶段，仲裁员恰当地使用表示积极情感的感叹句，能唤起被调解方的认同感，引起共鸣并缩小距离。相反，具有消极情感的感叹句，承载了仲裁员的负面态度，会直接影响调解的结果。

(5) 在调解话语中，语气隐喻通过转移语法域，能起到意想不到的语篇效果。仲裁员在说理过程中倾向于使用反问句和设问自答这两种特殊的问句。它们并没有起到索取信息的功能，但从互动的角度，可以诱导听话人，并引起他的注意和思考，同时从否定的角度，间接地表达仲裁员的观点和立场。

(6) 语气词是汉语中专表语气的一种特殊词类，它具有特定的语法功能和人际意义。在调解话语中，仲裁员使用通用语气词，也会使用具有地域特点的方言语气词。它们既可以起到句标记，也可以作为语气标记，改变了各类语气类型的语气方向或程度，传达仲裁员对命题的态度和情感，以实现委婉、惊讶、反驳、强调、寻求信息、增加疑问度、缓和语气等人际意义。

仲裁员在调解话语中使用的 23 种语气类型系统（见附录 4），实现了不同的人际意义。所有这些人际意义都是为调解服务的，进一步验证了仲裁调解以注重协调关系、多方参与、重协商、相互妥协、达成共识为导向的价值目标。

第八章

反思与展望

第一节　仲裁员调解话语中的人际意义

本书结合系统功能语言学中人际意义和汉语语法特点，从指称系统、评价系统、情态系统和语气系统四个方面，对仲裁员调解话语进行了系统的描写和阐释。基于详尽的数据分析和讨论，我们得到以下结论。

一、仲裁员调解话语的总体特征

作为一种介于机构话语和非机构话语之间的特殊语篇，仲裁员调解话语有其独特的言语特征和人际意义，它的总体特征可归纳为两个方面。

一方面，尽管进入调解阶段，但仲裁员调解话语仍然具有明显的机构话语色彩。其原因在于：①仲裁员在庭审中的整个话语与当地仲裁员委员会密切相关，并且受仲裁员委员会的影响和限制。所以，发生在其中的调解话语仍然是在仲裁委员会这一特殊的机构语境中，仲裁员使用语言去完成特定任务的交际活动。②话轮类型的不对称。仲裁调解话语是一种特殊的准司法机构话语，仲裁法赋予了仲裁员“先在的权力”。即使进入调解阶段，仲裁员仍然拥有一些“先在的权力”，在交际中占据主导地位，他以机构主体指称语、发起会话链、发起信息链、打断、大量的问话、祈使句等各种形式，控制调解话语秩序，进一步求证法律现实，竭力促成调解。③从调解三方的权利与义务方面来看，仲裁员和被调解方之间关系的不对称，有些言语对仲裁员来说是合适的，但对于被调解方则是不适用的，如询问双方调解意向、征求调解方案、宣布庭审结束等。④在调解阶段，仲裁员和被调解人之间缺乏角色转换，而且仲裁员用来实现特定调解行为的话语资源和角色被加强。

另一方面，仲裁员调解话语从开始到结束都具有显著的动态性和语境依赖性。①在仲裁庭审这个特殊的情景语境中，整个庭审话语是仲裁员和被调解双方在约定的时间，在仲裁委员会指定的场所，根据三方的关系，进行磋商的话语活动。而仲裁员的调解话语是其中的一个重要环节。三方在进行调解过程中，仲裁员代表当地仲裁员委员会这一特殊的社会机构，所实施的话语活动是以促成调解为目的的，因此它具有特殊的情景语境性。②整个调解过程又分为不同的阶段，在首尾阶段、三方调解阶段、背靠背调解阶段，仲裁员扮演了不同的角色，并根据实时的情景，选择适切话语，实现交际目的。所以，各个阶段的话语具有不同的语言变量，它们形成不同的合力，为实现交际目的服务。③在整个调解话语中，仲裁员和被调解方之间的交际关系是持续的、相互依存和相互协调的，并不断发展和变化着。因此，在此期间所产生的调解话语既有连续性，又有变化性。

由此，我们可以看出，作为一种介于机构话语和非机构话语之间的特殊话语，仲裁员调解话语具有显著的机构性、动态性和语境依赖性。

二、仲裁员在调解话语中的身份特征

仲裁员在调解中的身份也具有多样性、动态性和语境依赖性。话语分析的一个重要的层面就是研究言语交际中的人际关系和言语角色特征。所以，在仲裁调解话语中，人际关系的焦点是权力关系、角色关系。考察仲裁员调解话语，必须要研究对其调解话语行为起影响作用的因素，其中一个重要因素是他在此阶段权力和社会角色在不断变化。在调解各阶段中扮演了不同角色，权势地位不断变化，因此调解话语具有显著的语境依赖性和动态性。随着调解的开始、推进和结束，仲裁员承担的角色和与被调解方的权势关系在不断变化中。

基于第四至七章的分析讨论，我们可以归纳出在调解的三个主要阶段，仲裁员的角色和权力地位各具特色。①在调解首尾阶段，仲裁员具有被区分的、预先标记的和传统的机构角色。他宣布庭审程序、询问双方调解意愿、重复调解方案、协调下一次开庭时间、宣布闭庭。所以在这个阶段，他更大程度上扮演着机构角色，具有很高的权势地位，控制着话轮转换和庭审秩序，保证庭审有条不紊地进行；②进入三方调解阶段，仲裁员在被调解双方之间扮演着调解员、干预者和协商者的角色，提出调解方案、促进双方协商。在初步三方调解和最后三方调解中，调解话语不再以交换新信息、调查法律事实调查为重点，仲裁员调整与当事人双方之间控制与被控制的关系，降低机构身份，以独立的第三方身份，缓解冲突，改善当事人之间的冲突关系；③背靠背调解是调解中的重要环节。仲裁员在此阶段扮演的是专家、朋友或者独立第三方的角色。仲裁员在与被调解方单独沟通时，尽量保持与听话方的平等关系，从客观的角度，替当事人分析情况、讲解法律规定、划分纠纷权责、说理劝说，力图让被调解方作出妥协让步，推动调解方案达成。

综上，我们可以看出仲裁员在调解话语中的身份特征具有**主导性、权威性和中立性**。而他在整个仲裁调解中扮演了**仲裁庭审组织者、法律专家、独立而非当然“公正”的调解人身份**。仲裁员的权势地位在调解三个阶段中，从高到低的排列顺序是：首尾程序性阶段>三方调解阶段>背靠背调解阶段，扮演角色的多样性排列：首尾程序性阶段<三方调解阶段<背靠背调解阶段。由此可见，仲裁员的身份多样性和权势地位高低在情景语境中呈反比。

三、仲裁员调解话语实现的人际意义

在前四章中，我们分别从指称、评价、情态和语气四个系统分别讨论了仲裁员调解话语实现的人际意义。每个系统下的子系统及次子系统里，都有实现其人际意义的词汇语法手段和语篇手段，且每种手段对强化或弱化仲裁员机构身份都起着重要的作用。以下我们将从锐化和柔化机构主体身份特征的两个维度，即锐化和柔化对仲裁员机构身份特征进行系统的归纳总结。

锐化机构主体身份的人际意义表现在以下四个方面。

(1)维护仲裁庭审秩序，确立机构主体身份。在仲裁庭审的整个过程中，仲裁员通过终止话轮、发起新的话轮、发起新的信息链、打断、插入等语言手段控制庭审秩序，体现仲裁员的身份和权势地位。同时，他还借用特定的指示语和称呼语，保持与听话人的距离，也凸显了仲裁员机构主体的身份特征。

(2)确认法律事实，询问调解意愿。在调解初始阶段，仲裁员会按照庭审程序，询问双方当事人调解意愿，在调解结束时，再次确认双方的调解目标。这些程序性问话是权势高的一方独特的话语方式。在调解中，仲裁员使用大量的疑问语气，核查法律事实。尽管经过庭审调查，但仲裁员仍然会有疑而问，即对命题经过认知和判断后还有不同程度的疑问度。从问答关系看，作为发问者的仲裁员权势大于回答者，发问的形式对进一步澄清法律事实、推动调解起着积极作用。

(3)说明仲裁意义、程序、法律法规。除了机构主体身份以外，仲裁员也是权威的法律专业人士。在调解中，他需要适时地给被调解方陈述事实、传递信息，并分析他应当承担责任的角度，以帮助被调解方认识到在纠纷发生过程中自己的过失或者应承担的责任，以达到说理功能。就人际互动而言，拥有法律专业知识的仲裁员权势大，主动传递信息的仲裁员权势也大，而听话人是被动的接受者。

(4)发出命令，提出要求，表明观点。仲裁员从权势高的角度，对被调解方传达他的命令和要求，并使用不同的语法资源来限定他对被调解方的责任大小。同时，仲裁员在调解中使用不同语气类型，在单纯性断言中不但表达了自己的主观态度，提供了一种立场，同时也没有公开承认其他立场的存在，确立了他的权威身份，也让听话方感受到仲裁员的立场或观点不容挑战。

柔化机构主体身份的人际意义也表现为四个方面：

(1)表达对被调解方的尊敬，激发听话人的“被认同感”，拉近距离。在调解话语中，仲裁员从权势或主体性地位向平等关系方向下移，向亲密、谦逊方向过渡，以增加双方共同点，从而缩短双方的心理距离，使当事人在情感上产生“同类感”，这样更容易被听话人所接纳，并使对方产生了个人价值感和自尊感，具有良好的交际效果，更利于调解的顺利进行。

(2)消除敌对情绪，缓和气氛，增强人际接纳效果。为了推进调解，仲裁员使用各种语言手段实现“人际接纳”。仲裁员在调解阶段中，有时会明确表达自己对被调解方正面的主观评价，以此消除场上敌对情绪，增强人际接纳效果。在调解话语中，仲裁员有时对事件发生可能性的模糊猜测，以不确信的态度来避免直接表达带来的冲突或误会。当调解话语中双方身份地位不对等的时候，仲裁员作为身份高的一方借用语言手段，委婉地提出要求，往往显得口气亲切，容易让听话人乐于接受，并产生共鸣。因此，在单独调解阶段，仲裁员必须转换自己的身份，下移到和被调解方相近的位置，表示其理解、希望、同情等态度，或者体现出关怀体贴，并拉近关系，以此达到移情的效果，让听话人感觉对方是站在自己的立场上考虑问题的。

(3) 摆事实，讲道理，实现说理和劝解的功能。在调解实质阶段，仲裁员扮演了独立的调解人角色，通过语言表达认可、劝说、建议、反驳等各种语义，借助情态和评价资源隐性或显性地传达自己的观点和态度。在三方调解时，仲裁员不会注入太多的个人情感，尽量避免表达自己的心理、情感或者道德判断，以此确立自己客观的形象。当进入背靠背调解时，仲裁员在说理的过程中，往往需要引用外部的声音来反驳被调解方的观点，同时也使自己成为一个不偏不倚的信息提供者。在调解中，仲裁员要说服被调解方接受自己观点，但同时又要保持自己独立的第三方身份，避免过度主观，那么他只能用社会道德准则、普遍接受的共识、客观现实或法律法规等来影响听话人，以此来评判法律事实或行为，为说理提供外部资源，增强调解话语的权威性、言据性和客观性，并隐藏了自己的立场和态度，且保持中立、客观的立场。

(4) 修正听话者的意见，反驳对方观点。在调解过程中，当被调解方和自己意见相左时，仲裁员也不是一味地附和对方，而是使用各类资源否定或者反对来修正被调解方的不同意见，或用其他消极语义的语法资源反驳对方观点，直接表达自己的主观态度，承担对命题的责任，以此缩小与被调解方的对话空间，达到说服的目的。

综上，我们可以看出仲裁员调解话语实现的人际意义是动态的、多样的。首先，仲裁员控制整个调解话语的话语秩序，有自己独特的话轮和提问方式。同时，他也扮演了法律权威人士的角色，向听话人提供信息、答疑解惑、解释法律原理，这对普及法律常识起着积极的作用。运用各类权势语义的话语资源充分凸显出仲裁员的机构身份、专业权威优势。同时，在准司法过程中追求的中立，是要求仲裁员对于法律实施过程中发生的各种主体之间的各种纠纷，以中立的身份和地位，按照严格的司法程序，居中加以解决。在现实中，仲裁员在调解实质阶段，从机构主体和法律专家角色转换为独立的调解人，给听话人分析现实、委婉建议、充分褒奖、修正反驳等，确立了一个不偏不倚的调解人身份，为推动调解顺利开展，起到了积极的作用。然而在仲裁实践中，仲裁员尽量实现了准司法过程中的程序公正和形式公正，但很难做到实体的公正。很多仲裁员一味追求调解率，采用各种语言技巧，以牺牲当事人利益为代价而达成调解。所以，仲裁员如何扮演好中立、公正的居中调解人的角色将是今后仲裁程序改革的方向之一。

四、实现仲裁员调解话语中人际意义的语言资源

在仲裁员调解话语中，每个系统下的子系统及次子系统里，都有实现其人际意义的词汇语法手段和语篇手段，且每种手段对强化或弱化仲裁员机构身份都起着重要的作用。以下我们将从词汇语法和小句两个层面下的四个子系统，即指称、评价、情态和语气，归纳总结仲裁员在调解话语中实现人际意义的语法资源。

(1) 从指称系统上看，仲裁调解中，仲裁员对人称指示语和称呼语的使用具有不均衡性和动态性。在调解的各个阶段，仲裁员会用不同的指称和呼语形式，策略地调整与(被)申请人之间的人际关系。这些指称形式既能反映出他们的身份、地位、态度、动机等信息，也能实现与调解推进相关的角色关系和转换。

在调解首尾阶段，仲裁员倾向于使用具有较强权势语义的人称指示语，如主体指称语和机构称呼语、全姓名称呼语，旨在锐化其机构身份特征。人称指示语一致式也突出了他独立的身份和地位。同时，仲裁员较频繁地使用职业称呼语和职务称呼语，以维护庭审的秩序，凸显仲裁员的机构身份、专业优势和权势身份地位，以此来建构自己独立的、充满权威性的身份特征。仲裁员使用无标记机构身份称呼语，起到维护该阶段的交际和互动的同时，增强了该阶段的庄重性、神秘性和程序性的

效果，也突出了该阶段仲裁员的权势地位。

进入调解实质阶段，不同类型弱化性指示语和称呼语具有尊敬化、亲近化、老成化、准亲近化和适切转化的显著特征。仲裁员在该阶段，会故意采用有标记的指示语，如曲折所指指示语、借代所指指示语、包揽所指指示语，以及变异式指示语，实现情景式语码转换，并体现了话语平面上选择表达的曲折性，试图从权势或主体性地位向平等关系方向下移，向亲密、谦逊方向过度，以此增加双方共同点，从而缩短双方的心理距离，使当事人在情感上产生“同类感”。

在这阶段，仲裁员也频繁地使用泛尊称与职务称呼语这种礼貌层级较高的称呼语，不仅表达了一定程度的敬意、柔化其机构身份特征，而且强调了对方的社会地位，旨在敦促被称呼人从大局出发考虑问题，推动调解的顺利进行。同时，仲裁员灵活使用老化称呼语、小化称呼语和类小化称呼语，并在后面的小句中，配合使用具有较强说服力的评价性手段，不仅显示出仲裁员的尊重，而且增强了听话人的被认同感，拉近了双方的距离，促进调解成功。为了缓解气氛和拉近彼此间的距离，在调解这一非正式场合中，仲裁员还使用了戏称这一幽默的、偏离常规的叫法。

因此，调解各阶段中人称指示语和称呼语的动态变化体现了仲裁员在调解中实现的人际意义，也说明了仲裁员努力转换其机构身份。灵活运用语码转换，旨在实现不同的交际意图，即有意拉近或拉开双方的距离，或者表达尊重，缓和气氛等。

(2) 在调解过程中，仲裁员对评价系统的使用具有多层性、广泛性和韵律性。具体表现为：①实质性调解阶段是仲裁员使用评价资源集中的阶段。仲裁员会调用各类态度、级差资源来摆事实、讲道理，凸显他的主观态度和立场，拉近与被调解方的距离。②在态度子系统中，仲裁员借用鉴赏和判断资源，直接或间接地表达自己的立场或观点。为了避免表达自己的心理、情感和道德判断，仲裁员慎用情感资源，但积极、正面的情感投入放低了仲裁员的机构身份，拉近了与被调解方的距离，起到了润滑交际关系的作用。③在多声介入里，让步资源是仲裁员使用的一种有效的说服手段。它能提升语义，并制造了反预期的效果，有效地监控调解的进行，保证互动的进行。从声音来源上看，仲裁员使用的一声、二声和三声的频率依次从高到低，直接或间接地表达了自己的观点和态度。仲裁员既倾向于使用内部声音来表达自己的立场，承担对命题的责任，同时也适时地引用外部声源来反驳对方观点，以此降低自己的责任，保持自己独立的调解员身份。④级差资源是覆盖面最广的手段。仲裁员借助它对介入和态度资源分级，从锐化和柔化两个方向调节仲裁员对命题的投入程度。从语势上看，运用表数量和质量变化的锐化手段可以模糊仲裁员的命题的推测，缓和语气，并拉近彼此的距离。同一种聚焦资源在不同的语境中，可达到锐化或柔化的效果，以此来缩小或扩大仲裁员与被调解方的对话空间，体现不同的态度意义。⑤整个调解语篇也渗透了评价意义。不同的话语标记，既起到语篇连贯的作用，也能激活交际各方的背景知识，明确表达和隐喻推理等功能。在调解中使用的幽默，是语篇层面上一种隐性的、引发性的资源。其独特性在于仲裁员调动使用反常规资源，使用概念隐喻或恶意语言符号，和语境的结合，偏离正常的语域，达到幽默的效果，让调解中的幽默话语既能润滑人际关系，又能化解矛盾、说服劝诫、缩小距离。⑥仲裁员调解话语的评价系统呈现韵律型特征。各类词汇层面和语篇层面的评价资源，形成主导型、渗透型和加强型三类态度韵。它们相互交织在一起，如韵律一般，在调解话语中流动，使之成为一个有起伏和动感的整体，由此实现说理、劝诫的功能。

(3) 仲裁员在调解中动态地运用情态资源，并配合不同的语气类型，实现不同阶段的交际目的。仲裁员在调解中采用的情态资源形式多样，多达 37 种，且覆盖情态的各子系统。它们的用法呈现出以下规律：①在调解初始和结束阶段，仲裁员主要在疑问句中使用情态资源，而且趋向于使用高值意图型情态资源。而在调解实质阶段中，仲裁员更倾向于在陈述句、祈使句中使用高量值的责任型、概率型的情态资源和高量值的责任型情态的否定结构。②随着仲裁员的角色转换为拥有专业知识的专家和独立的第三方，他倾向于使用高量值的义务型和概率型情态资源，从当事人各方应承担责任的角度分析问题，隐性或显性地传达自己的观点和态度。③在说理过程中，仲裁员倾向于使用低量值的责任型情态词和低值的概率型情态词，并以商榷性的语气展开协商，给听话人留有充分的余地，减少或避免不必要的冲突，使调解气氛相对融洽。④仲裁员在调解初始阶段和三方调解阶段，使用疑问程度较低，但支配力最强的情态附加问句，它也是一种低级语法化形式，旨在传达仲裁员轻微的征询语气，并倾向于相信命题的真实性，缺少强烈的质疑色彩。⑤语气词也是仲裁员改变情态意义的调节器，它们既表意、表情，又传递了仲裁员的立场和态度，是语气系统和情态系统中举足轻重的语法成分。⑥超越词汇层面的非一致式情态表达是仲裁员插入个人态度和立场的主要手段。仲裁员使用高量值、表事态的语气附加语，以不确信的态度来避免直接表达带来的冲突或误会。在背靠背调解阶段，主观性评价附加语，直接表达仲裁员的观点和态度。而当遇到争议性的话题时，他会采用客观性评价附加语援引客观事实或法律法规，增强调解话语的言据性和客观性，以达到说理的功效。

(4)从语气系统来看，仲裁员倾向于使用大量的完整语气类型。在调解首尾阶段，调查事实、核对信息并不是仲裁员话语的焦点，仲裁员使用大量的无标记完整的陈述句，实现确认、建议、解释、说理、劝说的功能，表明自己独立的第三方身份。仲裁员还倾向于使用一些程序性陈述句、疑问句来调查法律事实，询问当事人意愿等，充分体现了他在整个调解过程中的话语权和主导地位，并确立自己的身份和维护庭审的秩序。这些语法手段赋予了调解话语较强的机构话语色彩。

随着调解的推进，仲裁员使用陈述句的类型也逐步从完整陈述句向非完整陈述句过渡，这表明仲裁员的话语方式是从正式逐步向随意过渡，用非完整形式的语气更能拉近与被调解方之间的距离。仲裁员使用大量的无标记的陈述句，可以达到以下功能：确认事实，终止话轮，发起新的话轮，并控制庭审秩序；为被调解方分析问题，提出自己的个人观点或主观判断；解释、说明仲裁意义、程序、法律法规；举例说明，以达到说服功能；对各方所作努力的充分肯定。

调解话语中祈使句使用呈现以下特征：①与高量值的情态词“必须”“一定”等共现的无标记祈使句主要实现了仲裁员对被调解方命令、维护庭审秩序的功能，保持了他和被调解方之间的距离，并充分体现了他在调解过程中的主导地位和机构主体身份特征。该命令的不可协商性，更加体现了仲裁员的权势地位。②在命令式的祈使句中使用归一度和情态可使被调解方，即使在调解阶段言行也受到了比较严格的控制；而使用短促、重复的无标记祈使句，若加快语速并提高的声调会起到了命令、催促的作用，同时也使被调解方感受到仲裁员的轻微不满或不耐烦的情绪，这无疑对拉近双方距离起到了负面作用。③第二人称单复数做主语的祈使句，是较委婉提出建议的一种方式，比无标记的祈使句显得更温和，让听话人易于接受，起到了柔化作用。

仲裁员对疑问句的使用也具有显著的动态性和不平衡性。①仲裁员使用不同类型的完整疑问句进一步验证法律事实，了解当事人对调解目标的追求，同时也确保了信息的准确性，以免产生歧义。②随着调解深入，交际各方的话语就会变得更随意些，特别是仲裁委员会选取更随意、更贴近生活的问话方式，来拉近和对方的距离，推动调解的进展。非完整的疑问句反映了仲裁员对信息的掌握程度，以及被调解方逐渐拉近的距离。③使用具有情态意义的正反疑问句，表示礼貌请求。④支配力强和中低疑问度的问句类型实现了仲裁员对被调解方和回答信息的支配。⑤无功能偏离的特指疑问句是调解话语中的主要特点，更有利于在接下来单独交流中，与对方摆事实讲道理。⑥仲裁员在不同阶段交替使用完整是非疑问句和非完整是非疑问句、无语气词是非疑问句和有语气词是非疑问句，既确保了机构性程序话语的正式性和严肃性，又使仲裁员的提问方式变得更随意、更贴近日常会话，易于沟通。⑦仲裁员在调解实质阶段，会使用大量的附加疑问句来进行说服、推理，以达到“定纷止争”的目的。附加疑问句可实现确认信息、探询与求证、强调并缓和命令语气、唤起受话者对假设情况的想象，以达到唤起对方的义务感或责任感，打动对方，进而实现说服对方接受意见或建议的人际意义。⑧从语气隐喻来看，仲裁员在调解中使用“隐晦”的反问句，一方面可以隐性地表达自己的观点和态度；另一方面，可将理解的空间留给听话人，从而降低了自己承担的责任。而设问自答句并不是为了索取信息，仲裁员明知故问的目的是引起被调解方的注意和反思，调动其积极性。

尽管感叹句使用频率较低，但仲裁员采用正面情感效果的感叹句，能强烈表达自己对某些事情或者当事人某种做法的充分肯定，唤起被调解方的认同感或者引起共鸣，对缩小彼此距离起到了积极的作用。相反，有些仲裁员对受教育程度低、比较蛮横无理的当事人使用一些负面的感叹句，对调解效果会起到消极的作用。

语气词是汉语中专表语气的一种特殊词类，它在仲裁调解话语中起到了特定的语法功能和人际意义。首先，语气词能起到交互影响的作用。随着仲裁员不断变化角色和话轮，他在说话人和听话人两个角色之间转换，也在机构话语主体角色和第三方调解员之间转换。其次，语气词在调解中也起到了“交互润滑的作用”。通用语气词如“的”“嘛”“吧”，和具有地域特点的方言语气词，如“哈”“噻”“喃”，它们既扮演着句标记的角色，也可作为语气标记，改变了各类语气类型的语气方向或程度，传达了仲裁员对命题的态度和情感，实现了委婉、惊讶、反驳、强调、寻求信息、增加疑问度、缓和语气等人际意义。

综上，仲裁员在调解话语中使用多样的语法资源，不同程度地反映了仲裁员在调解中的态度、观点，实现了不同的人际意义。所有这些人际意义都是为调解服务的，进一步验证了仲裁调解以注重协调关系、多方参与、重协商、相互妥协、达成共识为导向的价值目标。

可以看出仲裁员在各系统里实现人际意义的手段丰富多样，多达 63 种（附录 4）。我们将这 63 种人际意义实现途径从词汇语法和语篇层角度进行类型化（图 8-1），由此归纳出实现仲裁员调解话语实现人际意义语法手段有如下特征：①仲裁员实现人际意义的途径主要集中在词汇语法层面，其类型和使用频率远远高于语篇层面。②在两个层面中，弱化仲裁员机构身份特征、降低其权势身份的语法手段类型略高于强化型语法手段。这说明仲裁员在调解话语中在保持自己机构身份的同时，也充分调动各种语言资源，适时地转换角色，和被调解方充分沟通，表达客观的推理、中肯的态度，协调冲突关系，达到说理劝诫的功能，发挥仲裁定纷止争的作用。

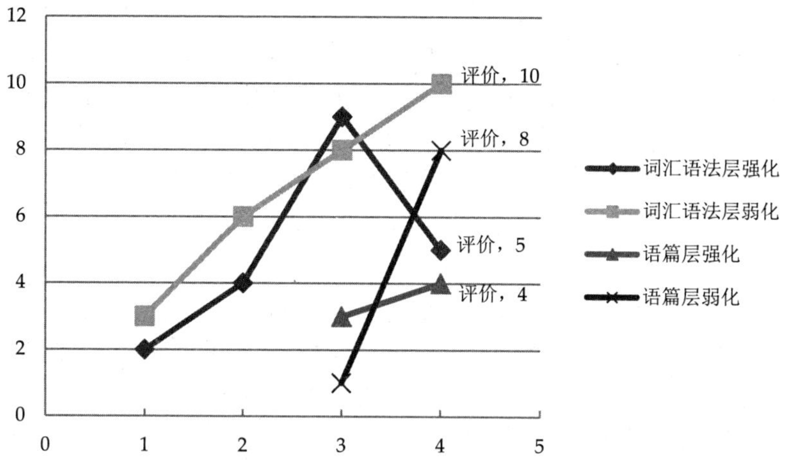

图 8-1 仲裁员调解话语人际意义实现途径

不管是词汇语法层面还是语篇层面，在仲裁员调解话语中，影响人际意义实现的语言之间不是相互孤立或平行的，而是一个连续的、相通的、交叠的系统，这也充分体现了系统功能语言学中的一个重要思想——连续统。对以上问题的回答再次验证了在仲裁员调解话语中，在词汇层面的指称系统和评价系统，以及小句层面的情态系统和语气系统之间没有不可逾越的鸿沟。词汇语法的连续统既是功能语法的中心概念，也是我们理解仲裁员调解话语中指称、评价、情态和语气这四个系统的关键，掌握这样的连续统，对于我们理解系统功能语言学的语义观，以及综合考察调解话语中的人际意义，都有着至关重要的意义。

第二节 仲裁员调解话语研究的现实启示

整个仲裁调解是借助语言的媒介而启动、推进并完成的法律活动。作为仲裁调解中的组织者、协调者，仲裁员唯有使用规范、恰当、得体的语言，才可能创造良好的调解氛围，进而促使仲裁活动能够透过当事人双方的利益纷争并真正深入其内心世界。在调解阶段，仲裁员选择的语言形式恰当与否，直接关系到其权势地位、与被调解方的亲疏关系，以及调解的成败。因此，仲裁员恰当、得体的语言是成功达成调解的助推器。因此，要想充分发挥仲裁员在调解中的积极作用，实现仲裁定纷止争的作用，这就要求仲裁员具有较高的文明素养和高超的交际技巧。他们不仅能够有效地控制仲裁庭审秩序，也能根据情景语境的变化，灵活使用多种语言手段，以此弱化其机构身份特征，拉近双方距离，缓和紧张气氛，推动调解的顺利进行。

在语料分析中，我们发现在调解的各个阶段，仲裁员也时有使用语言不当的现象，这不仅源自仲裁员语言运用能力不强，也是由于仲裁调解理念上的误解和偏差造成的。鉴于此，笔者特提出以下建议，期待有助于提升仲裁员的语言素养和交际技巧。

(1) 在调解中，仲裁员的语言应该规范、准确、简洁，并且尽量做到思维清晰、表述准确、逻辑严密、沉稳有序、言而有据。适切的话语能控制庭审秩序，并推动调解的顺利进行。同时，仲裁员不能过于追求畸高的调解成功率，尤其是从语言上施加压力，或采用各种语言技巧，以牺牲当事人利益为代价而达成调解，这样的做法往往适得其反。

(2) 仲裁员应在语言使用和规范上，表现出对当事人充分的礼貌和尊重。在整个仲裁活动中，仲裁员的角色期待是居中裁断、公正平允、不偏不倚、权威客观。而当事人来自不同行业、有着不同的教育背景，其中不乏受教育程度较低或社会层次较低的人群，仲裁员应一视同仁，公平对待每一位当事人。如果被调解人从仲裁员的话语中能感受到充分的被认同感和被尊重感，调解才能有效地开展，仲裁庭的裁决才能被当事人信任，并得到顺利执行。

(3) 在调解阶段倡导仲裁员适当运用生动形象、富有感情色彩的语言。调解过程中，仲裁员应考虑当事人的年龄、职业、文化程度、社会地位等方面因素，把格式化、抽象化的法言法语变成通俗易懂的大众化语言，因人而异，因人施语，杜绝千篇一律。

(4) 为了实现平等、和谐的人际关系协商，仲裁员在语言技巧上，应尽量减少使用较强权势语义的语言手段。如高量值的义务性情态表达，会带有绝对态度的特征，给被调解方所留的回旋余地较小，并拉远彼此间距离，甚至让听话人产生逆反心理，不利于调解的开展。问句是仲裁员实施权势的重要手段，也应审慎使用。

(5)在三方调解阶段，仲裁员应隐藏自己的观点和态度，并通过援引法律法规、他人的观点等手段，达到说理的效果，保持自己的中立地位，并增强其调解话语的言据性。同时，仲裁员还应多用客观性评价附加语，少用主观性评价附加语。

(6)在背靠背调解阶段，仲裁员可灵活运用具有积极语义或亲近化的语言手段，使其地位向平等关系方向下移，向亲密、谦逊方向过渡，增加双方共同点。如调用积极的、正面的情感资源，更有助于拉近仲裁员和被调解方的距离，团结对方，让听话人接受自己的观点，这样让对方能找到一种认同感，对润滑交际关系起到了积极的作用。同时，具有积极语义的感叹句能唤起被调解方的认同感或者引起共鸣，对缩小彼此距离起到了积极的作用。

(7)适当使用偏离语域的幽默话语，可以润滑人际关系，起到化解矛盾、说服劝诫、缩小距离的作用。但使用太多粗俗、恶意的语言符号来追求幽默的效果，有损于仲裁员建立权威、专业的身份特征。

(8)仲裁员应多用缓和语气的语气词，以此实现角色转换，润滑交际。语气词是改变句子情态意义和语气的调节器，仲裁员善用它，就能达到既表意、表情，又传递其立场和态度的效果。

(9)为了促进各方磋商，仲裁员要注意说话的音高、语速和语调。同时应多用支配力强、疑惑度低的疑问句，避免使用带有否定和情态资源的祈使句，或少用表示反诘的否定是非疑问句。不恰当的表达方式会让当事人感受到仲裁员的负面情绪或者命令的口吻。

总之，被调解双方最直接的感受往往来自于仲裁员在调解话语中的言语方式。不同的方式表达同样的内容，往往使被调解方对调解结果产生截然不同的选择。因此，调解话语时时体现着仲裁员的专业素质和交际技巧，表达了司法公正与否，直接关系着调解的结果和质量。

第三节 仲裁员调解话语研究的反思与展望

一、仲裁员调解话语研究的反思

尽管笔者在研究过程中力求对仲裁员调解话语进行系统的描写和详尽的解释，但由于时间、篇幅和技术手段所限，仍有很多不尽如人意之处。主要体现在以下几方面。

(1)本书缺乏对调解话语中音调系统的关注。Halliday(2000：1)认为实现人际意义的主要手段包括语气、情态和调值，以及其他表达人际意义的手段，如声音质地、表态度的修饰语等。其他功能语言学家继续拓展人际系统的精密阶，发现一些边缘性人际资源，如问候语、词汇、节奏、语调等，也是实现人际意义潜势的手段。但是由于语音分析技术的难度，本书没有涉及仲裁员调解话语中语调、重音、停顿、节奏加快或放慢等音调所承载的人际意义。

(2)从交际互动来看，仲裁调解话语是一个三方交际的过程，涉及调解员和被调解方双方。要全面考察调解话语如何协商三方社会关系，就应该从仲裁员和被调解方双方互动的角度进行研究。但是由于时间和精力所限，本书只关注了仲裁员调解话语，未能对被调解方的反馈话语进行研究。因此，仲裁员调解话语的实际效果有待验证。另外，影响仲裁员通过语言选择构建身份的因素是多种多样的，除了宏观的社会文化语境之外，仲裁员自身的性别、年龄、教育背景等也会影响说话者的语言选择，从而影响着调解效果。

(3)从语料收集多样性来看，本书存在一定的局限性。本书转写了19 场庭审语料，创建了 15 万多字的口语语料库，涉及的仲裁案件主要涉及经济合同纠纷，而且以简易庭为主。当然，无论从地域跨度还是仲裁案件类型及数量来看，本书所收集到的语料都存在一定的局限性。因此，运用语言学的相关理论对现有调解语料进行分析，得出的结论是否具有一定的普遍性和说服力还有待进一步的考证。

因此，本书理论探讨的深度和广度也存在一定的局限性。诸如此类的其他问题，在此就不再一一赘述。

二、仲裁员调解话语研究的展望

针对本书的不足之处，在今后的仲裁调解话语的研究中，可从以下几个方面进行改进和完善：①继续拓展对仲裁调解话语描写的精密阶。一方面，可以继续深化本书涉及的四个系统，在精密阶上深化对调解话语的描述。另一方面，可以尝试拓展其他可分析范畴，如利用语音分析软件，对调解话语中音调系统、问候语、标记语等也进行系统研究。②从交际过程的完整性来看，把被调解方的话语也纳入研究范围，既能保证交际互动的双向性，又能实现描述社会关系协商的过程的全面性。③扩大语料收集的范围。可以在案件类型上覆盖仲裁涉及的经济合同纠纷、劳动纠纷、保险纠纷等，同时增加语料收集的数量和地域范围，力求案件在数量上、类型上、地域分布上保持平衡，这将为增强定量研究和定性研究结果的普遍性和说服力提供有力的保证。④结合系统功能语言学中的个性特征研究，并结合社会语言学，将交际各方的年龄、性别、职业、受教育程度等纳入到影响调解话语人际意义的变量中，从更全面、客观的角度描写和解释调解话语。这种多维度、多层面的描写方法将是司法语言学的发展方向。

参考文献

布赖恩·比克斯. 2007. 法律、语言与法律的确定性. 邱昭继译. 北京：法律出版社.

常晨光. 2004. 公式性语言的功能. 外语与外语教学，(2)：7-10.

常晨光. 2008. 作为评价手段的情态附加语探析. 外语与外语教学，(1)：11-13.

常晨光，陈瑜敏. 2011. 系统功能语言学的语境研究. 功能语境研究. 常晨光，陈瑜敏编. 北京：外语教学与研究出版社.

常怡. 2013. 中国调解制度. 北京：法律出版社.

陈翠珠. 2009. 汉语人称代词考论. 华中师范大学博士学位论文.

陈俊芳，郭雁文. 2005. 汉语疑问语气词的语用功能分析. 中北大学学报(社会科学版)，(6)：64-66.

陈令君. 2007. 评价论对语言评价意义研究的启示. 求学，(11)：197-198.

陈晓燕. 2007. 英汉社论语篇态度资源对比分析. 外国语，(3)：39-46.

陈治安，彭宣维. 1994. 人称指示语研究. 外国语，(3)：28-34.

程朝阳. 2006. "是吧？/!"在司法调解中的语用功能研究. 修辞学习，(4)：48-52.

程朝阳. 2007. 法庭调解语言的语用研究. 中国政法大学博士学位论文.

程朝阳. 2008. 法庭调解话语与角色研究——一种语用分析的进路. 法学论坛，(3)：48-52.

程朝阳. 2009a. 法庭调解话语与目的互动研究——一种语用分析的进路. 法律方法，(7)：55-75.

程朝阳. 2009b. 法庭调解话语与权力研究. 法学论坛，(7)：39-43.

储泽祥. 2003. "老/小. 姓+称谓性指人名词"格式的使用情况考察. 语言文字应用，(3)：29-33.

崔希亮. 2011. 语气词"哈"的情态意义和功能. 语言教学与研究，(4)：39-45.

崔显军. 2012. 语义功能语言学视野下的汉语研究. 北京：北京大学出版社.

刁晏斌. 2005. 当代汉语中新的"名$_1$名$_2$"形式名词陈述化的一种新形式. 语言与翻译，(4)：23-27.

董敏. 2012. 从级差系统分析辩论话语的人际意义. 外语研究，(3)：14-20.

董晓波. 2006. 语言与法律——谈西方法律语言研究方法的嬗变. 社会科学战线，(2)：205-207.

董秀芳. 2007. 词汇化与话语标记的形成. 世界汉语教学，(1)：11-17.

杜金榜. 2004. 法律语言学概论. 上海：上海外语教育出版社.

范文芳. 2000. 英语语气隐喻. 外国语，(4)：29-34.

冯光武. 2004. 汉语语用标记语的语义–语用分析. 现代外语学刊，(1)：24-31.

符淮青. 1996. "词义成分-模式分析"表动作行为的词. 汉语学习，(5)：3-9.

高华. 2009a. 汉语里的"话题问句". 安徽师范大学学报(人文社会科学版)，(3)：321-327.

高华. 2009b. "好不好"附加问句的话语情态研究. 深圳大学学报(人文社会科学版)，(4)：98-102.

高华，张惟. 2009. 汉语附加问句的互动功能研究. 语言教学与研究，(5)：45-52.

葛云锋，杜金榜. 2005. 法庭问话中的话题控制与信息控制. 山东外语教学，(6)：42-44.

何中清. 2011. 评价理论中的 "级差" 范畴：发展与理论来源. 北京第二外国语学院学报，(6)：10-18.

贺阳. 1992. 试论汉语书面语的语气系统. 中国人民大学学报，(5)：59-66.

贺阳. 1994. 北京话的语气词"哈"字. 方言，(1)：60-63.

候瑞芬. 2009. "别说"与"别提". 中国语文，(2)：8-14.

胡德明. 2008. 反问句的语用价值——诱导性和隐涵性. 修辞学习，(4)：36-41.

胡海娟. 2004. 法庭话语研究综述. 广东外语外贸大学学报，(15)：8-11.

胡文辉. 2010. 语言评价的价值哲学研究. 上海外国语大学博士学位论文.

胡壮麟. 1994. 英汉疑问语气系统的多层次和多元功能解释. 外国语，(1)：1-7.

胡壮麟，张德禄. 1989. 系统功能语法概论. 长沙：湖南教育出版社.

胡壮麟，朱永生，张德禄，等. 2005. 系统功能语言学概论. 北京：北京大学出版社.

黄伯荣，廖序东. 2012. 现代汉语. 北京：北京大学出版社.

黄国文. 2000. 韩礼德系统功能语言学 40 年发展述评. 外语教学与研究，(1)：15-22.

黄国文. 2001. 功能语篇分析纵横谈. 外语与外语教学，(12)：1-4.
黄国文，辛志英. 2010. 功能语言学通论. 北京：外语教学与研究出版社.
吉本斯. 2007. 法律语言学导论. 程朝阳，毛凤凡，秦明译. 北京：法律出版社.
江玲. 2012. 庭审话语中的法官身份构建. 上海外国语大学博士学位论文.
鞠玉梅. 2010. 伯克的隐喻观研究. 当代修辞学，(4)：45-52.
柯贤兵. 2011a. 程序性调解话语中调解人的身份认同建构研究. 广西社会科学，(5)：139-142.
柯贤兵. 2011b. 话语交际博弈论——以法庭调解话语交际博弈为例. 社会科学家，(5)：155-158.
柯贤兵. 2012. 法庭调解话语空间建构研究. 湖北社会科学，(2)：123-127.
柯贤兵，廖美珍. 2011. 法庭调解话语博弈交际研究. 外语学刊，(5)：70-75.
克雷比尔，埃文斯，魏可钦，等，2011. 冲突调解的技巧：调解人手册. 南京：南京大学出版社.
李冰. 2009. 英语仲裁文书的语言特点. 山西广播电视大学学报，(1)：65-66.
李成军. 2005. 现代汉语感叹句研究. 武汉大学博士学位论文.
李发根. 2006. 评价的识别、功能和参数. 外语与外语教学，(11)：1-3.
李基安. 2008. 情态与介入. 外国语，(4)：60-63.
李杰. 2005. 情态的表达与意识形态的体现. 外语学刊，(4)：49-55.
李杰，钟永平. 2002. 论英语的情态系统及其功能. 外语教学，(1)：9-15.
李金实. 2009. 评价理论在英语阅读教学中的应用. 现代教育科学，(1)：201-202.
李晋霞. 2005. 论话题标记“如果说”. 汉语学习，(1)：28-32.
李科凤. 2005. 重庆方言疑问句与普通话的差异. 重庆工商大学学报(社会科学版)，(3)：149-153.
李诗芳. 2007. 法庭话语的人际意义研究. 东北师范大学博士学位论文.
李诗芳. 2009. 法律语言学研究综观. 学术交流，(6)：69-72.
李秀明. 2011. 汉语元话语标记语研究. 北京：中国社会科学出版社.
李战子. 2000. 情态——从句子到语篇的推广. 外语学刊，(4)：7-12.
李战子. 2002. 话语的人际意义. 上海：上海外语教育出版社.
李战子. 2004. 评价理论：在话语分析中的应用和问题. 外语研究，(1)：1-6.
李宗江. 2008. 表达负面评价的语用标记“问题是”. 中国语文，(5)：423-426.

李祖军. 2011. 调解制度论：冲突解决的和谐之路. 北京：法律出版社.

梁晓波. 2002. 情态的多维研究透视. 解放军外国语学院学报，(1)：28-32.

廖美珍. 2002. 问答：法庭话语互动研究. 中国社会科学院博士学位论文.

廖美珍. 2003. 法庭问答及其互动研究. 北京：法律出版社.

廖美珍. 2004a. 答话研究. 修辞学习，(5)：29-34.

廖美珍. 2004b. 国外法律语言学综述. 当代语言学，(1)：66-76.

廖美珍. 2004c. 目的原则与法庭互动话语合作问题研究. 外语学刊，(5)：43-51.

廖美珍. 2006a. 隐喻的语篇组织功能研究. 第四届全国认知语言学研讨会论文摘要汇编.

廖美珍. 2006b. 语言学和法学. 法律方法和法律思维，(4)：46-63.

廖美珍. 2006c. 中国法庭互动话语 formulation 现象研究. 外语研究，(2)：1-8.

廖美珍. 2008a. 法庭调解语言研究的意义及方法. 人民法院报，5.

廖美珍. 2008b. 法庭语言技巧. 北京：法律出版社.

廖美珍. 2008c. 中国法律语言规范化若干问题之我见. 修辞学习，(5)：30-36.

廖美珍. 2012. 目的原则和言语行为互动研究. 外语学刊，(5)：23-30.

林义全，唐太飞. 2003. 仲裁调解功能之探析. 西南民族大学学报(人文社科版)，(1)：326-330.

林语堂. 2002. 论读书，论幽默. 北京：当代世界出版社.

凌锐. 2011. 调解语言研究. 中国政法大学博士学位论文.

刘长征. 2007. “(X)整个一(个)Y” 格式试析. 汉语学习，(1)：33-36.

刘楚群. 2003. 人际接纳与汉语称呼语. 华中师范大学学报（人文社会科学版），(3)：136-139.

刘慧. 2011. 现代汉语评价系统研究略述. 汉语学习，(4)：81-87.

刘缙. 1993. 谈词的褒贬义与构词语素义之关系. 中国人民大学学报，(4)：71-76.

刘丽艳. 2005. 口语交际中的话语标记. 浙江大学博士学位论文.

刘敏. 2001. 论现代法院调解制度. 社会科学研究，(5)：90-95.

刘世铸. 2010. 评价理论在中国的发展. 外语与外语教学，(5)：33-37.

刘武俊. 2007. 中国仲裁制度的实证研究. 南通大学学报(社会科学版)，(231)：46-55.

刘娅琼. 2004. 试析反问句的附加义. 修辞学习，(3)：74-75.

卢英顺. 2012. “这样吧”的话语标记功能. 当代修辞学，(5)：39-46.
鲁川. 2000. 语义的先决性·句法的强制性·语用的选定性——基于三个平面理论的汉语信息语法的构思. 汉语学习，(3)：1-9.
吕叔湘. 1982. 中国文法要略. 北京：商务印书馆.
吕叔湘. 1999. 现代汉语八百词. 北京：商务印书馆.
吕万英. 2005. 司法调解话语中的冲突性打断. 解放军外国语学报，(6)：22-26.
吕万英. 2006. 法官话语的权力支配. 外语研究，(2)：9-13.
吕万英. 2011. 法庭话语权力研究. 北京：中国社会科学出版社.
罗纳德·S. 克雷比尔. 2011. 调解冲突的技巧. 魏可钦，何钢译. 南京：南京大学出版社.
马伟林. 2007. 人际功能的拓展——评价系统述评. 南京社会科学，(6)：142-146.
迈克尔·努尼. 2006. 法律调解之道. 杨利华，于丽英译. 北京：法律出版社.
南佐民. 2000. 会话幽默的语义作用过程解析. 外语与外语教学，(11)：18-20.
牛保义. 2001. 英汉语附加疑问句语法化比较. 外国语，(2)：49-54.
潘小钰. 2008. 介入资源与法庭辩论中说服的实现. 修辞学习，(2)：50-55.
彭锦维. 2001. 重庆话语气词的特点. 西南民族学院学报(哲学社会科学版)，(2)：55-57.
彭利贞. 2005. 现代汉语情态研究. 复旦大学博士学位论文.
彭利贞. 2007. 论情态与情状的互动关系. 浙江大学学报(人文社会科学版)，(5)：51-58.
彭宣维. 2011. 西方文学批评史重构——以评价范畴为依据的审美立场综观. 北京师范大学学报(社会科学版)，(4)：69-81.
齐沪扬. 2002. 论现代汉语语气系统的建立. 汉语学习，(1)：1-12.
齐沪扬. 2004. 语气词与语气系统. 合肥：安徽教育出版社.
秦兰英. 2008. 完善仲裁调解制度，发挥仲裁调解效能. 仲裁研究，(4)：43-46.
邱星美，王秋兰. 2008. 调解法学. 厦门：厦门大学出版社.
邵洪亮. 2013. 副词“还是”的元语用法. 语言教学与研究，(4)：75-82.
邵敬敏. 1996. “语义价”“句法向”及其相互关系. 汉语学习，(4)：4-9.
邵敬敏. 2013. 疑问句的结构类型与反问句的转化关系研究. 汉语学习，(2)：3-10. 13-20.

史金生. 2002. 现代汉语副词的语义功能研究. 南开大学博士学位论文.
史金生. 2005. "又""也"的辩驳语气用法及其语法化. 世界汉语教学，(4)：52-61.
史金生，胡晓萍. 2013. "就是"的话语标记功能及其语法化. 汉语学习，(8)：
苏小妹. 2008. 说说句末语气词"哈"和"哈"附加问句. 现代语文，(4)：25-30.
谭仕光，覃冬生. 2003. 隐语的妙用. 语文教学与研究，(5)：32-33.
王飞华. 2005. 汉英语气系统对比研究. 华东师范大学博士学位论文.
王钢. 2010. 国际商事调解技巧研究. 武汉大学博士学位论文.
王建. 2012. 角色建构的话语策略——以法庭调解为例. 外国语文，(8)：75-79.
王洁. 1999. 法律语言研究. 广州：广东教育出版社.
王金玲，闫铁煜. 2005. 论幽默话语的语用语义特征. 外语学刊，(6)：63-65.
王晋军. 2010. 汉语机构会话中的问句与权势关系//功能语言学与语篇分析研究. 黄国文，朱永生等编. 北京：高等教育出版社.
王力. 1985. 中国语言学史. 太原：山西教育出版社.
王曼. 2010. 自然口语中的话语标记语"真是的". 语文学刊，(17)：15-17.
王希杰. 2000. 修辞学导论. 杭州：浙江教育出版社.
王晓莉. 2010. 我国设立仲裁第三人制度的法律问题研究. 法制与社会，(11)：24-26.
王秀军. 2010. 发挥仲裁调解优势，服务和谐社会建设. 中国仲裁与司法论坛暨2010年年会，北京.
王振华，马玉蕾. 2007. 评价理论：魅力与困惑. 外语教学，(6)：19-23.
王振华. 2003. 介入：言语互动中的一种评价视角. 河南大学博士学位论文.
王振华. 2004. 法庭交叉质询中的人际关系——系统功能语言学"情态"视角. 外语学刊，(3)：51-60.
王振华，曹元. 2013. 马伯里诉麦迪逊案中的让步研究. 燕山大学学报，(14)：41-46.
魏本力. 2005. 情态动词的量值取向. 外语学刊，(4)：56-59.
魏在江. 2003. 英汉语气隐喻对比研究. 外国语，(4)：46-53.
席晓青. 2011. 语篇分析：思维、策略与实践. 厦门：厦门大学出版社.
肖建国. 2011. 论暗示性法院调解用语. 学习论坛，(10)：72-77.

徐晶凝. 2003. 语气助“吧“的情态解释. 北京大学学报(哲学社会科学版)，(4)：143-148.

徐珺. 2011. 评价理论视域中的商务翻译研究. 解放军外国语学院学报，(6)：88-91.

徐来娟. 2013. 英语学术讲座话语的评价及其语类结构. 西南大学博士学位论文.

徐优平. 2006. 话语标记语在法院调解过程中的作用. 修辞学习，(4)：52-55.

闫铁煜，王金玲. 2004. 论幽默话语的语用语义特征. 外语学刊，(6)：63-65.

杨才英. 2009. 论汉语语气词的人际意义. 外国语文，(6)：26-32.

杨信彰. 2003. 语篇中的评价性手段. 外语与外语教学，(1)：11-14.

杨信彰. 2010. 马丁对语域理论的发展和应用. 当代外语研究，(10)：39-44.

姚小鹏. 2011. 追补性“当然”的篇章功能. 语言教学与研究，(6)：52-58.

殷树林. 2006a. 反问句的性质特征和定义. 阜阳师范学院学报(社会科学版)，(6)：10-12.

殷树林. 2006b. 现代汉语反问句研究. 福建师范大学博士学位论文.

于海飞. 2006. 话论转换中的话语标记研究. 山东大学博士学位论文.

袁毓林. 1987. 关于动词对宾语褒贬选择. 汉语学习，(3)：8-9.

岳力. 2008 论仲裁中调解的功能. 北京仲裁，(2)：60-70.

岳颖. 2011. 学术语篇的介入资源与人际意义构建——基于学习者语篇的个案研究. 当代外语研究，(7)：30-35.

岳颖. 2012. 评价理论中“级差”的语篇功能研究概述. 外语学刊，(1)：84-88.

詹姆斯·保罗·吉. 2011. 话语分析导论：理论与方法. 杨炳钧译. 重庆：重庆大学出版社.

张德禄. 2009. 汉语语气系统的特点. 外国语文，(5)：1-8.

张国宪. 2006. 性质形容词重论. 世界汉语教学，(1)：5-17.

张丽萍. 2007. 以“评”说“法”：法庭辩论中的评价资源与实现手段. 外语教学，(6)：29-33.

张曼. 2008. 摘要中情态承诺和情态责任的配置. 中国外语，(6)：74-78.

张清. 2009. 法官庭审话语的实证研究. 中国政法大学博士学位论文.

张锐. 2010. 浅析仲裁调解与法院调解的异同. 法制与社会，(23)：109-110.

张滟. 2008. 态度评价：主体互联性劝说模式构建. 外语学刊，(3)：71-75.

张谊生. 2000. 现代汉语副词的性质、范围与分类. 语言研究,(2):62-69.

赵春利,石定栩. 2011. 语气、情态与句子功能类型. 外语教学与研究,(4):483-501.

赵洪芳. 2009. 法庭话语、权力与策略. 中国政法大学博士学位论文.

赵元任,1968. 语言与符号系统. 伦敦:剑桥大学出版社.

郑东升. 2011a. 法庭调解的真诚性研究. 法律语言学说,(2):21-35.

郑东升. 2011b. 法庭调解语言的合法性研究. 中国政法大学博士学位论文.

郑娟曼,邵敬敏. 2010. "责怪"义标记格式"都是+NP". 汉语学习,(5):34-49.

中国社会科学院语言研究所词典编辑室编. 现代汉语词典(第6版). 2012. 北京:商务印书馆.

周红. 2006. 汉语致使问题研究动态. 汉语学习,(6):44-51.

周荐. 1985. 试论词的感情色彩及其构成方式. 天津社会科学,(8):76-80.

周莉. 2012. 现代汉语"别说"的语义、功能研究. 延边大学博士学位论文.

朱德熙. 1982. 说"跟……一样". 汉语学习,(1):1-5.

朱冠明. 2005. 情态与汉语情态动词. 山东外语教学,(2):16-21.

朱永生. 2005. 语境的动态研究. 北京:北京大学出版社.

朱永生. 2009. 概念意义中的隐性评价. 外语教学,(4):1-5.

朱永生. 2011. 系统功能语言学再思考. 上海:复旦大学出版社.

朱永生,严世清. 2001. 系统功能语言学多维思考. 上海:上海外语教育出版社.

Anesa, P. 2012. *Language and Power in Arbitration Proceedings: Insights into Theory and Practice*. Farnham: Ashgate Publishing Company.

Asher, R. E. 1994. *The Encyclopedia of Language and Linguistics*. Oxford: Pergamon.

Bakhtin, M. 1973. *Problems of Dostoevsky's Poetics*. Michigan: Ann Arbor.

Bakhtin, M. 1981. *The Dialogic Imagination: Four Essays*. Austin: University of Texas Press.

Bakhtin, M. 1986. *The Problem of Speech Genres*. Austin: University of Texas Press.

Bhatia, V. K. 2002. Applied genre analysis: A multi-perspective model. *IBERICA*, (4):123-135.

Bhatia, V. K. , Candlin, C. N. & Gotti, M. 2010. *The Discourses of Dispute Resolution*. Switzerland: Per Lang AG. International Academic Publisher.

Bhatia, V. K. , Candlin, C. N. & Gotti, M. 2012a. *Discourse and Practice in International Commercial Arbitration*. Farnham: Ashgate Publishing Company.

Bhatia, V. K., Candlin, C. N., & Gotti, M. 2012b. International commercial arbitration practice: A discourse-based perspective. InV. K. Bhatia, C. N. Chroma & J. Engberg. (Eds.), *Discourse and Practice in International Commercial Arbitration: Issues, Challenges and Prospects* (pp. 3-8). Hong Kong: Hong Kong University Press.

Bhatia, V. K., Candlin, C. N., & Gotti, M. 2012c. Contested identities in international arbitration practice. In V. K. Bhatia, C. N. Chroma & J. Engberg (Eds.), *Discourse and Practice in International Commercial Arbitration: Issues, Challenges and Prospects* (pp. 301-322). Hong Kong: Hong Kong University Press.

Bhatia, V. K., Garzone, G. & Chiara, D. 2008. Genre analysis, ESP and professional practice. *English for Specific Purposes,* (2): 161-174.

Bhatia, V. K. , Garzone, G. & Chiara, D. 2012. *Arbitration Awards: Generic Features and Textual Realisations*. Newcastle: Cambridge Scholars Publishing.

Bintliff, B. 2006. Context and legal research. *Law Library Journal,* (3): 249-262.

Bromwich, W. 2013. *Worlds of Professional Discourse*. Mantova: Universitas Studiorum.

Bybee, J. L. 1995. Regular morphology and the lexicon. *Language and Cognitive Processes,* (5): 425-455.

Chao, Y. R. 1968. *Grammar of Spoken Chinese*. Los Angelas: California University Press.

Cohen, O., Dattner, N. & Luxenburg, A. 1999. The limits of the mediator's neutrality. *Mediation Quarterly,* (4): 341-348.

Conley, J. M. & O'Barr, W. M. 2005. *Just Words: Law, Language, and Power*. Chicago: University of Chicago Press.

Danet, B. 1983. Language in the legal process. *Science,* (20): 841-842.

Deng, Y. 2008. *Neutrality and Power Distribution in Chinese Mediation: Discourse Analysis of Some Contemporary Chinese Mediation Strategies Based on Real Mediation Sessions.* (Unpublished doctoral dissertation). The University of Arizona, Tucson.

Deng, Y. 2012. Strategy to alleviate adversity in Chinese mediation: A discourse analysis on real Chinese mediation sessions. *Chinese Journal of Communication,* (4): 417-436.

Deng, Y. & Xu, K. 2013. Strategy to motivate and facilitate compromise in Chinese mediation: A discourse analysis of contemporary Chinese mediation sessions. *International Journal of Conflict Management,* (1): 4-20.

Dhanania, K. 2008. International commercial arbitration in India: A study of discursive practices. In V. K. Bhatia, C. N. Chroma & J. Engberg (Eds.), *Legal Discourses Across Cultures and Systems* (pp. 109-125). Hong Kong: Hong Kong University Press.

Drew, P. 1990. Strategies in the contest between lawyer and witness in cross-examination. In J. N. Levi & A. G. Walker (Eds.), *Language in the Judical Process* (pp. 39-64). New York: Plenum Press.

Eggins, S. & Slade, D. 1997. *Analysing Casual Conversation.* London: Cassell.

Ehrlich, S. 1999. Communities of practice, gender, and the representation of sexual assault. *Language in Society,* 28(02): 239-256.

Fairclough, N. 2013. *Critical Discourse Analysis: The Critical Study of Language.* New York: Routledge.

Fraser, B. 2005. Guidelines for research in discourse markers. http://www.corpus4u.org/forum/upload/forum/2006031709465914.pdf [2013-12-2].

Geoffrey, T. 2004. *Introducing Functional Grammar (3rd Edition).* New York: Routlege.

Gibbons, J. 1994. *Language and the Law.* London/New York: Longman.

Gibbons, J. 2003a. *Forensic Linguistics.* Oxford: Blackwell Publishing.

Gibbons, J. 2003b. *Forensic Linguistics: An Introduction to Language in the Justice System.* Oxford: Blackwell Publishing Ltd.

Gotti, M. 2011. Litigational influence on Italian arbitration discourse. *World Englishes*, (1): 81-91.

Gotti, M. 2012. The litigational 'colonisation' of ADR discourse. *International Journal of Law, Language & Discourse*, (2): 167-189.

Gotti, M., Bhatia, V. K. & Candlin, C. N. 2011. *Discourse and Practice in International Commercial Arbitration: Issues, Challenges and Prospects*. London: MPG Books Group.

Hafner, C. A. 2011. Professional reasoning, legal cultures, and arbitral awards. *World Englishes*, (1): 117-128.

Halliday, M. A. K. 1966. Some notes on deep grammar. *Journal of Linguistics*, (1): 57-67.

Halliday, M. A. K. 1967. Notes on transitivity and theme in English: Part 2. *Journal of Linguistics*, (02): 199-244.

Halliday, M. A. K. 2000 (1985/1994). *An Introduction to Functional Grammar*. London: Arnold.

Halliday, M. A. K. 2001 (1978). *Language as Social Semiotic: The Social Interpretation of Language and Meaning*. London/Beijing: Edward Arnold/Foreign Languages Teaching and Reasearch Press.

Halliday, M. A. K. 2005. Studies in English language. In J. J. Webster (Ed.), *The Collected Works of M. A. K. Halliday* (Vol. 7). London / New York: Continuum.

Halliday, M. A. K. 2010. *An Introduction of Funtional Grammar*. Beijing: Foreign Language Teaching and Research Press.

Halliday, M. A. K. & Hasan, R. 1976. *Cohesion in English*. London: Longman.

Halliday, M. A. K. & Hasan, R. 1989. *Language, Context and Text: Aspects of Language in a Social-semiotic Perspective*. Oxford: Oxford University Press.

Halliday, M. A. K. & Mathiessen, C. M. 1999. *Construing Experience Through Meaning: A Language-Based Approach to Cognition*. London: Continuum.

Halliday, M. A. K., McIntosh, A. & Strevens, P. 1964. *The Linguistic Sciences and Language Teaching*. London: Longman.

Halliday, M. A. K. & Webster, J. J. 2013. *Halliday in the 21st Century*. London: Bloomsbury Academic.

Halliday, M. A. K. 1961. Categories of the theory of grammar. *World Englishes*, (3): 241-292.

Han, Z. R. 2011. *An Applied Genre Analysis of Civil Judgments: The Case of Mainland China*. (Unpublished doctoral dissertation). City University of Hong Kong, Hong Kong.

Han, Z. R. 2013. *Legal Communication of Chinese Judiciary: A Discourse-based View*. Hong Kong: Peter Lang.

Han, Z. R. & Li, X. Y. 2011. Discourse of international commercial arbitration: the case of Mainland China. *Journal of Pragmatics*, (5): 1380-1391.

Hasan, R. 2009. The place of context in a systemic functional model. In M. A. K. Halliday (Ed.), *Continnum Companion to Systemic Functional Linguistics* (pp.166-189). London: Continuum.

Heisterkamp, B. L. 2006. Conversational displays of mediator neutrality in a court-based program. *Journal of Pragmatics*, (38): 2051-2064.

Heritage, J. 2004. Conversation analysis and institutional talk. In K. L. S. Fitch (Ed.), *Handbook of Language and Social Interaction* (pp.103-147). New Jersey: Lawrence Erlbaum Associates Inc.

Hodge, R. I. V. 1988. *Social semiotics*. Cornell: Cornell University Press.

Hoey, M. 2006. *Language as Choice: What Is Chosen*. London: Equinox Publishing Ltd.

Hunston, S. 2006. *Phraseology and Systems: A Contribution to the Debate*. London: Equinox Publishing Ltd.

Hunston, S. & Thompson, G. 2000. *Evaluation in Text: Authorial Stance and the Construction of Discourse*. Oxford: Oxford University Press.

Hyland, K. 1998. *Hedging in Scientific Research Articles* (Vol. 54). Armsdam: John Benjamins Publishing.

Hyland, K. 2004. *Disciplinary Discourses: Social Interactions in Academic Writing*. Michigan: University of Michigan Press.

Illie, C. 1994. *What Else can I Tell You? A Pragmatic Study of English Rhetorical Questions as Discursive and Argumentative Acts*. Sweden: Almqvist & Wiksell International Stokholm.

Jacobs, S. 2002. Maintaining neutrality in dispute mediation: Managing disagreement while managing not to disagree. *Journal of Pragmatics*, (10): 1403-1426.

Jemienak, J. 2011. The place of arbitration in online proceedings as a simulacrum, exploring courtroom discourse: The language of power and control. In A. Wagner & L. Cheng (Eds.), *Exploring Courtroom Discourse: The Language of Power and Control* (pp. 251-262). Farnham: Ashgate Publishing, Ltd.

Kurzon, D. 2010. Diversity and tolerance in socio-legal contexts: Explorations in the semiotics of law. *International Journal for the Semiotics of Law—Revue Internationale de Sémiotique juridique*, (4): 525-529.

Lenk, U. 1998. *Marking Discourse Coherence: Functions of Discourse Markers in Spoken English*. Gunter Narr Verlag.

Levi, J. N. & Walker, A. G. 1990. *Language in Judicial Process*. New York: Plenum Press.

Levinson, S. C. 1983. *Pragmatics*. Cambridge: Cambridge University Press.

Lyons, J. 1995. *Linguistic Semantics: An Introduction*. Cambridge: Cambridge University Press.

Malanczuk, P. 2008. Mixing legal cultures in international arbitration: The Iran-United States claims tribunal. In V. K. Bhatia, C. N. M. Chroma & J. Engberg (Eds.), *Legal Discourses Across Cultures and Systems* (pp. 35-53). Hong Kong: Hong Kong University Press.

Maley, Y. 1995. From adjudication to mediation: Third party discourse in conflict resolution. *Journal of Pragmatics*, (23): 93-110.

Martin, J. R. 2000. Beyond exchange: Appraisal systems in English. In S. T. Huston (Ed.), *Evaluation in Text: Authorial Stance and the Construction of Discourse* (pp. 142-175). Oxford: Oxford University Press.

Martin, J. R. 2006. *English Text: Sytem and Structure*. Beijing: Peiking University Press.

Martin, J. R. 2010. Semantic variation—modelling realisation, instantiation and individuation in social semiosis. In J. R. Bednarek & J. R. Martin (Eds.), *New Discourse on Language: Functional Perspectives on Multimodality, Identity, and Affiliation* (pp. 1-34). London: Continuum.

Martin, J. R. 2012. Language, register and genre. In Z. H. Wang (Ed.), *Register Studies* (pp. 47-68). Shanghai: Shanghai Jiao Tong University Press.

Martin, J. R. & Rose, D. 2003. *Working with Discourse: Meaning Beyond the Clause*. London: Continnum.

Martin, J. R. & White, P. 2005. *The Language of Evaluation: Appraisal in English*. New York: Palgrave Macmillan.

Martin, J. R. & White, P. 2008. *The Language of Evaluation: Appraisal in English*. Beijing: Beijing Foreign Language Teaching and Research Press.

Martin, J. R., Zappavigna, M. & Dwyer, P. 2012a. 'Just Like sort of Guilty kind of': The Rhetoric of Tempered Admission in Youth Justice Conferencing. In Z. H. Wang (Ed.), *Forensic Linguistics* (Vol. 8) (pp. 40-57). Shanghai: Shanghai Jiao Tong University Press.

Martin, J. R., Zappavigna, M. & Dwyer, P. 2012b. Negotiating narrative: Story structure and appraisal in youth justice conferencing. In Z. H. Wang (Ed.), *Forensic Linguistics* (Vol. 8) (pp. 160-191). Shanghai: Shanghai Jiao Tong University Press.

Martin, J. R., Zappavigna, M. & Dwyer, P. 2012c. Negotiating shame: Exchange and genre structure in youth justice conferencing. In Z. H. Wang (Ed.), *Forensic Linguistics* (Vol. 8) (pp. 102-128). Shanghai: Shanghai Jiao Tong University Press.

Matoesian, G. M. 1993. *Reproducing Rape: Domination Through Talk in the Courtroom*. Chicago: University of Chicago Press.

Matthiessen, C. M. 2006. *Frequency Profiles of Some Basic Grammatical Systems: An Interim Report*. London: Equinox Publishing Ltd.

Mayer, C. H. 2008. Identity and health in transcultural mediation. The model of culture-synergetic transcultural mediation and its impacts. *Journal of Intercultural Communication*, 17.

Mellinkoff, D. 2004. *The Language of the Law*. Wipf and Stock Publishers.

Neale, A. 2006. *'Matching' Corpus Data and System Networking: Using Corpora to Modify and Extend the Sytem Network for Transitivity in English*. London: Equinox Publishing Ltd.

Painter, C. 2005. *Learning Through Language in Early Childhood*. London: Bloomsbury Publishing.

Palmer, F. 2001. *Mood and Modality*. Cambridge: Cambridge University Press.

Papafragou, A. 2002. *Modality: Issues in the Semantics-pragmatics Interface*. Amsterdam: Elsevier.

Philips, S. U. 1998. *Ideology in the Language of Judges*. New York: Oxford University Press.

Pike, K. L. 1982. *Linguistic Concepts: An Introduction to Tagmemics*. Lincoln: University of Nebraska Press.

Poynton, C. 1990. *Address and the Semiotics of Social Relations: A Systemic-functional Account of Address Forms and Practices in Australian English*. (Unpublished doctoral dissertation). University of Sydney, Sydney.

Quirk, R., Greenbaum, S. & Leech, G. 1985. *A Comprehensive Grammar of the English Language*. London / New York: Longman.

Sarangri, S. 2003. Evaluating evaluative language. *Text*, (23): 115-168.

Sato, Y. 2008. Hybrid fispute processing in Japan: Linking srbitration with vonciliation. In V. K. Bhatia, M. Chroma & J. Engberg (Eds.), *Legal Discourses Across Cultures and Systems* (pp. 53-75). Hong Kong: Hong Kong University Press.

Schiffrin, D. 2007. *Discourse Marker*. Beijing: World Publishing Corporation.

Shi, G. 2011. A critical analysis of Chinese courtroom discourse. *International Journal of Speech Language and the Law*, (1): 157-160.

Stubbs, M. 2006. *Corpus Analysis: The State of the Art and Three Types of Unan-*

swered Questions. London: Equinox Publishing Ltd.

Sweetser, E. E. 1990. *From Etymology to Pragmatics: Metaphorical and Cultural Aspects of Semantics Structure*. Cambridge: Cambridge University Press.

Szczyrbak, M. 2013. "I think my own view is that..." on the Linguistic Construction of Evidence in Courtroom Discourse. *Topics in Linguistics*, (12): 65-74.

Talmy, L. 1988. Force dynamics in language and thought. *Cognitive Science*, (2): 49-100.

Thompson, G. & Hunston, S. 2006. *System and Corpus: Two Traditions with a Common Ground*. London: Equinox Publishing Ltd.

Tiersma, P. & Solan, L. 2012. *Oxford Handbook of Language and Law*. Oxford: Oxford University Press.

Tucker, G. 2006. *Systemic Incorporation: On the Relationship Between Corpus and Systemic Functional Grammar*. London: Equinox Publishing Ltd.

Van Dijk, T. A. 2008. *Discourse and Context—A Sociocognitive Approach*. Cambridge: Cambridge University Press.

Voloshinov, V. N. 1995. *Marxism and the Philosophy of Language, Bakhtinian Thought: An Introductory Reader* (Dentith, L. M. Trans.). London: Routledge.

Wagner, A. & Bhatia, V. K. 2009. *Diversity and Tolerance in Socio-legal Contexts*. Farnham: Ashgate Publishing Limited.

Wagner, A. & Cheng, L. 2011. *Exploring Courtroom Discourse: The Language of Power and Control*. Farnham: Ashgate Publishing, Ltd.

Wood, S. W. 2012. *Courtroom Discourse as Verbal Performance: Describing the Unique Sociolinguistic Situation of the American trial Courtroom* (Unpublished doctoral dissertation). Brigham Young University. Provo: Department of Linguistics and English Language.

Woodbury, H. 1984. The strategic use of questions in court. *Semiotica*, *48* (3-4), 197-228.

附 录

附录1 转写符号说明表

符号及文字	说明	备注
（ns）	停顿，括号里的数字代表停顿的时间，时间的单位用秒“s”表示	
（×××）	括号内“×”表示听不清楚没有转写出来的部分	
（（ ））	双括号内表示对庭审话语中相关事件的描述和解释	
……	表示省略	
Sg05	打断	
Word 斜体加黑体	强调	
---	拖音	
⊥	话语修正	
申	申请人	若有多个申请人时，用申 1、申 2、申 3……表示
申代	申请人的代理人，即申请人委托的律师、职员或亲戚、朋友	若有多个申请人的代理时，用申代 1、申代 2、申代 3……表示
被申	被申请人	若有多个被申请人时，用被申 1、被申 2、被申 3……表示
被申代	被申请人的代理人，即被申请人委托的律师、职员或亲戚、朋友等	若有多个被申请人的代理时，用被申代 1、被申代 2、被申代 3……表示
仲秘	仲裁委员会指定的秘书	

附录2　转写仲裁调解信息汇总

序号	时间	案件类型
1	2013年6月5日	简易案
2	2013年6月5日下午	简易案
3	2013年6月18日	简易案
4	2013年6月18日	简易案
5	2013年6月19日	简易案
6	2013年6月19日	专门调解
7	2012年9月5日	简易案
8	2012年12月18日	简易案
9	2013年1月20日	简易案
10	2013年5月15日	简易案
11	2013年5月15日	简易案
12	2013年5月22日	专门调解
13	2013年5月17日	简易案
14	2013年5月17日	简易案
15	2013年5月23日	简易案
16	2013年6月6日	简易案
17	2013年7月12日	简易案
18	2013年7月23日	简易案
19	2013年7月26日	简易案

注：由于保密因素，隐去参与各庭审的仲裁员和仲裁员秘书姓名等相关信息

附录3 部分标注框架

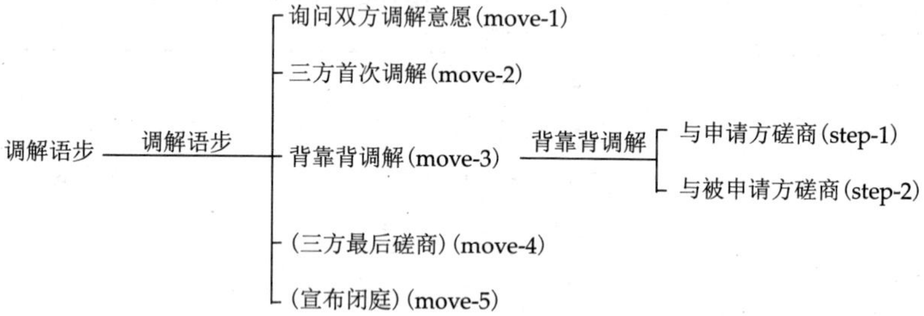

附图1 调解语步标注框架

附录4　仲裁员调解话语中人际意义实现的语法途径汇总

系统类型	子系统类型	次子系统类型	词汇语法层		语篇层	
			强化	弱化	强化	弱化
人称系统	指称系统	一致式	人称指示语一致式			
		隐喻式		借代所指		
				包揽所指		
			曲折所指			
		变异式		变异式		
	呼语系统	提升	机构身份称呼语			
			全名称称呼语			
			职业称呼语			
			机构指代称呼语			
		下降		泛尊称		
				职务称呼语		
				老化称呼语		
				小化称呼语		
				类小化称呼语		
				戏称		
语气系统	陈述语气	无标记陈述句	无标记完整陈述句			
				无标记非完整陈述句		
		有标记陈述句	带“的”“了”“嘛”陈述句			
			带陈述句	带“哈”陈述句		

续表

系统类型	子系统类型	次子系统类型	词汇语法层		语篇层	
			强化	弱化	强化	弱化
语气系统	祈使语气	锐化型祈使句	无标记祈使句			
			带有否定和情态的无标记祈使句			
			短促、重复的无标记祈使句			
			带有语气词"嘛"的祈使句			
		柔化型祈使句		有主语的祈使句		
				带有语气词"噻""哈"和"了"的祈使句		
	疑问语气	完整疑问句	特指疑问句		否定是非疑问句	
			是非疑问句			
						附加疑问句
					设问自答句	
					反问句	
		非完整疑问句		特指疑问句		
				带语气词的是非疑问句		
				带语气词的是非疑问句		
	感叹语气		感叹句	感叹句		
情态系统	情态动词		高量值义务型情态动词			
			高量值概率型情态动词			
			高量值的义务型情态的否定结构			
				低量值的责任型情态词"可以"		

续表

系统类型	子系统类型	次子系统类型	词汇语法层		语篇层	
			强化	弱化	强化	弱化
情态系统	情态动词			低量值的概率型情态词“可能”		
	情态附加语	语气附加语			高值可能性	低值可能性
					高值通常性	低值通常性
		评价附加语				主观性
					客观性	
	情态附加问句					情态附加问句
	语气词			“哈”		
			“嘛”			
			“啊”			
评价系统	情感态度			积极情感		
		鉴赏	消极鉴赏	积极鉴赏		
		判断		社会共识判断		
				法律法规判断		
	介入	单声	四种语气类型			
		多声	让步中的“但是”“当然”“反正”“还是”			
				一、二、三声		
	级差	语势		范围		
				数量		
				质量		
		聚焦	逻辑推理副词	逻辑推理副词		
			程度副词	程度副词		

续表

系统类型	子系统类型	次子系统类型	词汇语法层		语篇层	
			强化	弱化	强化	弱化
评价系统	级差	话语标记			交际主体话语标记	
						后话语标记语
						话题选择标记语
		幽默				概念隐喻的反常规用法
						恶意语言符号
		态度韵			渗透型	渗透型
					加强型	加强型
					主导型	主导型
类型合计			20	27	7	9

附录 5　标注语料范例

<2013 年 5 月 28 日　15:14　Move 1>

仲[sd02][sd04]：看来[sg05eh]也[sg05g6]比较[sg05g4]简单[sg05a2]，焦点也[sg05g6]很[sg05g4]清楚[sg05a2][sg05a2]，双方[sg066][sg06]当事人是否……我[sg063][sg06]们的辨证阶段就到此结束，那么[sg05g6][sg05g6]（停顿）现在是被申请人[sg0612b][sl03][sg06][sg07]代请求仲裁庭[sg0611][sl03][sg07]主持调解，申请人[sg0612a][sl03][sg06][sg07]是否同意?

仲：（打断[sd05]）仲裁庭[sg0611][sl03][sg07]主持调解，包括你[sg061a][sg06]提出的方案，比如[sg05g6]说你[sg061a][sg06]说的这个方案，对方也[sg05g6]接受了，我[sg063][sg06]们就达成调解一致了，就达成调解协议了。

仲：同意[sg03]调解哈？[sg09c2d2]（语速加快[sp02]）好[sg12]。那行[sg05a2][sg09d]，我[sg063][sg06]们休庭[sl06][sl03]，休庭[sl06][sl03]十分钟[sg08][sd06]。

后　记

人生中能有这样三年，抛开杂念和俗事，静下心来认真地读书，专注地朝着一个目标努力，那是一种莫大的幸福！值此书付梓之时，百感交集，想要感恩、感谢的人实在太多。

首先要感谢我的导师——杨炳钧教授。在求学的路上，能遇到一位支持你、帮助你和斧正你的良师益友，是一种荣幸，也是一份值得珍惜的缘分。本书的写作自始至终都得到了导师悉心的指导。从三年前入学时确立研究方向到今天本书完稿，从题目和研究角度的不断调整，到写作中每个细微错误的反复校正，都渗透着导师的心血和付出。山高水长有时尽，唯我师恩日月长。

其次要感谢西南大学其他多位博学多才的教授。刘承宇教授学识渊博、睿智幽默。聆听他的专业课，受益匪浅。文旭教授的社会语言学课程，给我的研究方向提供了重要的启迪。杜世洪教授用他缜密的逻辑思维，对我写本书的方向提出了宝贵的意见。对各位教授的感激之情，无以言表。

还要感谢我同窗三年的同学们：肖祎、李素琴、廉张军、何远秀、徐来娟、何清顺、王睿。每次散步时的学术交谈、饭桌上的思想碰撞，都让我收获颇丰。每当我面临困境，几欲辍笔时，是他们给了我鼓励和支持。这难忘的三年时光，有他们的陪伴，真好！

感谢重庆市仲裁委员会对我的调研工作给予的巨大支持。也感谢我的学生刘瑾瑾在本书校对阶段付出的辛勤劳动。感谢王汐同学、朱红梅同学在后期工作中提供的无私帮助。

最后应该感谢的是我亲爱的家人。在我攻读博士期间，年迈的公婆默默地承担起繁重的家务劳动，为我能安心写作提供了良好的环境。聪明、懂事的儿子用自己独特、可爱的方式，支持着我一路向前。感谢我的先生，他深厚的法学知识为我的研究提供了坚实的理论支撑，也为我能埋头案牍创造了无忧的生活条件。举案齐眉，来日方长。